経済学の歴史

根井雅弘

学術文庫版への序

　本書が筑摩書房から初めて出版されたのは、いまから約七年前（一九九八年）のことだが、出版不況の最中、学術書で定価が四千五百円という決して安くない価格であったにもかかわらず、幸いにも版を重ねることができた。幾つかの大学で教科書やゼミのテキストとして使われたことは、著者として光栄の至りであるが、この度、講談社のご厚意により「学術文庫」として再び世に出る機会を与えられることになった。この場を借りて、学術文庫への収録を快く承認して下さった筑摩書房の関係者に厚くお礼を申し上げたい。

　さて、本書は、経済学の歴史に関心をもつ広範囲の人々を対象に、経済学がその誕生から現在に至るまでどのように発展してきたかをできるだけわかりやすく叙述したものである。経済学が高度に専門化するにつれて、その学問の歴史を一人で書くことは次第に困難になってきたが、経済学史家は独自の史観をもっているのがふつうであり、経済学の大きな流れを描くにはやはり一人でその課題に立ち向かわねばならない。もちろん、本書で取り上げた十二名の経済学者（ケネー、スミス、リカード、ミル、マルクス、メンガー、ワルラス、マーシャル、ケインズ、シュンペーター、スラッファ、ガルブレイス）だけですべて事足りるとは思っていないが、限られたスペースのなかで経済学史の流れを叙述するという最低限の課題だけは達成されたのではないかと思う（ある高名なリカード研究家が、私宛の書簡のなかで、自分が十二名選ぶとすれば、ガルブレイスを落としてマルサスを入れるだろうと言っていたが、私の選択がそれほど偏《かたよ》ったものではないことを確認して嬉しかったことを覚えている）。

本書を書き上げるには三年ほどの長い時間がかかったが、その間、多くの方々の激励を賜った。とくに、当時、筑摩書房で本書を担当して下さった谷川孝一氏と、筑摩時代から私に注目して下さった島崎勁一氏（現・慶應義塾大学出版会）のお二人から受けたご厚意だけは忘れることができない。記して感謝したい。また、学術文庫への収録に際しては、以前からお付き合いのある鈴木一守氏のお世話になった。

以前にも書いたことがあるが、私の本は、何度か文庫版として甦る機会を与えられたことがあり、本書も、そのような幸運な一冊となることができた。この機会に、できるだけ幅広い読者に受け入れられることを願ってやまない。

二〇〇五年一月

根井雅弘

＊元版にあった「エピローグ」（『論座』一九九八年四月号、通巻三十六号、から転載）と「付録」（『AERA Mook 新・経済学がわかる。』一九九八年六月十日発行、から転載）の文章は、

学術文庫への収録に際して、削除させていただいた。前者は、現代経済学の流れを鳥瞰した文章だが、私は、のちに、同じテーマで『21世紀の経済学』（講談社現代新書）を書いたので、詳しくは、その本を参照してほしい。後者は、経済学の読書案内だが、そのテーマでは、古典から現代にわたる名著を解説した拙著『経済学のことば』（講談社現代新書）があるので、その本が参考になるだろう。

目次

経済学の歴史

プロローグ　なぜ経済学の歴史を学ぶのか

経済学という学問の歴史に関心をもつきっかけは、人によって様々なのが普通である。経済学部の履修要項を見れば、必ずといってよいほど「経済学史」という講義科目があるので、学生たちは単位欲しさに何気なくそれを選ぶということもあるだろう。あるいは、社会人となって何十年か過ごしたが、新聞や雑誌のなかに、スミス（A. Smith）の「見えざる手」やケインズ（J. M. Keynes）の「有効需要の原理」などに言及した記事を発見して、改めて経済学の古典に関心をもつようになったということもあるかもしれない。

経済学の歴史を学ぶ理由の一つは、私見によれば、現代経済学の背後に隠されている古《いにしえ》の哲学や思想の痕跡を再発見し、現代理論を盲信する危険性を防ぐことにあると思われる。すなわち、現代経済学は、高度な数学や統計学を駆使し、容易に素人が近づけないような学問になってしまったが、それを支えている根本的な哲学や思想は決して新しいわけではない。例えば、今日、フリードマン（M. Friedman）やルーカス（R. E. Lucas, Jr.）などに代表される「シカゴ学派」の経済理論は、たとえどのような科学的装備を凝らしていても、その根本思想は二百年以上も前のスミスの「自然的自由の体系」の焼き直しに過ぎないのである。

もちろん、だからといって、シカゴ学派の経済理論が無価値だというのではない。だが、現代経済学の高度に数学的なモデルを学ぶ場合にも、その背後にどのような思想が流れているのか、そして、彼らがどの点でオリジナルの思想を改編ないし歪曲《わいきょく》しているのかを突き止めることは極めて重要である。

例えば、スミスは、本来、絶妙なるバランス感覚の持ち主であり、決して極端な自由放任主義者ではなかったが（詳しくは、本書第二章を参照のこと）、いつの間にか、彼は自由放任主義哲学の元祖として「自由至上主義者」たちに学問的にも政治的にも利用されるようになった。だが、そのことがわかるようになるには、そもそもスミスが何を考えていたのかをあらかじめ正確に知っておかなければならない。経済学史の効用の一つがここにある。

ところで、現代経済学といっても実はとても多様なのだが、その中核を占めているのが、市場機構を基本的に信頼した「新古典派経済学」であることを否定する人は少ないだろう。現在、新古典派経済学は、ルーカスのノーベル経済学賞受賞（一九九五年）に典型的に見られるように、ほぼ完全に学界の覇権を掌握しているが、そこへ至る道のりも決して単純ではなかった。というのは、その前に、「新古典派総合」の栄光と挫折の物語があったからである（詳しくは、第九章を参照のこと）。

新古典派総合とは、ケインズ経済学を新古典派経済学に接ぎ木した、いわば「妥協」の産物だが、その基本的なメッセージは、ケインズの教えに従って総需要管理を慎重に行なうことによって完全雇用を実現してしまえば、あとは市場機構を信頼した新古典派経済学が復活するというものであった。

新古典派総合の理論的指導者は、教科書市場で圧倒的なシェアを誇っていた『経済学――入門的分析』の著者サムエルソン（Paul A. Samuelson）だが、彼の名声にも支えられて、それは、たしかに、ケネディ政権が誕生する一九六〇年代の前半までには学界の大勢を押さえることに成功した。新古典派総合は、ケネディが大統領経済諮問委員会にその立場の学者たちを招聘したことによって、現実の経済政策の作成にも大きな影響を及ぼした。しかし、アメリカが後のジョンソン政権時代にヴェトナム戦争の泥沼に陥ったことによって、新古典派総合の権威にもようやく翳《かげ》りが見え始めた。

とくに、彼らが加速化するインフレという問題に対して明確な診断と処方箋をもたなかったことが、六〇年代の後半以降、貨幣数量説の現代版を提示した保守派の経済学者フリードマンの「マネタリズム」の台頭を招いていく。そして、その行き着く先が、「合理的期待形成仮説」を用いて政府の総需要管理政策が短期的にも無効であることを論証したルーカスの登場であった（詳しくは、拙著『ケインズを学ぶ』〔講談社現代新書、一九九六年〕を参照のこと）。

ルーカス以後の新古典派経済学による覇権の確立は、見方を変えれば、ケインズ経済学の後退と言ってもよいが、だからといって、経済問題がすべて新古典派によって解けると考えるほど単純なものではないことは言うまでもない。例えば、昨今の深刻な不況は、新古典派が唱える「規制緩和」や「構造改革」のみで乗り切れるほど単純ではなく、その真相に迫るには、貨幣経済の本質を追究したケインズ経済学からいまだに多くの学ぶべき事柄があるように思われる。学界には、少数派ながらケインズ経済学の可能性をあくまで追求していこうとする「ポスト・ケインズ派経済学」の提唱者たちもいるが、彼らは正統派である新古典派経済学の視点には欠落しているものを積極的に取り上げていこうとする人々であると言い換えることもできるだろう。その意味で、現在支配的な経済学のみが過去の偉大な先達たちの最も優れた思索をすべて吸収しているはずだという思い込みはとても危険なのである。それゆえ、ここにも、経済学の歴史を繙《ひもと》いて、現代経済学では忘れられた視点を学ぶ意義があるのである。

本書には、ケインズの他にも、市場機構そのものに信頼を置かないマルクス (K. Marx) や、新古典派経済学の核心ともいうべき一般均衡理論とはいくぶん異なった価格理論を展開したメンガー (C. Menger)、一般均衡理論に取って代わる価格理論を提示したスラッファ (P. Sraffa)、「消費者主権」のような新古典派の基礎にある仮定に疑問を差し挟《はさ》んだガルブレイス (J. K. Galbraith) などの経済学者が登場するが、読者は彼らの考え方を学ぶことによって、新古典派とは異なった別の経済学の世界があることを教えられるに違いない。

経済思想が多様であるという認識は、研究者をドグマティズムから解放し、方法論的に寛容な方向に導いていくだろう。私も、ケインズ経済学やポスト・ケインズ派経済学に親近感をもつ者であるが、決してそれを他人に押しつけようとは思っていない。だが、私たちは、いまの新古典派経済学の優位が極めて長期にわたって持続した場合、かつてのマルクス経済学と同じように、異なる思想から学ぶ態度を失ってしまう恐れがあることを十分に認識しておかなければならないだろう。

ところで、本書の目次を見れば一目瞭然だが、各章の初めには取り上げられた経済学者のごく短い小伝を添えてある。学問に伝記など不要だという考えもあるが、時代や社会とのつながりを無視することのできない経済学では、その人物がどのような時代のどのような社会に生きて思想を形成していったかという問題は、それだけでも興味尽きないテーマであると思う（例えば、拙著『現代イギリス経済学の群像』［岩波書店、一九八九年］を参照のこと）。もちろん、その小伝は、スペースの制約があって十分な評伝になっているとは言い難いが、もっと詳しい伝記を望む向きには、幾つかの定評のある参考文献を挙げておいたので、それらをぜひ参照して欲しい。

経済学の歴史は、いわば宝の山のようなものである。だが、その宝がどこに隠されているかは、自分で探してくるしかない。読者が自分なりの問題意識に目覚め、いち早くその宝を探り当てることを願ってやまない。

第一章　フランソワ・ケネー「エコノミスト」の誕生

経済学の歴史をどこから書き始めるかは、思想史家が経済学の性格をどのように捉えているかにかかっているが、私は、かつてマルクス（Karl Marx）が指摘したように、その人物の考案した『経済表』（一七五八年）が「資本主義的生産の最初の体系的な把握である」[1]という意味で、フランソワ・ケネー（François Quesnay）の「重農主義」（本来「自然の支配」を意味するPhysiocratieの訳語）から筆を起こすことにしたい。

ケネーの名前は、経済学部の学生たちにとってはお馴染みのものだが、『経済表』の謎のようなジグザグ表が何をねらっているのかを本当に理解している者は意外に少ないかもしれない。

この章は、『経済表』にそのエッセンスが凝縮された天才ケネーの経済思想を丁寧に解説していくつもりだが、その前に、ケネーの生涯を簡単に紹介しておくことにしよう。

1　ケネー小伝

ケネーは、一六九四年、パリの近郊メレ（Méré）のかなり裕福な農家に生まれた。[2]幼少の頃、正規の教育を受ける機会がなかったので、十歳になってもまだ文字が読めなかったが、向学心だけは人一倍強かった彼は、その後、村の司祭にラテン語やギリシャ語を習い、ついには、プラトン、アリストテレス、キケロなどの書物にまで親しむようになったという。

一七一一年、ケネーは医学とくに外科医学を学ぶためにパリへ出た。彼が通ったのは、パリ大学医学部とサン・コーム外科医学校であるが、その傍《かたわ》らで当時流行していた版画技法を学んだり、デカルトやマールブランシュの哲学に熱中したりもしていたらしい（とくに、マールブランシュの『真理の探究』は、若いケネーに深い影響を与えたという）。

外科医としてのケネーの経歴は、パリ近郊のマント市（Mantes）において始まるが、彼はとくに瀉血《しゃけつ》術に優れており、やがて同市の市立病院の外科医長を務めるようになった。しかし、外科医としてのケネーの名声をさらに高めたのは、彼が当時のパリ医学界の権威者で内科医のシルヴァ（Silva）博士との論争を繰り広げ、結果的にそれに勝利したことだろう（因《ちな》みに、ケネーの時代は、外科医は医者というよりは技術屋と見なされており、一般に内科医よりも社会的地位は低かったので、ケネーの活躍は外科医の社会的な評価を高めることにも貢献したわけである）。

その後、ケネーはパリへ移住し、ヴィルロア公爵の侍医《じい》となった。そして、一七四〇年には王立外科医学会の常任幹事、一七四四年には医学博士というように、外科医としての彼の地位は確固たるものになっていった。

ところが、ヴィルロア公爵の侍医を務めながら有力な貴族たちの知遇を得たことによって、彼は新たな世界へと招き入れられるようになった。すなわち、一七四九年の春、エストラード伯爵夫人の斡旋《あっせん》によって、フランス国王ルイ十五世（一七一〇―七四）の寵妃《ちょうひ》ポンパドゥール侯爵夫人付きの侍医としてヴェルサイユ宮殿の有名な「中二階の部屋」に居住することになったのである。まもなく彼は国王の侍医も兼ねることになるが、おそらく、この頃には、外科医としての彼の権威は揺るぎないものになっていたのだろう（一七五二年、ケネーは皇太子を天然痘の病気から救った功績により、国王から貴族の称号を贈られたという）。その証拠に、一七五一年にはフランスの科学アカデミー（Académie des Sciences）の会員に推挙されているし、またロンドンの王立学会（Royal Society）の会員にも選ばれている。

ところで、「中二階の部屋」の住人となったケネーは、まもなくポンパドゥール侯爵夫人の庇護を受けていた著名な哲学者や知識人（ダランベール、ディドロ、ビュフォン、コンディヤック、エルヴェティウスなど）との交流を深めることになるが、実際、このような当時のフランスが誇る最高の知性との接触が、ケネーを哲学や経済学の探究へと駆り立てたことは間違いないだろう。

ケネーの研究成果は、まず、ディドロやダランベールが中心となって編集していた『百科全書』第六巻（一七五六年）のなかの「明証論」（Evidence）と「借地農論」（Fermiers）――ただし、これらは匿名――となって現われた。次いで、『百科全書』第七巻（一七五七年）には、「穀物論」(Grains) が発表されたが、同じ頃に執筆された「人間論」(Hommes)、「租税論」(Impôts)、そして「貨幣利子論」(Intérêt de l'argent) は、ダミアンの国王暗殺未遂事件（一七五七年）によって『百科全書』が発禁処分（一七五九年）となったために、後年に至るまで発表されなかった（「貨幣利子論」は、一七六六年、『農業・商業・財政雑誌』に掲載されたが、「人間論」は一九〇八年まで、「租税論」は一九〇二年まで陽の目を見ることはなかった）(3)。

一七五七年、ケネーはミラボー侯爵 (Marquis de Mirabeau) と出会った。ミラボーは、名前にあるように、古い貴族の家柄の出身であったが、その頃は、国民の富の主な源泉は人口の大きさにあると信じていた。しかし、ケネーの「重農主義」の思想に触れた後、彼は人々が生きていくために必要なものを生産する農業の方が人口よりもはるかに大事なのだという見解に変わったという。重農主義運動に積極的なミラボーを弟子に得たことによって、ケネーの周囲にはたくさんの優れた人材が集まるようになった。

そして、一七五八年、ケネーは、「人口、農業および商業に関する興味深い質問」(*Questions intéressantes sur la population, l'agriculture et le commerce*) と、彼の名を経済学の歴史において不滅にした『経済表』(*Tableau économique*) を発表した。後者は、その年の暮れ、ヴェルサイユ宮殿の地下にある印刷所で印刷されたものだが、当時の人々が「社会的富の再生産」の過程を独特のジグザグ表で表示しようとした天才ケネーの着想をどれほど理解したかどうかは定かではない。その証拠に、『経済表』は、多くの人々にとって長い間

「スフィンクスの謎」(エンゲルスの言葉)であり続けたのである(現在では、一七五八年末に発表された『経済表』を初版と認定し、一七五九年初めに印刷されたと推測されるものを第二版、同じ年に少し遅れて印刷されたと推測されるものを第三版として分類するのが通例となっている)。

一七六〇年、ミラボーの『租税論』(*Théorie de l'impôt*)が出版されたが、その本の内容が「徴税請負人」の特権に抵触するようなものであったために彼らの反発を買い、ついにはミラボーのヴァンセンヌ幽閉という事件にまで発展した。実は、ミラボーのその本は、ケネーとの綿密な協力の上に執筆されたものだったが、ケネーも身の危険を感じたのか、その後しばらくは沈黙する。彼らの協力の成果がミラボーの『農業哲学』(*Philosophie rurale*, 1764)となって世に出るまでには数年の時間が必要であった。

一七六三年以降、ケネーはデュポン・ド・ヌムール、メルシエ・ド・ラ・リヴィエール、ボードー師、チュルゴなどの弟子たちを得、経済学の歴史上はじめて真に「学派」と呼べるような華々しい活動を展開するようになった。一七六四年には庇護者であったポンパドゥール侯爵夫人が死去し、宮廷内におけるケネー自身の立場は微妙になったけれども、外部における重農学派の人々の活動はますます活発となった。ケネー自身も、一七六五年にはデュポンが編集者を務める『農業・商業・財政雑誌』に「自然権論」(*Le Droit naturel*)を、六六年には同じ雑誌に「経済表の分析」(*Analyse de la formule arithmétique du Tableau économique*, 1766)を、さらに六七年には『市民日誌』に「中国の専制政治」(*Despotisme de *la Chine*）を発表するなど、この学派の啓蒙に努めた（なお、「経済表の分析」には、『経済表』の簡略化されたヴァージョンと言うべき「範式」が提示されたが、これと区別するために、前に触れた『経済表』の第一版〜第三版を「原表」と呼んでいる）。

しかし、学派の活動は一七六七〜六八年をピークに、その後は次第に衰微していった。伝記によれば、晩年のケネーの関心は、経済学から数学へとシフトし、とくに幾何学の諸問題に没頭していたという。一七七三年には、『幾何学的真理の明証に関する哲学的研究』（*Recherches philosophiques sur l'évidence des vérités géométriques*）と題する本まで書いている。

一七七四年五月、ルイ十五世が死去し、ケネーの弟子であったチュルゴが財務総監として徹底的な制度改革に乗り出す機会を与えられた。しかし、彼のラディカリズムは守旧派の執拗な抵抗に遭い、やがて挫折していく。そして、ケネーも、学派や弟子たちの将来を案じながら、一七七四年十二月十六日の夕刻、その生涯を閉じたのである。

2　コルベルティスム批判

ケネーの経済思想の核心は、ほとんどすべて『経済表』のなかに埋め尽くされているといっても過言ではないが、しかし、『経済表』を本当に理解するためには、まず、それが登場してくる背景としてのフランスの経済事情を説明しなければならないだろう(4)。

ケネー以前のフランスでは、かい摘《つま》んでいえば、「国家、それは私である」という言葉で有名なルイ十四世（一六三八—一七一五）の下で財務総監を務めたジャン・バティスト・コルベール（一六一九—八三）の重商主義的諸政策が推進されていた。ここで、「重商主義」的政策とは、できるだけ多くの貨幣形態での貿易差額を稼ぐために、一方で国内の産業の保護育成を通じて国際競争力を増大させ自国の製造品の外国への輸出を拡大するとともに、他方で外国からの輸入に対しては高関税その他の手段を通じてそれを抑制するような経済政策を指している（フランスの重商主義を指して、とくに「コルベルティスム」と呼ぶこともある）。具体的に言えば、コルベールは、王立の特権的なマニュファクチュールや東インド会社のような特権的貿易会社を設立することによって、商工業の振興と植民地支配の強化を図ろうとしたのである。

たしかに、コルベルティスムは、一面では、当時イギリスやオランダのようなヨーロッパ列強と比較すれば後進国だったフランスが、国際間の激しい「富の戦争」を戦い抜くために不可避的な政策だったと言うこともできるが、他面では、それが多額な貿易差額に結びつきやすい高級織物・ガラス・陶器などの奢侈《しゃし》品《ひん》産業を偏重し、国民生活の基礎である農業を軽視したために、後のフランス経済に深刻な弊害をもたらすことにもなった。すなわち、製造品の輸出を拡大するには、その価格を低めに抑えなければならないが、コルベールは、そのために低賃金政策およびそれを可能にするための穀物低価格政策を採ったので、農業の再生産に支障を来すようになったのである。また、ルイ十四世の在位期間における相次ぐ戦争

――ネーデルラント継承戦争（一六六七―六八）、オランダ侵略戦争（一六七二―七八）、ファルツ継承戦争（一六八八―九七）、スペイン継承戦争（一七〇一―一三）――と宮廷生活での浪費によって国庫が欠乏したが、当時の徴税請負人は、それを埋め合わせるために、一般大衆から容赦なく重税を取り立てたので、国民生活の困窮と農村の荒廃は進行するばかりであった。

一七一五年九月一日、ルイ十四世が逝去した。後継者は、ルイ十四世の曾孫に当たるルイ十五世（一七一〇―七四）であったが、王がまだ幼かったために、オルレアン公フィリップ二世が摂政（一七一五―二三）となった。しかし、公の政治は、公が財務総監に登用したスコットランド出身のジョン・ロー（John Law）による「ローのシステム」（銀行信用の創造によって経済発展を可能にするような新しい貨幣的秩序を制度化し、国家財政の再建を図ろうとしたもの）が、結局、株価の異常な暴騰、そしてその後の暴落とともに挫折したことによって、フランス経済にさらに混乱をもたらしただけに終わった。また、成人したルイ十五世にも政治の才能はなく、放蕩に明け暮れたために、国家財政の危機と農村の惨状はますます深まっていった。すなわち、ルイ十五世の時代、フランスのいわゆる「アンシャン・レジーム」（旧体制）は、崩壊の危機に曝《さら》されていたのである。

さて、ケネーは、ヴェルサイユ宮殿内の宮廷医として、コルベルティスム以降のフランスの経済政策の諸帰結を独自の眼で冷静に観察していたわけだが、彼の経済学上の見解は、『百科全書』に発表した二つの論文――「借地農論」と「穀物論」――のなかに明瞭に現われている。

まず、「借地農論」では、当時フランスの北部地方に発展しつつあった資本主義的な大農経営が積極的に評価されていることが注目される。ケネーの時代のフランスでは、全体的に見ると、「分益小作制」(métayage)と呼ばれる制度(収穫の一定割合をつねに小作料として支払わなければならない制度)と生産性の劣る「牛耕二圃制」の組合せによる小農経営が支配的であったが、このような制度の下では、農業生産力の飛躍的増大が実現される見込みは少ない。そこで、ケネーは、当時、北部フランスに実際に存在した「定額借地制」(fermage)と呼ばれる制度(一定額の地代を支払えばよい制度)と生産性の高い「馬耕三圃制」の組合せによる大農経営を積極的に支持し、それをフランス全土に拡大することによって農業生産力の飛躍的増大を実現させようと提案したのである。

ここで、留意しなければならないのは、定額借地制と馬耕三圃制の組合せによる大農経営を行なうという場合、その主体としての典型的な農業者が、現代で言えば、「企業者」(entrepreneur)に近いものとしてイメージされていることである。(5) この点に関して、岡田純一は、「ケネーの述べている、典型的な農業者が、土地は地主から借り、労働者を雇い入れ、自らは農業耕作のために、十分な資本をもち、生産を適切に指揮し、管理して、利潤をあげる、農業資本家たる農業企業者であることは明白である」(6) と述べているが、順当な解釈だと思われる。

しかし、いくら資本主義的な大農経営が普及したとしても、もし穀物の「良価」(bon

prix）が保証されなければ、農業生産力の増大は望めないだろう。「良価」とは、簡単にいえば、生産費に一定の利潤を加えた価格のことで、ケネーによれば、穀物価格を人為的に低めに抑えるような政策を撤廃し、穀物の流通を外国貿易も含めて自由にした場合に実現されるという。ところが、コルベールは製造品の価格を低めに抑えるための低賃金政策とそれを可能にするための穀物低価格政策というケネーの主張とは正反対の経済政策を採っていた。ケネーは、「穀物論」において、次のように言う。

「……王国の人口が減じ、農村が不毛に帰しているようなときに、多数の人々はかかる工業（奢侈品製造業）に雇用されているのである。製造費や、手間賃を外国よりも安くするために、小麦の価格が引き下げられたのである。かくして人間と富とは都市に集まり、もっとも豊沃にしてわが国商業のもっとも貴重なる部分を占める王国収入の源泉たるべき農業が、国富の本源とみなされなかったのである。(7)」

「良価」と並んでケネーの経済思想を特徴づけるのは、「純生産物」（produit net）の概念である。「純生産物」とは、生産物の売上価値から必要経費を控除した余剰のことだが、ケネーによれば、この「純生産物」を生み出すのは農業のみであるという。このことは、反面では、製造業や商業――これらは、もちろん、農業部門で生産された農産物に加工を施したり、その加工品を輸送・販売したりする産業である――は「純生産物」を生み出さないという主張の裏返しでもある。それゆえ、ケネーは、農業に従事する階級を「生産階級」、製造業や商業に従事する階級を「不生産階級」と呼んでいる。もっとも、「不生産的」だからといって、製造業や商業が何の役割も果たさないということではない。しかし、一国の富の源泉は、何といっても「純生産物」を生み出す農業にあるというのが、ケネーの根本的な見解なのである。

「君主も国民も、土地こそが富の唯一の源泉であり、富を増加させるものはまさに農業であるということを決して忘れてはならない。けだし、富の増加があってこそ人口の増大が保証され、しかも人間と富があってこそ農業の繁栄、商業の拡大、工業の活況を招来して、富の増加とその永続とを可能ならしめるからである。王国のあらゆる行政部門の成否は、一にこの源泉の豊かさにかかっているのである。(8)」

これほど農業を重視したケネーの経済思想は、わが国では、「重農主義」と呼ばれてきたが、ただし、その言葉は本来「自然の支配」を意味する「フィジオクラシー」の意味を捉え切っていない憾《うら》みがあるように思われる。なぜなら、ケネーの経済思想の根底には、「自然法」(lois naturelles) の思想が流れているからである。

では、自然法とは何か。ケネーによれば、それは「物理的法則」と「道徳的法則」の二つに分かれるが、前者は「明らかに人類に最有利な自然的秩序から生じた、すべての物理的事象に関する規則的運行」[9]の意味であり、後者は「明らかに人類に最有利な物理的秩序に即応せる道徳的秩序から生ずる、すべての人間行為の規律」[10]の意味だという。ケネーの自然法は、このように物質と精神の両方にかかわる二つの法則から合成されたものだが、その自然法こそが国家統治の最高原則であり、実定法を導くべきものだと主張される。ケネーの言葉を聞いてみよう。

「あらゆる人間、およびあらゆる人間の権力は、神によって制定されたこの至高法則に従わなければならぬ。つまり、この法則は、不易にして拒否しえざる可及的最良の法であり、したがって、最も完全な統治の基礎というべきこの法は、あらゆる実定法の根本をなす規律でもある。けだし、実定法は明らかに人類に最有利な自然的秩序に関する管理の法にすぎないからである。[11]」

そして、ケネーの名をその金字塔によって経済学の歴史に永遠に刻むことになった『経済表』は、そのような自然法によって制定された「自然的秩序」を写しとったものに他ならない。すなわち、『経済表』は、当時のフランスの経済システムをあるがままに描写したというよりは、自然法に基づいた国家統治によって到達すべき理想的な「農業王国」の経済システムを描写したものとして理解すべきなのである。[12]

では、『経済表』とは、具体的にはどんなものか。私たちは、次に、その内容を吟味していかねばならない。

3 『経済表』の分析

『経済表』には、すでに触れたように、「原表」と「範式」があるが、ここでは、『経済表』の最終形態と見なされる「範式」を例にとって説明していくことにする。

まず、『経済表』の基本前提を確認することから始めよう。ケネーは、「経済表の分析」において、次のように言う。「いま次のような偉大な一王国を想定してみよう。すなわち、その国土が農業の最高の発展段階に到達していて、毎年五〇億の価値を持つ再生産物がもたらされ、この［五〇億の］価値について永続的状態が恒常的価格のうえに実現されている国が、それである。恒常的価格とは、商業の自由競争と農業の経営的富の所有権に関する完全な保証とがつねに存在する場合に、商業諸国民間に成立しているものである(13)」と。

ここで、「恒常的価格」とは、穀物の「良価」に当たるものであると考えて差し支えない。

ケネーの「農業王国」には、「生産階級」・「地主階級」・「不生産階級」の三つの階級が登場する。

「生産階級」とは、「国土の耕作によって国民の年々の富を再生させ、農業労働のための支出を前払し、かつ土地所有者の収入を年々支払う階級(14)」のことだが、ケネーが具体的に思い描いていたのは、北部フランスで大農経営に従事しているような富裕な借地農であった。「生産階級」は、一方で「主権者、土地所有者そして一〇分の一税徴収者[15]」から構成される「地主階級」に対して「純生産物」を支払うとともに、他方で「農業以外のサーヴィスや労働に従事するあらゆる市民[16]」――製造業、商業、サーヴィス業に従事する人々――から構成される「不生産階級」に対して原料と生活資料を供給する。

ところで、「純生産物」とは、生産物の売上価値から必要経費を控除した余剰のことだったが、もう少し正確に定義すると、それは「生産的階級が年々再生していく再生産のうちから、年前払の償還と経営的富の維持とに必要な富をまず控除したあとで、年々地主階級に支払われるものである[17]」という。ここで、「前払い」(avances) という新しい用語が登場したことが注目されるが、これは、簡単に言えば、生産のために投下される資本のことを意味している。そして、それは、「土地前払い」(avances foncières)、「原前払い」(avances primitives)、および「年前払い」(avances annuelles) の三つに分けられる。

まず、「土地前払い」とは、「地主階級」が負担する土地およびその周辺に関連する「前払い」のことである(例えば、開墾・灌漑・排水などに投下される資本)。次に、「原前払い」とは、「生産階級」が負担する耕作の創設資本のことである(例えば、農機具や家畜などに投下される資本)。これは、現代の用語では、ほぼ固定資本に当たるものだと考えればよい。「範式」では、「原前払い」の価値は、一〇〇億と仮定されている。最後に、「年前払い」とは、年々の耕作労働に対する支出から成り立っており、これも「生産階級」が負担する（例えば、種子・家畜の飼料・農業労働者に対する賃金などに投下される資本）。これは、現代の用語では、ほぼ流動資本ないしは運転資本に当たるものである。「範式」では、「年前払い」の価値は、二〇億と仮定されている。すなわち、「原前払い」の価値は、「年前払い」のそれの五倍ということである。

「原前払い」は、そのままでは損耗したり災害による損失を被ったりする可能性があるので、それを補償するために少なくともその一〇パーセントを「原前払いの利子」として計上しなければならないとされる。「原前払い」の価値は一〇〇億なので、その利子は一〇億ということになる（一〇億という数字は、「原前払い」一〇〇億の償却期間が一〇年、年利子率が一〇パーセントとして算定されたものである）。ケネーは、「年前払い」二〇億と「原前払いの利子」一〇億の価値の合計三〇億を「回収」（reprises）と呼んでいる。また、彼が「年前払い」の「純生産率」（純生産物／年前払い）を一〇〇パーセントとして以下の「範式」を説明していることも記憶に留めておこう。

さて、では、いよいよ、以上の準備をもとに、『経済表』の「範式」を見ていくことにしよう（図1・1を参照のこと）[18]。

今年度の再生産が開始される期首において、各階級の手元には次のようなものが存在している。すなわち、まず、「生産階級」は、前年度に「年前払い」二〇億と「原前払いの利子」一〇億をもって生産した五〇億の生産物をもっている。次に、「地主階級」は、前年度末に「生産階級」から受け取った収入二〇億の貨幣をもっている。最後に、「不生産階級」

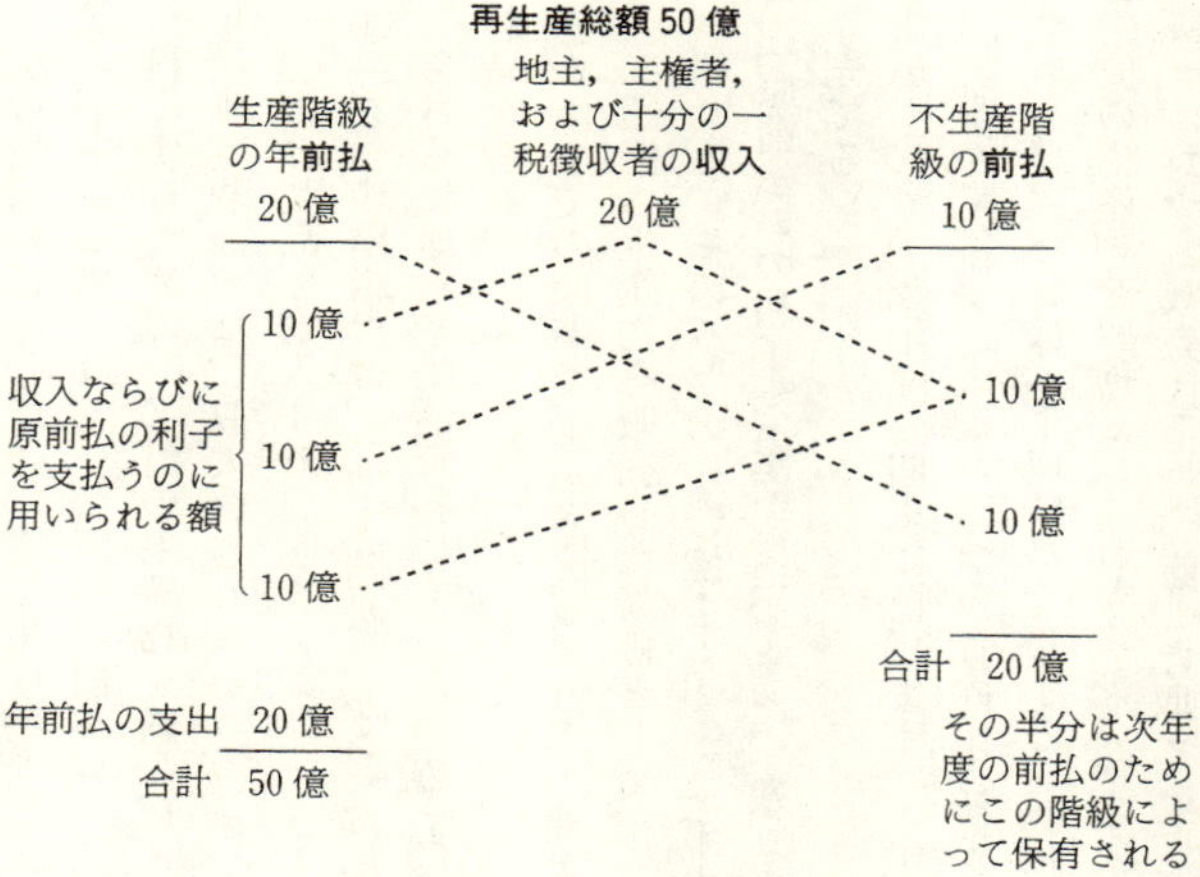

図1.1　経済表の範式　ケネー『経済表』（平田清明・井上泰夫訳，岩波書店，1990年）82ページより

は、一〇億の「年前払い」を貨幣でもっている、というように。つまり、今年度の期首には、全体として、五〇億の生産物と三〇億の貨幣が存在するわけである。「範式」は、このような状態から、五本の点線をもって再生産のメカニズムを説明していく（「生産階級」の手元にある五〇億の生産物のうち二〇億は「年前払い」として「生産階級」の内部で使われるので、部門間の取引に登場するのは残りの三〇億であることに注意せよ）。

①「地主階級」は、前年度末に「生産階級」から受け取った収入二〇億（貨幣）のうちの半分一〇億をもって、「生産階級」

から生活資料として一〇億の生産物を購入する。

②「不生産階級」は、一〇億の「前払い」(貨幣)をもって、「生産階級」から原料や生活資料にするための一〇億の生産物を購入、それを加工して一〇億の製品をつくる。

③「地主階級」は、収入の残り半分一〇億(貨幣)をもって、「不生産階級」がつくった一〇億の製品を購入する。

④「不生産階級」は、「地主階級」から受け取った一〇億(貨幣)をもって、「生産階級」からさらに原料や生活資料にするための一〇億の生産物を購入、これを加工して一〇億の製品を造る。

⑤ここまでの段階で、「生産階級」は、「地主階級」に一〇億の生産物を、「不生産階級」に二〇億の生産物を販売した対価として、合計三〇億の貨幣を手元にもっている。「生産階級」は、そのうちの一〇億をもって「不生産階級」から一〇億の製品を購入し、それを「原前払いの利子」の支払に、また、残りの二〇億をもって、「地主階級」の収入の支払に充てる。

かくして、今年度の期末には、まず、「生産階級」は、二〇億の「年前払い」と一〇億の「原前払いの利子」(この二つの合計三〇億を「回収」と呼ぶことは前に触れたが、かい摘んでいえば、それは「生産階級」による実物形態での投資に他ならない)をもって生産した五〇億の生産物を収穫し、これが次期の取引の元本となる。次に、「不生産階級」は、「生産階級」に対する販売代金一〇億(貨幣)を次期の「年前払い」の基金として留保する。最後に、「地主階級」は、「生産階級」から受け取った二〇億（貨幣）の収入を次期の支出の基金として留保する。これによって、「年再生産」の今年度の循環は完結したわけである。

ケネーの『経済表』は、「原表」にせよ「範式」にせよ、年々歳々、同じ再生産額（「範式」の場合は、五〇億）が繰り返されるような「単純再生産」の世界を描写している。これは、後に、シュンペーター（Joseph Alois Schumpeter）が「静態」（stationary state）の世界としてしばしば言及するようになるものだが、しかし、ケネーの関心は、単に「静態」に向けられていたのではなかった。ケネーの『経済表』に潜む「動態」への指向を明快に解きほぐしたのは、菱山泉の功績だが、その解釈のポイントは、「地主階級」の支出性向に注目するところにある[19]。

「単純再生産」の場合には、「地主階級」は、その収入二〇億を折半し、一〇億を「生産階級」へ、残りの一〇億を「不生産階級」へ支出すると仮定されていた。それによって「単純再生産」が維持されたわけだが、このことは、裏返して言えば、もし「地主階級」が「生産階級」に対して一〇億以上の支出を、「不生産階級」に対して一〇億以下の支出を充てるならば、「純生産物」は二〇億以上に増大することを含意している。すなわち、「地主階級」の収入から「生産階級」へ支出される比率をλとすれば、λが二分の一以上の場合は、「拡大再生産」が実現するのである（反対に、λが二分の一以下の場合は、「縮小再生産」となる）。

その証拠に、ケネーは、「経済表の説明」において、次のように述べている。すなわち、

「ここにとりあげられているのは、再生産的支出が年々、同額の収入を再現する一般的状態である。だが、不生産的支出と生産的支出のうち、いずれか一方が他方に勝るかに応じて、どのような変化が収入の年再生産に起こることになるのか、これは容易に判断されうるところである」[20]と。

私たちは、後の補論において、『経済表』の「原表」を見事に解明した菱山モデルの概要を説明することにしたい（数学式を好まない読者は、その部分を飛ばして読んでも差し支えない）。

4　ケネーの経済政策

ケネーの『経済表』は、経済学の歴史において初めて、「経済体系の存続可能性の客観的条件の確定」[21]という課題に取り組み、それを独自の表の形で明確に提示した画期的な業績であった。それゆえ、後世の研究者たちは、ケネーの『経済表』によって「経済科学の創造」[22]がなされたと考えるようになったのである。

しかし、ケネーの「経済科学」は、単に理論的な諸問題に関心をもったばかりでなく、当時、商工業を偏重し、農業を軽視したコルベルティスムの実践によって危機に陥っていたフランス経済の再建という課題に応えるための極めて実践的な学問であったことをもう一度確認しておきたい。ケネーを中心とする「重農学派」の人々は、自らを「エコノミスト」と称したことが知られているが、「エコノミスト」とは、現代でいうところの「純粋経済学」に従事する人々を意味する言葉では決してなかったのである（ケネー自身がしばしば用いた「経済科学」という言葉も、もちろん、「純粋経済学」の同義語ではなかった）。

ケネーの『経済表』は、前に触れたように、当時のフランスの経済システムをあるがままに写しとったというよりは、自然法に基づいた国家統治によって到達すべき理想的な「農業王国」の経済システムを描写したものであった。したがって、『経済表』の世界を実現するためには、現状を変革するための積極的な経済政策が必要である。

その第一は、財政政策である。財政政策は支出と課税の両面にわたっているが、ケネーは、まず、支出に関しては「財政支出の生産的使用」を提唱する。彼の基本的な立場は、財政支出は節約すればよいというものではなく、長期的に「前払い」の増加をもたらすように生産的に使用されなければならないというものである。彼の次の言葉を聞いてみよう。

「政府は節約に専念するよりも、王国の繁栄に必要な事業に専念すること。なぜなら、多大な支出も富の増加のためであれば、過度でなくなりうるからである。だが、濫費とたんなる支出とは混同すべきではない。というのも濫費は、国民や主権者の富をすべて貪りかねないからである。[23]」

次に、課税に関しては、「純生産物」のみが課税の対象となるべきだと主張する。農業によって生み出された「純生産物」は結局は「地主階級」の収入となるので、この主張は、「地主階級」のみが納税者にならなければならないということを含意している。それゆえ、ケネーの課税論は、普通に「土地単一税」と呼ばれる。しかし、当時、特権階級としての「地主階級」が様々な課税を免れていた事実を思い起こすならば、ケネーの「土地単一税」の提唱が極めてラディカルな変革への指向を内に秘めていたことがわかるだろう。再び彼の言葉を聞いてみよう。

「租税が破壊的なものではないこと、すなわち、国民の収入の総額に不釣り合いなものではないこと。租税の増加は国民の収入の増加に準拠すること。租税は、人間の賃金や諸財に課されないで、土地が生む純生産物に対して直接課されること。もし賃金や諸財に課されるならば、租税は徴税費を増加させ、商業を害し、国民の富の一部を年々破壊するであろう。租税はまた、土地を耕作するフェルミエの富から徴収されないこと。なぜなら王国において農業の前払は、全市民諸階級の租税と収入と生活資料の生産にとって大切に保存すべき恒産とみなされねばならないからである。さもなければ、租税は化して詐取となり、衰微を惹き起して国家をただちに死滅させることになる。(24)」

ケネーの経済政策の第二は、自由貿易政策である。前に、『経済表』の基本前提の一つに、穀物の「恒常的価格」——つまり、「良価」——の成立が挙げられていることを見たが、忘れてはならないのは、これが、穀物の自由貿易体制の確立によって初めて実現されるべきものだと考えられていることである。コルベルティスムは、低賃金を可能にするために意識的に穀物低価格政策を採ったがゆえに、農業の再生産に支障を来し、農村の荒廃を招いてしまったが、それに対して、ケネーは、『経済表』の世界を実現するためには、何よりも穀物の自由な輸出を許可し、その価格を「良価」にまで引き上げなければならないと主張するのである。ケネーは言う。「交易の完全な自由が維持されること。なぜなら、最も安全かつ最も厳格であり、国民と国家にとって最も利益をもたらすような国内交易と外国貿易の取り仕切りは、競争の自由が完全であることに存するからである」[25]と。

以上が、ケネーの『経済表』から導き出された経済政策の大要である。

ケネーは、彼の高弟ミラボーに『経済表』の原稿を送るに当たって、次のような言葉を与えたという。

「わたくしは、支出と生産物を理解しやすい様式の下にあらわし、政府によってひきおこされる調整と混乱とを明瞭に判断するために、経済秩序の根本的な表をつくろうと努力した。この私の目的が達せられたかどうかについては、君の判断にまかせよう。つい最近、君はもう一つの表をごらんになったはずだ。――そこには、現在および将来について、深く考慮しなければならないことがらがあるわけだ。さて私は、高等法院が当面の国家財政を改善する方策として、たんに緊縮政策のみを主張し、それ以外の術をしらないということに、すっかり驚かされている。収支の限度をこえて支出するために、財源を見出す必要にせまられているような領主がいる場合、こうした領主の家令は、主人に対して、節約せよとはいわずに、ただ、労役用の馬を馬車につけてはならないこと、それとは反対に、馬車用の馬を厩舎につないでおいてはならないこと、そして、すべてのものがその所を得たならば、もっと支出しても破産しないであろうこと、を告げるべきものだ。いまの高等法院は、これしきのことを余りにも知らなさすぎる。したがって、わが国の財政の建言者たちは、かれらが語っている当の対象にきわめてうといズブの素人にすぎず、また、そのことによって、国家に対しても、かぼそい救援の手しかさしのべられないようだ。君のこの前の手紙には、個人の努力は非常に空しいということが認《したた》めてあったが、そんなことで挫けてはいけない。というのは、いまに、おそろしい危機がやって来るであろうし、そのあかつきには、医術の経験に訴えねばならないからだ。[26]」

補論　菱山モデルについて

これだけ豊かな着想を一つの表のなかにすべて埋め込むことができたケネーは、やはり、経済学の創成期を飾る天才だったと言うべきだろう。

本文で示唆したように、菱山泉による『経済表』(原表)のモデル化は、ケネーの経済思想を動態論の先駆けとして提示した極めてユニークな試みなので、ここに、その概要を紹介しておくことにしたい。(27)

まず『経済表』の「原表」がどのようなものであったかを見てみることにしよう(次頁の図1・2を参照のこと)。「原表」においても、「範式」と同じように、「生産階級」(左)・「地主階級」(中央)・「不生産階級」(右)の三つが登場するが、以後は、菱山に倣《なら》って、「生産階級」が属する産業(農業)を「第I部門」、「不生産階級」が属する産業(非農業)を「第II部門」、そして「地主階級」が属する産業を「非産業部門」と呼ぶことにしよう。

「原表」を読み解くポイントは、「非産業部門」の収入の大きさと、そこから「第I部門」と「第II部門」の生産物へ支出される割合が両部門の売上高の決定にとって戦略的な役割を演じることに注目することである。「原表」を見ればわかるように、「非産業部門」の支出額の大きさは六〇〇リーヴルであり、そこからちょうど半分ずつ(各三〇〇リーヴル)が「第I部門」と「第II部門」の生産物に対して支出されている。すなわち、支出の割合は二分の一ということである。留意しなければならないのは、この支出の割合が、単に「非産業部門」の「第I部門」と「第II部門」の生産物に対する支出を規定するだけでなく、「第I部門」から「第II部門」への支出、そして「第II部門」から「第I部門」への支出もまたその割合に従うものと仮定されていることである。

考察すべき対象　(1)三種類の支出　(2)それら諸支出の源泉　(3)それら諸支出の前払　(4)それら諸支出の配分　(5)それら諸支出の帰結　(6)それら諸支出の再生産　(7)それら諸支出相互間の関係　(8)それら諸支出と人口との関係　(9)それら諸支出と農業との関係　(10)それら諸支出と工業との関係　(11)それら諸支出と商業との関係　(12)それら諸支出と国民の富の総額との関係

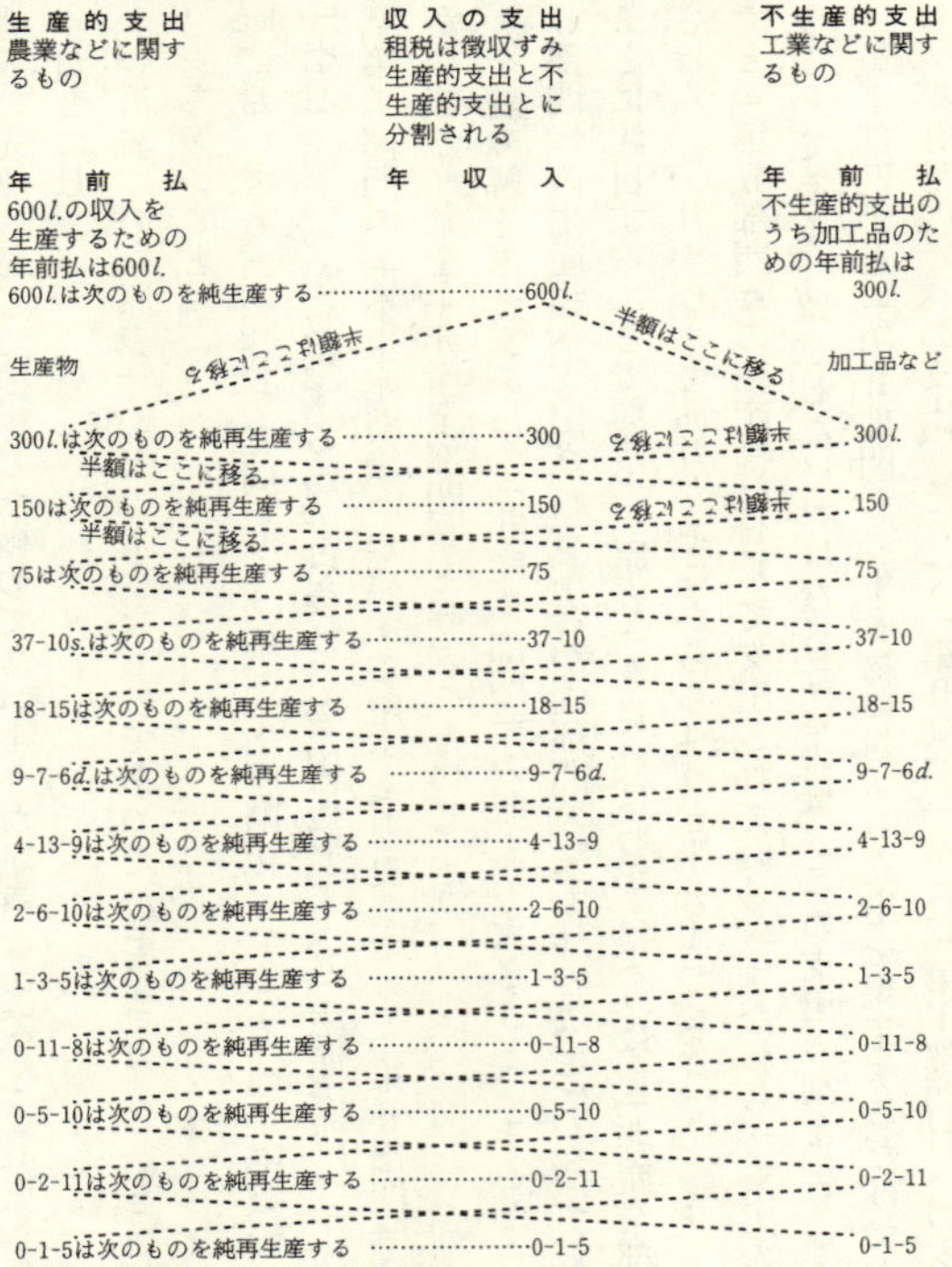

生産的支出
農業などに関するもの
収入の支出
租税は徴収ずみ生産的支出と不生産的支出とに分割される
不生産的支出
工業などに関するもの
年前払
600l.の収入を生産するための年前払は600l.
年収入
年前払
不生産的支出のうち加工品のための年前払は300l.
600l.は次のものを純生産する…………600l.
生産物
半額はここに移る
加工品など
300l.は次のものを純再生産する…………300　300l.
150は次のものを純再生産する…………150　150
75は次のものを純再生産する…………75　75
37-10s.は次のものを純再生産する…………37-10　37-10
18-15は次のものを純再生産する…………18-15　18-15
9-7-6d.は次のものを純再生産する…………9-7-6d.　9-7-6d.
4-13-9は次のものを純再生産する…………4-13-9　4-13-9
2-6-10は次のものを純再生産する…………2-6-10　2-6-10
1-3-5は次のものを純再生産する…………1-3-5　1-3-5
0-11-8は次のものを純再生産する…………0-11-8　0-11-8
0-5-10は次のものを純再生産する…………0-5-10　0-5-10
0-2-11は次のものを純再生産する…………0-2-11　0-2-11
0-1-5は次のものを純再生産する…………0-1-5　0-1-5

等々

再生産額合計……600l.の収入，プラス，土地が修復する600l.の年経費および300l.のラブルールの原前払の利子。したがって，再生産額は，計算の基礎である600l.の収入を含めて1500l.である。ただし，徴収ずみの租税，およびこの租税の年再生産が必要としている前払などは含まれない。

図1.2　経済表［原表第3版］　ケネー『経済表』（平田清明・井上泰夫訳，岩波書店，1990年）22ページより

その点を念頭に置きながら、「原表」を再構成した菱山モデルを見てみよう（次頁の図1・3を参照のこと）。

いま、「非産業部門」の収入の支出額をY、支出の割合をλとすれば、最初に、「非産業部門」は、λYを「第Ⅰ部門」へ、$(1-\lambda)Y$を「第Ⅱ部門」へ支出する。次に、「第Ⅰ部門」は、その売上高λYのうち$(1-\lambda)\lambda Y$だけを「第Ⅱ部門」へ支出し、「第Ⅱ部門」はその売上高$(1-\lambda)Y$のうち$\lambda(1-\lambda)Y$だけを「第Ⅰ部門」へと支出する。というように、このジグザグの形をした取引が、それぞれの売上高の大きさを無視してよいほど小さくするまで続いていくのである。

ここで、「第Ⅰ部門」の「非産業部門」および「第Ⅱ部門」に対する売上高をZ_1、「第Ⅱ部門」の「非産業部門」および「第Ⅰ部門」に対する売上高をZ_2とおくと、図1・3に示された循環構造は、表1・1のような産業連関表の形で表わすことができる。[28]

さて、表1・1の第一行の合計は、「第Ⅰ部門」の売上高Z_1であり、第二行の合計は「第Ⅱ部門」の売上高Z_2なので、次のような連立方程式を立てることができる。

$$Z_1 = \lambda Z_2 + \lambda Y \qquad (1)$$
$$Z_2 = (1-\lambda)Z_1 + (1-\lambda)Y$$

(1)式は、もしYおよびλの値が与えられるならば、未知数Z_1およびZ_2に関して解くことができる。すなわち、この連立方程式の解は、（四七頁へ続く）

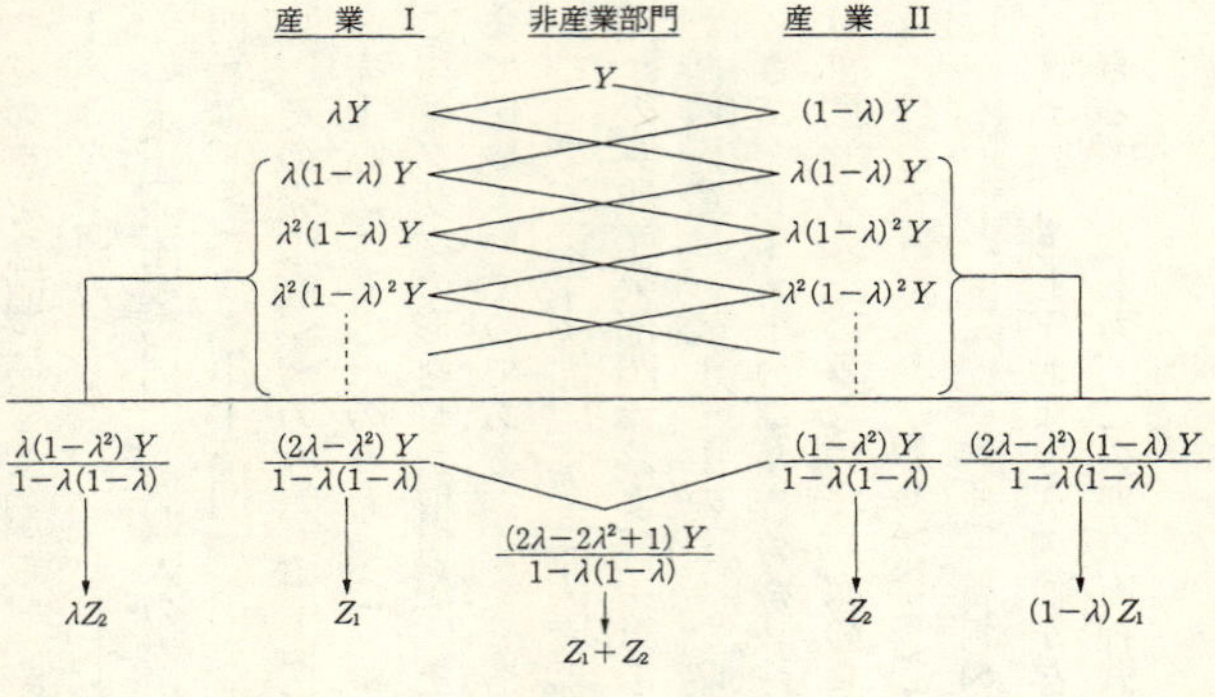

図１．３　菱山泉「ケネー『経済表』」，玉野井芳郎・松浦保編『経済学の名著12選』（学陽書房，1973年）所収，32ページより

	産　業　I	産　業　II	非産業部門
産　業　I		λZ_2	λY
産　業　II	$(1-\lambda) Z_1$		$(1-\lambda) Y$

表１．１　菱山泉「ケネー『経済表』」，前掲，33ページより

$$Z_1=\frac{(2\lambda-\lambda^2)Y}{1-\lambda(1-\lambda)}$$

$$Z_2=\frac{(1-\lambda^2)Y}{1-\lambda(1-\lambda)}$$

である。

ここまで来れば、前に見た「原表」が、Yを六〇〇リーヴル、λを二分の一とした場合の(1)式の特殊ケースに当たることが明快に理解できるだろう（この場合は、言うまでもなく、「単純再生産」となる）。しかし、本文でも示唆したように、もしλの値が$1>\lambda>\frac{1}{2}$のような場合には「拡大再生産」が実現し、ケネーはまさにそのような傾向に期待をかけていた（反対に、$\frac{1}{2}>\lambda>0$のような場合には「縮小再生産」に陥ってしまうことになる）。すなわち、菱山モデルの特徴は、一見すると「単純再生産」の世界を描いたに過ぎないかに見えた『経済表』が、実は、動態論への指向を内に秘めていたことを見事に解き明かしたところにあるのである。

注

（1）カール・マルクス『資本論』(5)、岡崎次郎訳（大月書店・国民文庫版、一九七二年）一六九ページ。

（2）以下、ケネーの生涯の叙述に当たっては、次の文献を参考にした。H・ヒッグズ『重農学派』住谷一彦訳（未来社、一九七九年）;G. Vaggi, "François Quesnay (1694-1774)", in *The New Palgrave: A Dictionary of Economics*, vol.4, Macmillan,1987, pp.22-29.

（3）Cf., G. Vaggi, "François Quesnay (1694-1774)", *op. cit.*, p.22.

（4）フランス史については、とりあえず、大野真弓責任編集『世界の歴史8：絶対君主と人民』（中公文庫、一九七五年）、木村尚三郎・志垣嘉夫編『概説フランス史』（有斐閣選書、一九八二年）などの概説書を参照のこと。

（5）Cf., Ronald L. Meek, *The Economics of Physiocracy*, 1962, p.347;『ケネー経済表以前の諸論稿』坂田太郎訳（春秋社、一九五〇年）一二七ページ参照。

（6）岡田純一『フランス経済学史研究』（御茶の水書房、一九八二年）五二ページ。

（7）ケネー『全集』第二巻、島津亮二・菱山泉訳（有斐閣、一九五二年）四六―四七ページ。

（8）ケネー『全集』第三巻、島津亮二・菱山泉訳（有斐閣、一九五二年）三三一―三三二ページ。

（9）前同、七七ページ。

（10）前同。

（11）前同。

（12）自然法に基づいた国家統治という場合、その主体として、実は、ケネーは、「開明的専制君主」を考えていた。彼は、小伝で触れたように、一七六七年、「中国の専制政治」と題する論文を発表しているが、それを読むと、彼がかの国では道徳と政治が一体となっており、しかも農業が君主によって重視され、哲人が王となるプラトンの「夢」が実現されていると信じていたことがわかる。「農業王国」の実現可能性が、ひとえに「開明的専制君主」のよき政治にかかっているというケネーの思想は、彼が「自由放任主義」を説いたとする通俗的な理解の盲点を鋭く突くものであるが、この点については、拙著

『二十世紀の経済学』（講談社学術文庫、一九九五年）第Ⅲ部「経済学古典の再発見」、とくに一九六—二〇一ページを参照のこと。

(13) ケネー『経済表』平田清明・井上泰夫訳（岩波書店、一九九〇年）七四ページ。この場合、五〇億の単位は例えばリーヴルやフランと考えればよい。ケネーは、この文章に注記して、さらに、この王国の国土面積は約一億三〇〇〇万アルパン、人口は約三〇〇〇万人、国土を良好な状態に維持するために必要な経営的富の基金が約一二〇億であると仮定している。

(14) ケネー『経済表』平田清明・井上泰夫訳、七三ページ。

(15) 前同。

(16) 前同。

(17) ケネー『全集』第二巻、島津亮二・菱山泉訳、二二八ページ。

(18) 以下の「範式」の説明に当たっては、菱山泉「ケネー——『経済表』」、玉野井芳郎・松浦保編『経済学の名著12選』（学陽書房、一九七三年）二八—四六ページを参照した。

(19) 詳しくは、菱山泉『重農学説と「経済表」の研究』（有信堂、一九六二年）第六章を参照のこと。

(20) ケネー『経済表』平田清明・井上泰夫訳、二三—二四ページ。

(21) 菱山泉「F・ケネー——経済循環の発見」、日本経済新聞社編『経済学の先駆者たち』（日本経済新聞社、一九九五年）所収、一六九ページ。

(22) この言葉は、平田清明の名著『経済科学の創造』（岩波書店、一九六五年）のタイトルにも使われている。

(23) ケネー『経済表』平田清明・井上泰夫訳、一五六ページ。

(24) 前同、一五〇—一五一ページ。

(25) 前同、一五五ページ。

(26) *Quoted in* S. Bauer, "Quesnay's Tableau Economique", Appendix, *Economic Journal*, vol.5, 1895, p.20. 訳文は、菱山泉『重農学説と「経済表」の研究』、前掲、四四ページによる。

(27) 以下の説明は、菱山泉「ケネー――『経済表』」、玉野井芳郎・松浦保編『経済学の名著12選』、前掲、および『重農学説と「経済表」の研究』第六章に基づいている。なお、菱山泉のケネー解釈の核心部分は、著者自身による英訳版が用意されているが、それは国際的に重要な反響を呼んだことを付言しておく。cf., Izumi Hishiyama, "The Tableau Économique of Quesnay—Its Analysis, Reconstruction and Application," *Kyoto University Economic Review*, April 1960.

(28) 表1では、第一行二列目がλZ_2となっているが、これは、「第I部門」の「第II部門」に対する販売が、見方を変えれば、「第II部門」の「第I部門」からの購入に他ならないからである。つまり、「第II部門」は、その売上高Z_2のうちλZ_2だけを「第I部門」へ支出すると考えるわけである。同じように、第二行一列目が$(1-\lambda)Z_1$となっているのは、「第II部門」の「第I部門」に対する販売が、見方を変えれば、「第I部門」の「第II部門」からの購入に他ならないからである。

第二章　アダム・スミス　資本主義の発見

アダム・スミス（Adam Smith）ほど多くの人々に知られている経済学者は稀だが、しかし、残念ながら、彼ほど誤解されてきた経済学者も少ないのではないだろうか。最近でも、第一線で活躍してきたエコノミストの口から、「私の推測では、各人にやりたいようにやらせておいても、人間はそう悪いことをするものではないと、スミスは考えたのではないだろうか。それはいわば人間性に対するおおらかな信頼感であり、私がスミスを好きなのは究極のところそこである。要するに、スミスはネアカだったのだ(1)」という言葉が簡単に出て来ていたが、それが一般の読者にごく自然に受け取られているところに問題の深刻さがあるようだ。

しかし、そもそも、スミスの思想をめぐって誤解が生じたのは、彼の著作が今日では「読まれざる古典」となってしまった事実に起因しているので、誤解の大部分は、彼の生涯と著作を丹念に追っていくという学説史の正統的な方法によって取り除くことができると思う。そこで、この章も、その方法を忠実に踏襲していくことにしたい。

1　スミス小伝

アダム・スミスは、一七二三年六月五日、スコットランドの東海岸にあるカーコーディ(Kirkcaldy)に生まれた。(2)父親（やはり名前は、アダム・スミス）は、その町の関税監督官であったが、彼はスミスが生まれる前に亡くなったので、以後は母親マーガレット・ダグラスの慈愛の下に成長していく。

ところで、スコットランドといえば、その議会がイングランドとの合同条約を批准（一七〇七年五月一日）して初めて「グレート・ブリテン連合王国」に正式に組み込まれたが、その前は、イングランドとは別の国であったことを忘れてはならない。(3)当時のスコットランドは、先進国イングランドと比較して後進国であった上に、国内にも南部の平地（ロウランド）と北部の高地（ハイランド）の間に貧富の格差（グラスゴウとその周辺の平地が高地と比較して経済的に豊かであった）が存在するという問題を抱えていた。その問題は、イングランドとの合同によっても直ちには解決されなかったので、ハイランドからは二度にわたってスチュアート王朝復興を目指す「ジャコバイトの反乱」（一七一五年および四五年）が起こったほどである。しかし、その反乱は、二度ともまもなく鎮圧された。

イングランドとの合同は、たしかに、スコットランドの幼稚産業には損害を及ぼしたが、他方で、合同によってスコットランドがアメリカや西インドなどの植民地貿易に参加できるようになったので、煙草を中心とした植民地物産の再加工によって、グラスゴウとその周辺の地域は、急速な経済発展を実現できるようになった。そのような経済的な繁栄が自由で進歩的な雰囲気を創り出すことは想像に難くないが、実際、この時代には、商業化の進んだ社会における人間性と道徳のあり方について思索を巡らせた「スコットランド啓蒙思想家」(フランシス・ハチスン、デイヴィッド・ヒューム、ウィリアム・ロバートスンなど)と呼ばれる人々が華々しく活躍したのである。そして、スミスもまた、このスコットランド啓蒙主義に連なる一人なのである。

一七三七年、スミスはグラスゴウ大学に入学したが、スミスにとって幸運なことに、グラスゴウは、新しい学問に敏感な進歩的な教授陣を擁していた大学であった。当時、信仰上の理由で差別をしなかったのは、スコットランドとオランダの大学だけだと言われているが、それゆえ、グラスゴウにも、宗教的な権威に安住しない優れた教授や学生たちが集まることになったのである。それに対して、中世以来の伝統のなかにあったイングランドの大学(名門オックスフォードやケンブリッジを含む)では、停滞的な雰囲気が支配し、その学問的な水準が低下していたという。

スミスは、グラスゴウで、「忘れ得ぬ」(never-to-be-forgotten) 道徳哲学教授のフランシス・ハチスン (Francis Hutcheson) から多くを学ぶことになる。ハチスンは、当時の習慣であったラテン語による講義ではなく英語による講義を行なったことで学生の人気を博していたが、それればかりでなく、人間には何が善であるかを明らかにし得る「道徳感覚」(moral sense）が備わっており、また、「最大多数の最大幸福」をもたらす行為が最善のものであるという主張によっても知られていた。(4)

スミスがグラスゴウの学生であった頃、「自由――考える自由、遠慮なく話す自由、行動する自由は善である」(5)と考えるハチスンの考え方が、スコットランドの長老派教会とぶつかった事件が起こっているが、グラスゴウ大学は、教授と学生が一体となって、教会の干渉から学問の自由を守ることに成功した。スミス研究者によれば、スミスは、「ハチスンから人間性について好意的な見解をとることや、さらに、人間は生まれながらにして有徳であり、すくなくとも有徳たるべき種子を胚胎しているのであるから、真に賢明なる政府は、可能なかぎり干渉をひかえめにして、人間を自由にさせて、その諸能力、諸性向、諸関心を発展させるものである、との結論を出すことを学んだ」(6)ということだが、とにかく、グラスゴウが向学心に燃えたスミスにとって格好の教育機関であったことは間違いのない事実である。

一七四〇年、スミスは、オックスフォードのベリオル・カレッジで学ぶためのスネル奨学金を得て、グラスゴウを去った。しかし、グラスゴウと比較したオックスフォードの学問的沈滞と政治的偏向（当時のオックスフォードでは、教授や学生の大部分はジャコバイトの反乱を支持したが、それは、もちろん、スコットランドの独立を望んでいたからでなく、名誉革命に反感を抱く貴族的な反動主義が蔓延《はびこ》っていたからである。スコットランド人は、むしろ、オックスフォードでは差別されていた）に幻滅し、次第に、充実した蔵書数を誇る図書館へと「逃避」するようになった。(7)スミスが、ギリシャやローマの時代の古典から最近の英文学や仏文学に精通するようになったのは、この図書館のおかげだと言われている。

一七四六年、スミスは、オックスフォードから故郷のカーコーディに帰ってきた。もっとも、故郷に戻ったとはいっても、そこに決まった就職先が待っていたわけではなかった。ところが、一七四八年の冬以来、三度にわたって、エディンバラにおいて修辞学と文学に関する公開講義を行なう機会に恵まれたことが、後に、グラスゴウ大学の論理学教授に任命(一七五一年)される道を開くことになった。そして、翌年には、道徳哲学の講座を担当していたトーマス・クレーギー教授が死去したので、スミスがいまや空席になったその講座を担当するようになったのである。

グラスゴウの道徳哲学講座といえば、スミスが敬愛した旧師ハチスンが彼の学生時代に占めていた講座である。スミスは、ハチスンに倣《なら》って、ラテン語ではなく英語による講義を行なったというが、彼の弟子ジョン・ミラーによれば、スミスの道徳哲学講義は、自然神学・倫理学・法学・経済学の四部門から構成されていたという。このうち、彼の自然神学がどんなものであったかについては何の手がかりも残されていないが、倫理学の内容は『道徳感情論』(*The Theory of Moral Sentiments*, 1759)から、法学の内容(ただし、その一部として経済学の内容も含む)は一八九六年にエドウィン・キャナン教授によって編集された『グラスゴウ大学講義』(*Lectures on Justice, Police, Revenue, and Arms*)から、そして、経済学の内容は『国富論』(*An Inquiry into the Nature and Causes of the Wealth of Nations*, 1776)から、ある程度、窺《うかが》うことができるかもしれない。

グラスゴウ時代のスミスの最高傑作は、何と言っても、『道徳感情論』だが、この本のメッセージを正確に理解するためには、彼が「道徳哲学」の専門家であったことを、もう一度、思い出してみる必要がある。道徳哲学とは、水田洋によれば、「個人の行動を外から押さえ込むためのものではなくて、各個人が生存と幸福のために営む行動が、他人のそういう行動と矛盾対立せずに、社会的に平和共存が成り立つことが、どうすれば可能かをたずねる学問」[8]のことだが、スミスの『道徳感情論』は、この分野における彼の見解をまとめた著作と言ってもよいだろう。

スミスの見解は、今日ではよく知られているように、各個人が利己的な行動をとっても社会的に秩序が成り立つのは「同感」(Sympathy)の介在によるというものであった。つまり、各個人の利己的な行動は、他人の「同感」が得られる限り、社会的に正当であると判断されるので、各個人は他人の「同感」が得られる程度にまで自己の行動や感情を抑制せざるを得ないというのである。[9]ただし、「同感」といっても、スミスが考えているのは、友人や知人の「同感」ではなく、「注意深い、事情に精通した公平な傍観者」(attentive well-informed impartial spectator)の「同感」である。

ところで、「公平な傍観者」の「同感」を得られるように自己の行動や感情を抑制するということは、特別に高徳の人でなくても、ごく普通の能力をもった人ならば誰でもできることである。水田洋は、「スミスが問題にしたのは、ふつうの人々のふつうの生活のなかでのルールであった」[10]と述べているが、換言すれば、スミスは市民社会に生きる市井の人のモラルを語ったのだと考えてもよいかもしれない。序《つい》でに言うと、『道徳感情論』のなかには、特殊な美徳としての「正義」についての言及があるが、スミスによれば[11]、正義は、「仁恵」とは違って、それがなければ「人間社会という巨大な構造物」が「瞬時にしてばらばらに土崩瓦解《どほうがかい》しなければならない」ようなものである。その意味で、正義は「社会の全殿堂を支える大黒柱」であるが、それゆえ、「正義に対する注意力を強化するために、自然は人の心の中に、正義を犯した場合に感ずる悪いことをしたという意識、相当の懲罰に対する恐怖心等を植え付けて、弱者を保護し、乱暴者を抑制し、犯罪者を膺懲《ようちょう》するための、人類の結社における偉大なる防塞としている」[12]という。

また、スミスは、「正義の諸原理は最高度に正確であり、原則自体と同様の正確さをもって確定することができて、事実、一般には、それらの原則と共に全く同じ原理から導き出される例外もしくは修正以外は、何らの例外もあるいは何らの修正も許さない」[13]とも述べているが、それらの正義の諸原理を対象とする学問が、スミスの「自然法学」なのである。自然法学の詳細については、『グラスゴウ大学講義』を参照して欲しいが、ここでは、彼が、統治の原理として、「権威」と「功利」の二つを挙げていること、そして、君主政治における「権威」の原理の優位と民主政治における「功利」の原理の優位を対比していることに注目しておきたい。

しかし、どんなに法的規制を整備しても、もし人々が経済的に「従属」(dependency)の状態にあれば、正義の侵害を食い止めることは困難である。それゆえ、スミスは、人々が経済的な「独立」(independency)を達成することが犯罪を防止する最善の道であると主張するようになるのだが、ここに至って、スミスの道徳哲学は、最後の経済学の問題へとつながっていくことになる。(14) だが、スミス経済学の詳しい検討は、後の節に譲ることにしたい。

さて、『道徳感情論』の成功は、スミスの名前を世界的なものにしたが(因みに、十八世紀末までに、その本のフランス語訳が三種類、ドイツ語訳が二種類出たという)、そのうち、彼は、その本を読んで、彼の学識に惚れ込んだチャールズ・タウンゼンドという人から、ぜひバックルー公の家庭教師として大陸旅行(当時の貴族階級に流行した、いわゆる「グランド・ツアー」)に出かけて行って欲しいと懇願されるようになった。そのための条件は、大陸旅行の費用の他に年三〇〇ポンド、旅行終了後は終身年金三〇〇ポンドというものだったが、それは当時の大学教授の収入をはるかに超えていたという。スミスは、結局、その申し出を受け入れ、一七六四年、グラスゴウ大学教授の職を正式に辞任した。

バックルー公を伴ったスミスは、まず、パリに到着したが、そこには、すでに大使館書記官として赴任していた親友のデイヴィッド・ヒュームが待っていた。もっとも、スミスたちの最初のパリ滞在は短く、すぐトゥルーズに発《た》ってしまったが、後にジュネーヴを経てパリに戻ってきたとき、ヒュームがパリの社交界の人々に紹介する労をとってくれたおかげで、スミスはフランソワ・ケネーやA・R・J・チュルゴなどの重農学派のエコノミストたちと知り合いになることができた。因みに、ジュネーヴでは、スミスは以前から敬愛してやまなかったヴォルテールに数回会う機会があったようである。

だが、スミスたちの大陸旅行は、トゥルーズから合流してきたバックルー公の弟ヒュー・スコットが、一七六六年十月、病気で亡くなったために、終結を迎えることになった。一七六六年十一月一日、スミスたちは、ヒュー・スコットの遺体を伴ってロンドンに戻ってくることになるが、スミスの家庭教師の任務もこれにて終了したわけである。

スミスは、その冬をロンドンで過ごしたが、一七六七年の春までには、故郷に戻って、六年間ほど真摯な研究に専念することになった。その研究の結晶が、言うまでもなく、『国富論』であるが、しかし、スミス畢生《ひっせい》の名著が活字になるまでには、なお三年以上もの年月が必要であった（『国富論』が出版されたのは、一七七六年三月九日のことである）。

一七七八年、スミスは、スコットランドの税関委員に任命された。彼は住居をエディンバラに定め、税関委員の仕事を勤勉にこなしたようだが、その他にも、一七九〇年には『道徳感情論』の第六版を、一七八九年には『国富論』の第五版を世に出している。

一七九〇年七月十七日、スミスは、この世を去った。死に先立って、彼は、ジョセフ・ブラックとジェイムズ・ハットンの二人を遺言執行人に指名し、自らの遺稿のほとんどを焼却することを依頼した。享年六十七歳であった。

2　『国富論』の経済学

『国富論』を繙《ひもと》くと、その冒頭には、「序論および本書の構想」と題された文章があるが、そこには、次のような極めて有名かつ重要な言葉が綴られている。

「国民の年々の労働は、その国民が年々消費する生活の必需品と便益品のすべてを本来的に供給する源であって、この必需品と便益品は、つねに、労働の直接の生産物であるか、またはその生産物によって他の国民から購入したものである。[15]」

スミスは、ここで、「富」とは、国民の労働によって生産される一切の必需品と便益品（つまり、消費財）のことであると宣言しているわけだが、これは、もちろん、重商主義者たちの「富＝貴金属」という考え方を批判したものに他ならない。

もしスミスが言うように、富が消費財であるならば、国民を豊かにするためには、一人当たりの消費財の量を増大させることが肝要だが、スミスは、さらに、国民一人当たりの消費財の量は、①労働の生産力と②労働人口に占める「生産的労働」[16]の割合に依存するという。

しかし、スミスの名をとくに高めたのは、やはり、①を飛躍的に上昇させる「分業」の指摘である（ただし、スミスにおいては、工場内の「技術的分業」と「社会的分業」――つまり、職業の分化――が混同される傾向があった）。有名なピン製造の例（一人の職人がピン製造の全工程をたった一人で行なった場合には、一日に一本のピンも作れないが、十人の職人が分業体制をとれば、一日に一人当たり四八〇〇本のピンを作ることができるというもの）は、スミスが少年時代によく訪れたカーコーディの釘製造所の記憶から思い付いたものだとも言われている。[17]

ところで、スミスによれば、分業とは、そもそも、人間の本性にある「交換性向」から生じるものだが、彼はこの点を人間以外の動物の行動を例にとって敷衍《ふえん》する。すなわち、「犬同士が、一本の骨を別の骨と、公正に、しかも熟慮のうえで交換するのを見た人はだれもいない。ある動物が別の動物にむかって、その身振りと生まれつきの叫び声で、これは自分のもので、それはお前のものだ、それと引換えにこれをあげよう、といったようなことを表示しているのを見た人はだれもいない」[18]と。

しかも、交換とは、相手の利他心にではなく、利己心に働きかけて成立するものであることが強調されている。すなわち、「私の欲しいものを下さい、そうすればあなたの望むこれをあげましょう、というのが、すべてのこういう申し出の意味なのであり、こういうふうにしてわれわれは、自分たちの必要としている他人の好意の大部分をたがいに受け取りあうのである。われわれが自分たちの食事をとるのは、肉屋や酒屋やパン屋の博愛心によるのではなくて、かれら自身の利害にたいするかれらの関心による。われわれが呼びかけるのは、かれらの博愛的な感情にたいしてではなく、かれらの自愛心《セルフ・ラブ》にたいしてであり、われわれがかれらに語るのは、われわれ自身の必要についてではなく、かれらの利益についてである」[19]と。

そして、分業が十分に発展すると、スミスのいわゆる「商業的社会」(commercial society) が成立するようになる。「かれは、自分自身の労働の生産物のうち自分自身の消費を上回る余剰部分を、他人の労働の生産物のうち自分が必要とする部分と交換することによって、自分の欲望の大部分を満たす。このようにして、だれでも、交換することによって生活し、いいかえると、ある程度商人となり、そして社会そのものも、まさしく商業的社会とよべるようなものに成長するのである」と。[20]

さて、人々が財貨と財貨、または財貨と貨幣を相互に交換するに当たっては、自然に守るべきルールがあるはずだが、スミスによれば、そのようなルールは、財貨の「交換価値」を決定するものだという。財貨の交換価値とは、「その所有から生じる他の財貨にたいする購買力」を意味しているが、スミスは、これと「ある特定の対象物の効用」を意味する「使用価値」を区別している。[21] 交換価値の大小は必ずしも使用価値の大小を意味していないが（いわゆる「価値のパラドックス」[22]）、スミスはその事実を指摘したのみで、もっぱら交換価値に関心を集中しようとする（価値のパラドックスが解決されるのは、「限界革命」と呼ばれる経済学の変革が十九世紀後半に起こって以降のことである）。以下では、「価値」という場合、とくに断らない限り、「交換価値」を表わすものとして理解していただきたい。

ところが、価値は何によって決まるかについてのスミスの見解は、ある場合には「投下労働量」、他の場合には「支配労働量」というように、必ずしも統一のとれたものではなかった。

スミスは、まず、資本《ストック》の蓄積と土地の占有に先立つ「初期未開の社会状態」においては、労働の全生産物は労働者に賃金として帰属するので、商品の価値は、それを生産するために投下された労働量によって決定されるという「投下労働価値説」を提示する。例えば、「狩猟民族のあいだで、一匹の海狸《ビーバー》を仕留めるのに、一頭の鹿を仕留める労働の二倍がふつう費やされているとすると、海狸《ビーバー》一匹はとうぜん、鹿二頭と交換されるべきものである」[23]と。

しかし、資本が蓄積され土地が占有された「文明社会」では、さらに利潤と地代が加わるので、商品の価値は、もはや投下労働量とは等しくならず、その商品が市場で購買し支配する労働量によって決定されるという。これを「支配労働価値説」と呼ぶ。スミスは、「投下労働量＝賃金」なので、文明社会において新たに利潤と地代が加わった以上、投下労働価値説を貫徹することができないと考えたわけである（しかし、マルクス経済学の用語を使うと、スミスは、どうやら、「投下労働価値」と「労働力の価値」を混同していたようである）。かくして、スミスは、文明社会では、「少数の例外を除いて、年生産物の価値は賃金、利潤、地代に分れ、この三つが収入の基本的な源泉となる」[24]と主張するに至る。ここには、スミスのいう「商業的社会」が、労働者・資本家・地主から構成される資本主義的階級社会だという明確な認識が提示されていることに注意しなければならない（ただし、スミスは、「資本家」や「資本主義」という言葉は使っていない）。

けれども、スミスが「投下労働量＝賃金」から利潤と地代を投下労働量を超える追加価値と説明したことは、後に、デイヴィッド・リカード（David Ricardo）による徹底的な批判の対象になる「価値構成論」への道を開いてしまった。価値構成論とは、まず最初に、賃金・利潤・地代が決まり、それらを合計することによって商品の価値が決まるという考え方を指しているが、これが明確に現われているのが、スミスの「自然価格」についての議論である（これに対して、投下労働量によって商品の価値が決まり、それが賃金・利潤・地代に分解されるという考え方を「価値分解論」というが、これを価値論において採用したのがリカードである。ただし、リカードの場合、地代の部分は除去される。リカード経済学の詳細については、第三章を参照のこと）。

スミスは、自然価格を次のように定義している。すなわち、「ある商品の価格が、それを産出し調製し市場に運ぶのに用いられた土地の地代、労働の賃金、資本《ストック》の利潤を、それらの自然率にしたがって支払うのにちょうど過不足のない場合には、その商品は、自然価格ともいうべき価格で売られているのである」(25)と。ここで、「自然率」とは、スミスによれば、「通常率」または「平均率」のことを意味しているが、この文章は、つまり、賃金の自然率＋利潤の自然率＋地代の自然率＝自然価格、という価値構成論の考え方そのものを表現しているのである。

しかし、自然価格とは別に、市場で「ふつうに売られる現実の価格」としての「市場価格」があり、それは自然価格につねに一致するとは限らない。スミスによれば、「すべての商品の市場価格は、それが現実に市場にもたらされる数量と、その商品の自然価格、すなわちそれをそこへもたらすのに支払われなければならない地代と労働と利潤の全価値を支払う意思のある人たちの需要との割合によって規制される」(26)という。すなわち、供給量と「有効需要」(27)の関係次第で、市場価格が自然価格を上回ったり下回ったりするというのである。

しかし、労働・資本・土地の自由な移動が可能であれば、市場価格は絶えず自然価格に引き寄せられていく傾向があるという。少し長くなるが、スミスの文章を引用してみよう。

「もし数量が有効需要を超過するというような場合は、その価格の構成部分のあるものは、自然率以下で支払われざるをえない。もしそれが地代であるなら、地主たちの利益への関心がただちにかれらをうながして、土地の一部をこの事業から引き上げさせるであろうし、もしそれが賃金か利潤であるなら、前者の場合には労働者たちの利益の関心が、後者の場合にはその雇主たちの利益への関心が、かれらをうながして労働または資本《ストック》の一部をこの事業から引き上げさせるであろう。こうして市場にもたらされる数量は、やがて有効需要を満たすのにちょうど足りるだけになるだろう。その価格の種々な部分はいっせいに、その自然率まで上昇し、また価格全体はその自然価格まで上昇するであろう。

もし反対に、市場にもたらされる数量が有効需要に足りないような場合には、価格の構成部分のあるものは、その自然率以上に上昇するにちがいない。もしそれが地代であるなら、他の地主たちの利益への関心が自然にかれらをうながして、こうした商品をつくるためにいっそう多くの土地を提供させるであろう。もしそれが賃金や利潤であるなら、他のすべての労働者や商人の利益への関心が、まもなくかれらをうながして、それを調製し市場にもたらすためにいっそう多くの労働と資本《ストック》を用いさせるであろう。市場へもたらされる数量は、まもなく有効需要を満たすのに十分となるだろう。その価格のそれぞれの部分はすべて、まもなくその自然率へと下り、価格全体としてはその自然価格まで下るであろう。

それゆえ、自然価格というのは、いわば中心価格《セントラル・プライス》であって、そこに向けてすべての商品の価格がたえずひきつけられるものなのである。さまざまな偶然の事情が、ときにはこれらの商品価格を中心価格以上に高く釣り上げておくこともあるし、またときにはいくらかその下に押し下げられることもあるだろうが、このような静止と持続の中心におちつくのを妨げる障害がなんであろうと、これらの価格はたえずこの中心に向かって動くのである。(28)」

ただし、市場価格が自然価格に引き寄せられていくためには、すでに触れたように、労働・資本・土地の自由な動きが保障されているという条件が必要である。もしそうでなければ、市場価格が自然価格から長期的に乖離《かいり》する可能性も否定できない。それゆえ、スミスは、労働・資本・土地の自由な動きを妨げる独占や競争を制限する法律などに対して極めて厳しい態度をとるのである。例えば、彼は次のように言っている。

「個人なり商事会社なりに与えられる独占は、商業や製造業の秘密と同じ効果をもつものである。独占者たちは、市場をいつも供給不足《ストック》にしておくことによって、すなわち有効需要を十分に満たさないことによって、自分たちの商品を自然価格よりずっと高く売り、かれらの利得を、それが賃金であれ利潤であれ、その自然率以上に大きく引き上げようとするのである。

独占価格は、どんな場合にも、獲得できる最高の価格である。これと反対に、自然価格、すなわち自然競争価格は、なるほどどんな場合でもとはいえないが、かなりの期間にわたって得ることのできる最低価格である。前者は、どんな場合にも買手からしぼりとることのできる最高価格、すなわち買手がそれを与えることに同意すると思われる最高の価格である。後者は、売手がふつうに得ることができ、同時にかれらの事業を継続することのできる最低価格である。

同業組合《コーポレーション》の排他的な特権や徒弟条例、その他特定の職業において、競争を少数の者に制限し、そうでなければそこに参加できる者を締めだすようなすべての法律は、程度は劣るが、右と同じ傾向をもっている。それらは一種の拡大された独占であって、しばしば数世代にわたって、いくつかの職業の全部門をつうじて、特定の商品の市場価格を自然価格以上に維持し、それらに用いられる労働の賃金と資本《ストック》の利潤との双方を、自然率よりいくらか高く維持するものなのである。

市場価格のこのような高値維持は、それをひきおこす行政上の諸法規があるかぎりつづくことであろう。(29)」

さて、私たちは、前に、国民一人当たりの消費財の量は、①労働の生産力と②労働人口に占める生産的労働の割合に依存することを見たが、①については、スミスの分業論が一つの解答を与えてくれた。では、②については、彼はどのような解答をもっているのだろうか。この問題に関するスミスの見解は、単純にして明快である。すなわち、生産的労働者をより多く雇用するためには、資本の蓄積が必要であるが、資本蓄積のためには「節約」(parsimony) を奨励する以外にない、と。彼の言葉を聞いてみよう。

「資本は、節約によって増加し、浪費と不始末によって減少する。……勤勉ではなくて節約が、資本増加の直接の原因である。なるほど勤勉は、節約によって蓄積される対象物を提供する。だが、勤勉によってどれだけ多くが獲得されようと、もし節約がそれを貯蓄し貯蔵することがなかったら、資本はけっして大きくならないだろう。節約は、生産的労働者の維持にあてられる基金を増加させることによって、その労働が投下される対象の価値を増加させる労働者の数をふやすものである。したがって節約は、その国の土地と労働の年々の生産物の交換価値を増加させる傾向がある。それは、勤勉の追加量を活動させ、その追加量が年々の生産物に追加的価値を与えるのである。(30)」

節約によって蓄積された資本は、何らかの部門に投下されるわけだが、スミスは、農業→製造業→国内商業→外国貿易の順に資本が投下されるのが最も効率的で自然な道だと主張する。

なぜ農業が最初に来るのかという点に関して、スミスは、そこでは、「労働する使用人ばかりか労働する家畜も、生産的労働者である」とか、「自然も人間とならんで労働する」とか、「土地に資本を投ずる者は、貿易商人に比べて、その資本を身近で監督し、支配することができ、資産が不慮の事故にあうこともずっと少ない」とか、幾つかの理由を挙げているが[31]、スミスにおいては、同じ量の資本であれば、農業者の資本が最も多くの生産的労働者を雇用することができるという確固たる信念があったようである。そして、農業以下の順序は、資本の安全度と生産的労働者を雇用できる割合が次第に低下していく順序に他ならないのである。それゆえ、とスミスは言う。

「事物自然の成り行きとして、およそ発展しつつあるすべての社会の資本の大部分は、まず第一に農業に、ついで製造業に、そしていちばん最後に外国貿易に投下される。事物のこの順序は、まったく当然のことであるから、いやしくも領土をもつすべての社会においては、程度の差こそあれ、つねに見受けられてきたことだ、と私は信じている。どこかにちょっとした都市ができるとすれば、それに先立って、多少の土地が耕作されていなければなるまいし、またかれらが外国貿易をやろうと思えば、それ以前に、これらの都市で製造加工業のなかの粗工業くらいは営まれていなければなるまい[32]。」

ところが、このような資本投下の自然的順序が、ヨーロッパでは、為政者の人為的な政策によって逆転させられてきた。スミスは、この点を厳しく批判する。「都市のあるものでは、その外国貿易が、高級品製造業つまり遠隔地向けの販売に適した製造業を導入し、そして製造業と外国貿易があいたずさえて、農業の主要な改良を生ぜしめたのである。これらの国のそもそも最初の統治の性質に由来し、かつその統治が根本的に変化をとげてしまった後にまでも残った生活の仕方や慣習が、必然的にこれら諸国に、この不自然で逆行的な順序を余儀なくさせたのである」(33)と。

スミスは、歴史を繙《ひもと》きながら、ローマ帝国没落後のヨーロッパに出現した大所領とそれを維持するための長子相続法や「限嗣《げんし》相続制」（相続対象となる土地について、相続権者の順位を予め定めおく相続方法のこと）などが土地の細分化を阻止し、農業への投資を阻害したとか、国王が諸侯に対する均衡勢力として利用するために都市に様々な特権を認めたことが都市の商工業の発展を人為的に助長したとか、幾つかの例を挙げているが、ヨーロッパとは対照的に、未耕地が豊富に存在し、封建遺制がなかった北アメリカ植民地の急速な発展が、スミスが思い描いた富裕の自然的進歩の理想に最も近いものであったことを付け加えておきたい。

ところで、このようなスミスにとっての富裕の自然的進歩の理想は、いわゆる「見えざる手」の導きと密接に結びついていたことを見落としてはならない。スミスの次の文章は、しばしば、無責任な「自由放任」のすすめとして誤読されることがあるけれども――この点については、また後に触れるつもりである――、これは、全体として資本投下の自然的順序を人為的に歪め、富裕の自然的進歩を逆転させてきた重商主義の批判に充てられた『国富論』第四編「経済学の諸体系について」に登場する文章であることに改めて注意を喚起しておきたい。

「ところが、すべてどの社会も、年々の収入は、その社会の勤労活動の年々の全生産物の交換価値と、つねに正確に等しい、いやむしろ、この交換価値とまさに同一物なのである。それゆえ、各個人は、かれの資本を自国内の勤労活動に用い、かつその勤労活動をば、生産物が最大の価値をもつような方向にもってゆこうとできるだけ努力するから、だれもが必然的に、社会の年々の収入をできるだけ大きくしようと骨を折ることになるわけなのである。もちろん、かれは、普通、社会公共の利益を増進しようなどと意図しているわけでもないし、また、自分が社会の利益をどれだけ増進しているのかも知っているわけではない。外国の産業よりも国内の産業を維持するのは、ただ自分自身の安全を思ってのことである。そして、生産物が最大の価値をもつように産業を運営するのは、自分自身の利得のためなのである。だが、こうすることによって、かれは、他の多くの場合と同じく、この場合にも、見えざる手に導かれて、自分では意図してもいなかった一目的を促進することになる。かれがこの目的をまったく意図していなかったということは、その社会にとって、かれがこれを意図していた場合に比べて、かならずしも悪いことではない。社会の利益を増進しようと思い込んでいる場合よりも、自分自身の利益を追求するほうが、はるかに有効に社会の利益を増進することがしばしばある。社会のためにやるのだと称して商売をしている徒輩が、社会の福祉を真に増進したというような話は、いまだかつて聞いたことがない。もっとも、こうしたもったいぶった態度は、商人のあいだでは通例あまり見られないから、かれらを説得して、それをやめさせるのは、べつに骨の折れることではない。

自分の資本をどういう種類の国内産業に用いればよいか、そして、生産物が最大の価値をもちそうなのはどういう国内産業であるかを、個々人だれしも、自分自身の立場におうじて、どんな政治家や立法者よりも、はるかに的確に判断できることは明らかである。他人に向かって、かれらの資本をどう使ったらよいかを指示しようとするような政治家がいるとすれば、かれは、およそ不必要な世話をみずから背負いこむばかりでなく、一個人はおろか、枢密院や議会にたいしてさえ安んじて委託はできないような権限を、また、われこそはそれを行使する適任者だと思っている人物の手中にある場合にもっとも危険な権限を、愚かにも、そして僭越《せんえつ》にも、自分で引き受けることになるのである。(34)」

3　重商主義批判

『国富論』の第四編「経済学の諸体系について」が重商主義の批判に充てられていることはすでに触れたが、スミスは、この第四編にかなりのページ数を費やしているので、ここにそのすべての議論を紹介することはできない。しかし、スミスの議論の進め方についていくのは、それほど困難ではない。

まず、最初に、『国富論』の冒頭の言葉を思い起こして欲しい。スミスは、そこで、富とは消費財のことに他ならないと看破したわけだが、その考え方は、重商主義を批判するに当たっても最初から最後まで堅持される。それは、例えば、この問題に関する彼の結論とおぼしき文章にも明瞭に現われている。すなわち、

「消費こそはいっさいの生産にとっての唯一の目標であり、かつ目的なのである。したがって、生産者の利益は、それが消費者の利益を促進するのに必要なかぎりにおいて配慮されるべきものである。この命題は、まことに自明の理であって、とりたてて証明しようとすることさえおかしいほどである。ところが、重商主義の政策においては、消費者の利益は、終始一貫、生産者の利益の犠牲に供されており、消費ではなく生産こそ、いっさいの工業や商業の究極の目標であり、かつ目的である、と考えられているように思われる。(35)」

さて、重商主義の体系をどのように捉えるかは色々な立場があるわけだが、ここでは、スミスに倣って、トーマス・マン（Thomas Mun）の『外国貿易によるイングランドの財宝』（一六四四年）における貿易差額説（輸出の増大と輸入の削減によって貴金属で貿易差額を自国内に流入させようとする考え方のこと。マンの場合は、全体としての貿易差額をかせぐ

ことをねらう「一般的貿易差額説」に当たるが、これは、個別的な貿易差額をかせぐことをねらう「個別的貿易差額説」からは区別される）を例にとることにしよう。

まず、輸入を抑制するための政策としては、高率の関税またはより強い輸入禁止などが考えられる。これらの政策は、外国から安い価格で買えるものをわざわざ高い費用をかけて国内で生産しようとすることを意味しているが、スミスは、これらに対して、「買うよりも自分で作るほうが高くつくものは、けっして自分で作ろうなどとはしないというのが、分別ある家長のあり方」(36)であり、このような「私人が一家を治めるにあたって思慮分別あるやり方とされるものは、一大王国を治めるうえにおいても、まず、愚かなことであるはずがない」(37)と強く異議を申し立てている。

スミスの強い反対の背後には、第一に、輸入抑制策が国内市場に外国との競争から免れた独占を創り出してしまうという危惧があった。また、それは、第二に、貿易相手国の報復を招き、国際摩擦や戦争へとエスカレートしていく危険があるかもしれなかった（実際、スミスは、イングランドとフランスの間の長期間に及ぶ紛争や戦争に言及している）。

ただし、スミスは、決して、いかなる場合でも輸入抑制策は望ましくないと主張するほど単純ではない（この点は、「アダム・スミス＝自由放任主義者」というキーワードで彼を誤解している人たちには見過ごされてきたところである）。彼がとくに留意しているのは、国防上の必要であり、このためには、「航海条例」（スミスが念頭に置いているのは、チャールズ二世の下で発布された一六六〇年の条例だが、これは、オランダに対抗するために、貿易からイギリス以外の外国船舶を排除し、中継貿易商を介した商品の輸入を禁止することを主な内容としていた）のようなものも、たとえそれが富裕の増進にとって好ましくなくても、必要であるとさえ主張している。すなわち、「国防は富裕よりもはるかに重要なことであるから、航海条例は、イングランドの全商業法規のなかで、おそらくもっとも賢明なものだと言えるだろう(38)」と。

また、輸入抑制策を解除して自由貿易に移行する場合も、競争によって不利益を被る人々の立場を配慮して漸進的に行なうべきだというのが、スミスの見解である。彼の言葉を聞いてみよう。

「大製造業の企業家は、国内市場がとつぜん外国人の競争にさらされて、そのために自分の事業を放棄せざるをえなくなれば、確かに大損害をこうむることになろう。かれの資本のうち、これまで原料の購入と労働者への支払にいつも用いられてきた部分は、たぶん、たいした困難もなく別の用途を見いだすだろう。しかし、作業場や専門の用具に固定されている部分の資本は、処分すれば大きな損失をともなうにちがいない。したがって、かれの利害に公平な考慮を払うならば、この種の変更はけっして急激に行なうべきではなく、徐々に、漸進的に、しかも、よほど前から予告をした後に導入されるべきなのである。(39)」

さて、次に、輸出を増大させるための輸出奨励金制度を取り上げよう。この政策は、外国の製品と競争上太刀打ちできない部門に奨励金を与えるものだが、スミスによれば、それは結果的に利益の少ない産業に資本を向かわせる点で非効率であるばかりでなく、穀物輸出奨励金の場合に典型的に見られたように、穀物や賃金の名目価格の上昇——すなわち、インフレーションによる貨幣（＝銀）価値の下落——をもたらすに過ぎない。しかし、奨励金によっていくら名目上の価格が上昇しても、穀物の真の価値が上昇するわけではないので、農業の富や雇用は少しも増大しない。というのは、「そもそも事物の本性上、穀物には、単にその貨幣価格を変えただけでは変更されえない真の価格が刻印されている」からだという。ここで、スミスのいう真の価格とは、「この穀物が養うことのできる労働の量」に他ならない。

貿易差額を貴金属で稼いでもインフレをもたらすだけだというスミスの議論の進め方には、ヒューム（David Hume）の「貨幣数量説」（貨幣供給量の増大が長期的には物価上昇をもたらすという考え方のこと。しかし、ヒュームの場合は、次のように、後の金本位制度の自動調整機構を先取りしたところに特徴がある。すなわち、貴金属の流入＝貨幣供給量の増大→国内物価水準の上昇→交易条件の悪化→輸出の減少と輸入の増加（国際収支の悪化）→貴金属の流出、というように）の影響があるように思われるが、「富＝消費財」という考え方を堅持するスミスにとっては、貿易の均衡よりも生産と消費の均衡の方が一国の盛衰にとってもっと大事なことだったのである。

「ところで、均衡というと、すでに説明したように、貿易の均衡とは別の均衡がある。これは、貿易の均衡ときわめて異なり、それがたまたま順であるか、また逆であるかにおうじて、必然的に各国民の繁栄または衰退をひき起こすのである。それは、年々の生産と消費の均衡である。すでに述べたように、年々の生産物の交換価値が、年々の消費物の交換価値を超過するならば、その社会の資本は、かならずやこの超過分に比例して、年々増加するにちがいない。この場合、その社会は所得の範囲内で生活しており、その所得から年々貯蓄される分は自然にその社会の資本につけ加えられ、その結果、年々の生産物をさらに増加するように用いられるのである。逆に、もし年々の生産物の交換価値が年々の消費に及ばないなら、社会の資本は、この不足の度合に比例して、かならずや年々減少するにちがいない。この場合は、その社会の支出は所得を超過し、したがって必然的にその資本に食い込むことになる。それゆえ、社会の資本は必然的に減少せざるをえず、そして、これとともに、社会の勤労活動の年々の生産物の交換価値もまた、必然的に減少することになるのである。[40]」

さて、スミスの重商主義批判の紹介を終えるに当たって、付随的ながら、言い忘れたくないことがある。それは、重商主義の場合と違って、スミスが、第一章で取り上げたケネーの重農主義に対しては極めて寛容であったことである。もちろん、スミスは、商工階級を「不生産的」と見なし、あまりに農業を偏重し過ぎたケネーの重農主義を無限定に賞賛することは決してしていない。しかし、彼は、それでも、重農主義はそれまでのどんな経済思想よりもはるかに実り豊かな果実をもたらしたとして、それを高く評価しているのである。スミスは、次のように言っている。

「けれども、この学説は、不完全であるにもかかわらず、おそらく、これまでに政治経済学の問題について発表されたもののうちで、もっとも真理にせまったものであり、またそれゆえに、このきわめて重要な科学の諸原理を細心に検討しようとするすべての人々の考慮に十分値するものである。土地で使用される労働が唯一の生産的労働だとする点で、この学説が説き勧める見解は、多分に偏狭で局限されすぎてはいるけれども、しかし、諸国民の富が、貨幣という消費できない富から成るものではなくて、その社会の労働によって年々再生産される、消費できる財から成るとする点で、また、完全な自由こそ、この年々の再生産を可及的に最大限にするための唯一の効果的な方策だと主張する点で、この理論はどこからみても寛大で自由であるとともに、正当だと思われる。(41)」

スミスは、もしケネーが存命ならば、『国富論』を彼に捧げるつもりであったとも言われているが、重商主義と重農主義というスミスに先行する二つの経済思想への彼の評価が極めて好対照なのはとても興味深いことではなかろうか。

4　自由主義とは何か

スミスが独占や規制などをできる限り排除しようとしたことはすでに見た通りだが、ところが、これをもって直ちにスミスを「自由放任主義者」と決めつけるのは決して正しくない。しかし、わが国の経済論壇では、いまだに、スミスが「自由放任」を説いたのだとする理解（というよりは誤解）が幅を利かせているようである。もちろん、ここでも、誤解のもとはスミスを実際に読んでいないところにあるので、以下では、まず、彼の考え方を明らかにすることから始めることにしたい。

さて、スミスは、重商主義を批判した『国富論』第四編「経済学の諸体系について」の終わりのところで、独占や規制を撤廃すれば、「自然的自由の制度」が自ずから出来上がってくるという一見「自由放任」の思想に近いようなことを述べているが、しかし、「自然的自由の制度」の下でも、主権者（つまり、国家または政府）が配慮すべき三つの義務があるという。すなわち、「その第一は、自分の国を他の独立社会の暴力と侵略にたいして防衛する義務である。第二は、社会の成員ひとりひとりを、他の成員の不正や抑圧から、できるかぎり保護する義務、つまり、厳正な司法行政を確立する義務である。そして第三は、ある種の公共土木事業を起し、公共施設をつくり、そしてこれらを維持する義務であって、それらを実施することは、いかなる個人にも、あるいは少人数の個人が集まってみても、とうてい採算のとれるものではない。なぜなら、これらはしばしば一大社会にとってこそ、その出費を償ったうえ、おおいに余りあるものだが、いかなる個人にとっても、あるいは少人数の個人の集団にとっても、そこからあがる利益では、かれらの出費をとうてい償うことはできないからである」[42]と。

『国富論』第五編「主権者または国家の収入について」は、この問題の考察に充てられているわけだが、留意すべきは、このような極めて重要な仕事を任された国家が、自由放任主義者たちが考えるほど、決して「安上りの政府」ではないことである。この点は、わが国におけるスミスの思想の啓蒙に大きな役割を演じた高島善哉の『アダム・スミス』(岩波新書、一九六八年)に明確に説かれている。すなわち、「スミスの思想をただ祖述し解説するだけの亜流の中には、そのように思いこんでいる人もあるであろうが、どんなに自由主義の黄金時代(たとえば十九世紀半ばごろの西ヨーロッパ)でも安上りな国家というものは存在しなかったといっていい。むしろ国家はいつの世でも浪費者であり、高くつくものなのである。戦争はもっとも不生産的な行為だとスミスはいい、そのための公債発行などはスミスのもともきらった施策の一つである。にもかかわらず、スミスはけっして安価な政府を欲したのではない。スミスの著作のどこを探してみても、そういう言葉にお目にかかることはないのである。スミスの国家は、いまみたように、なかなかどうして、相当多くの仕事を受けもたされているのであって、国家機能の担当者は、そのために必要な経費を有効に調達し、能率的に使わなければならないのである。これがいわゆる安価な政府のほんとうの意味なのである」[43]と。このような本質を突いた解説が、わが国の経済論壇の常識にならなかったのは、返す返す残念なことである。

とすれば、スミスの「自然的自由の制度」を単なる「予定調和論」と捉える教科書的な理解も実は問題を含んでいることになる。スミスにとって、「自然的自由の制度」とは、すでにそこにあるものではなく、一つの到達されるべき「理想」であった。この点は、しっかりと押さえておかなければならない。実際、スミスは、『国富論』第四編の中で、「自由貿易が将来大ブリテンに完全に回復されることを期待するのは、この国にオシアナあるいはユートピアが将来建設されるのを期待するような夢想に近い」[44]とさえ述べている。しかし、「理想」であるだけに、それは、そこに到達するための様々な現状改革を求める力となり得るのである。スミスの「自由」への要求は、このような社会改革と結びついていたのであり、決して現状追認の消極的な性格のものではない。それゆえ、高島善哉は、「予定調和」という言葉は、「自由のための戦いと新しい社会への確信をいい表わす前向きの姿勢を示す言葉となるのである」[45]と述べているが、まさに的確な指摘である。

ところで、スミスは、「政治経済学」（ポリティカル・エコノミー）という学問を「政治家あるいは立法者たるものの行なうべき学の一部門」[46]として位置づけているが、『国富論』が書かれつつあった時代のイギリスにとっての懸案事項は、北アメリカ植民地の独立という問題であった。この問題に関して、スミスは、まず、植民地に貿易の自由を許し、大ブリテンの議会に植民地の代表を参加させる代わりに税金を負担してもらうという合邦の提案を行なったが、その場合、貿易の自由を獲得した植民地が急速に発展し、一世紀もしないうちに租税収入において本国を凌駕してしまうかもしれないという。しかし、ひときわプライドの高い本国の為政者たちは、そのような事態を望まないだろう。とすれば、残された道はただ一つ、植民地から手を引くべきである、とスミスは主張するのである。

スミスにとって、植民地支配は「独占精神」の産物であり、いわゆる「自然的自由の制度」の明らかな侵犯であった。それゆえ、次のような『国富論』の最後の言葉も、そのような文脈で捉えられなければならないだろう。

「大ブリテンの支配者たちは、過去一世紀以上ものあいだ、われわれは大西洋のかなたに一大帝国をもっているのだ、という想像で、国民をいい気持にさせてきた。しかしながら、この帝国なるものは、いまにいたるまで、ただ想像のうちにしか存在しないものであった。いまにいたるまで、それは、帝国そのものではなしに、帝国建設の企画だった。金鉱ではなしに、金鉱発見の企画でしかなかった。しかも、その企画たるや、およそ利益などをもたらしそうもないのに、莫大な経費がかかったし、かかり続けているし、そして、これまでどおりのやり方を追い続けるかぎり、今後もかかりそうなしろものなのである。なぜなら、植民地貿易独占の結果は、すでに明らかにしたとおり、国民の大多数にとって、利益どころか、もっぱら損失のみだったからである。いまこそ、わが支配者たちは、国民ばかりか、どうやらみずからもふけっていたこの黄金の夢を実現してみせるか、それができないなら、率先この夢から醒め、国民を覚醒させるよう努めるかすべき秋《とき》である。計画を完遂できないのなら、計画そのものを捨てよ。そして、もし、大英帝国のどの領土にせよ、帝国全体を支えるために貢献させられないというのなら、いまこそ大ブリテンはみずからを解放し、未来への展望と構図とを、その国情の真にあるべき中庸に合致させるように努めるべき秋《とき》なのである。(47)」

注

（1）飯田経夫『経済学誕生』(筑摩書房、一九九一年)一三ページ。

（2）アダム・スミスの生涯の記述に当たっては、主に以下の文献を参考にした。R・H・キャンベル＆A・S・スキナー『アダム・スミス伝』久保芳和訳(東洋経済新報社、一九八四年)；Andrew S. Skinner, "Adam Smith (1723-90)", *The New Palgrave: A Dictionary of Economics*, vol.4, Macmillan, 1987, pp.357-375.

（3）イギリス史に関しては、今井宏『ヒストリカル・ガイド　イギリス』(山川出版社、一九九三年)および松浦高嶺『イギリス現代史』(山川出版社、一九九二年)を参考にした。

（4）E・ロイストン・パイク『アダム・スミス』中村恒矩・竹村孝雄訳(法政大学出版局、一九七一年)二六―二七ページ参照。

（5）前同、二七ページ。

（6）前同、二八ページ。

（7）スミスは、後に、『国富論』の中に、「オックスフォードの大学では、正教授の大半は、ここ多年にわたり、教えるふりをすることさえ、すっかりやめてしまっている」(『国富論』Ⅲ、大河内一男監訳、中公文庫、一九七八年、一一四ページ）という一文を挿入することになるが、それは、若き日の彼が、その大学の学問的沈滞ぶりにいかに幻滅を味わったかを如実に物語るものと言えるだろう。
(8) 水田洋「アダム・スミス」、水田洋・玉野井芳郎編『経済思想史読本』（東洋経済新報社、一九七八年）所収、四七ページ。同様の指摘は、水田洋『アダム・スミス』（講談社学術文庫、一九九七年）六八ページにもある。
(9) アダム・スミス『道徳情操論』米林富男訳（未来社、一九六九年）上巻、五七ページ参照。米林富男氏の訳では、Moral Sentiments が「道徳情操」と訳されていることに注意されたい。
(10) 水田洋「アダム・スミス」、前掲、五〇ページ。スミスは、後に、各個人が「公平な傍観者」の「同感」を得られるような行動を繰り返すうちに、「外にいる人」であった「公平な傍観者」が、想像上の「同感」を介して、「内なる人」としての「良心」に内面化されることを議論しているが、この点を含む『道徳感情論』の詳細に関しては、水田洋『アダム・スミス研究』（未来社、一九六八年）や岡田純一『アダム・スミス』（日本経済新聞社、一九七七年）などを参照のこと。
(11) アダム・スミス『道徳情操論』上巻、前掲、二〇四ページ。
(12) 前同、二〇四―二〇五ページ。
(13) 前同、三七五―三七六ページ。
(14) スミスは、「商工業の樹立は、この独立をもたらすものであって、犯罪を防止する最善の治政である。そうすることによって、一般民衆の他のいかなる場合よりも、よい賃金を得、その結果として一般的に誠実な態度が全国に行きわたる」（『グラスゴウ大学講義』高島善哉・水田洋訳、日本評論社、一九四七年、三一五ページ）と言っている。
(15) アダム・スミス『国富論』I、大河内一男監訳（中公文庫、一九七八年）一ページ。
(16) スミスにとっての「生産的労働」とは、労働の対象の価値を増加させ、雇主の利潤を生み出す労働や、ある特定の対象や販売商品に固定し具体化する労働のことを指しているが、具体的には、農産物や工業製品などを生産する労働を思い浮かべればよいだろう。スミスは、これに対して、サービスを生産する労働（たとえば、家事使用人や官吏などの労働）を「不生産的労働」と呼んでいる。アダム・スミス『国富論』Ⅰ、前掲、五一五—五一九ページ参照。

(17) 分業による生産力の増大は、スミスによれば、次の三つの事情に基づくという。すなわち、第一に、「個々の職人すべての技能の増進」、第二に、「ある種の仕事から他の仕事へと移る場合にふつう失われる時間の節約」、そして、第三に、「労働を節約し、短縮し、しかも一人で多くの人の仕事がやれるようなさまざまな機械の発明」である。アダム・スミス『国富論』Ⅰ、前掲、一五—一六ページ。

(18) アダム・スミス『国富論』Ⅰ、大河内一男監訳、前掲、二五ページ。

(19) 前同、二六ページ。

(20) 前同、三九ページ。この文章は、『国富論』第一編第四章「貨幣の起源と使用について」に出てくるものだが、この章を読んでも、残念ながら、スミスには本格的な貨幣論はなかったと判断せざるを得ない。

(21) アダム・スミス『国富論』Ⅰ、大河内一男監訳、前掲、四九—五〇ページ。

(22) スミスは、次のように言う。「最大の使用価値をもつ物が、しばしば交換価値をほとんどまったくもたないことがあり、これとは反対に、最大の交換価値をもつ物が、しばしば使用価値をほとんどまったくもたないことがある。水ほど有用なものはないが、水ではほとんどなにも購買できないし、それと交換にほとんどなにも入手できない。反対にダイヤモンドは、ほとんどなんの使用価値ももっていないが、それと交換に非常に大量の他の財貨をしばしば入手することができる」と。アダム・スミス『国富論』Ⅰ、大河内一男監訳、前掲、五〇ページ。

(23) アダム・スミス『国富論』Ⅰ、大河内一男監訳、前掲、八〇ページ。

(24) 前同、八七ページ。
(25) 前同、九四―九五ページ。
(26) 前同、九六ページ。
(27) 「有効需要」とは、すぐ前の文章にあるように、自然価格を支払う用意のある人たちの需要を指しているので、「実際の貨幣的支出に裏づけられた需要」の意味でその言葉を使ったJ・M・ケインズの用語法とは異なる。
(28) アダム・スミス『国富論』I、大河内一男監訳、前掲、九八―九九ページ。
(29) 前同、一〇四ページ。
(30) 前同、五二八―五二九ページ。
(31) 前同、五六八ページ、および、『国富論』II、大河内一男監訳（中公文庫、一九七八年）六―七ページ。
(32) アダム・スミス『国富論』II、大河内一男監訳、前掲、一〇ページ。
(33) 前同、一〇ページ。
(34) 前同、一二一―一二三ページ。
(35) 前同、四六五―四六六ページ。
(36) 前同、一二二ページ。
(37) 前同、一二三ページ。
(38) 前同、一三六ページ。高島善哉は、この点に関連して次のような的確な論評を行なっているので、引用してみよう。すなわち、「スミスがインタナショナリストであることに異議を申立てるのではないが、スミスは同時にナショナルなものの見方をする人であったと私はいいたい。スミスのこの第二の面がこれまで見落とされがちであったので、あえてこの点を強調したいと思うのである。ほんとうのインタナショナリズムというものは、ナショナルなものを忘れたものではないし、他方、ほんとうのナショナリズムはインタナショナルなものを忘れたものであってはならない。これが第二次世界大戦後の現代の感覚なのである。そしてこの感覚からスミスを改めて見直してみると、ほかならぬスミスがとり組んだ時の問題こそは、まさにナショナル＝インタナショナルな性格をおびていたものであることが知られるであろう」(『アダム・スミス』岩波新書、一九六八年、八六ページ)と。

(39) アダム・スミス『国富論』Ⅱ、大河内一男監訳、前掲、一四八ページ。
(40) 前同、一九一ページ。
(41) 前同、四九七―四九八ページ。
(42) 前同、五一一―五一二ページ。
(43) 高島善哉『アダム・スミス』、前掲、一四二―一四三ページ。
(44) アダム・スミス『国富論』Ⅱ、大河内一男監訳、前掲、一四六ページ。
(45) 高島善哉『アダム・スミス』、前掲、一二一ページ。同様の指摘は、ライオネル・ロビンズ『古典経済学の経済政策理論』市川泰治郎訳(東洋経済新報社、一九六四年)一六―一七ページにもある。
(46) アダム・スミス『国富論』Ⅱ、大河内一男監訳、前掲、七五ページ。
(47) アダム・スミス『国富論』Ⅲ、大河内一男監訳、前掲、四三八―四三九ページ。

第三章　デイヴィッド・リカード　古典派経済学の完成

デイヴィッド・リカード（David Ricardo）は、一言でいえば、古典派経済学の完成者である。彼の明晰な頭脳は、先行者であるアダム・スミスの著作に含まれた曖昧さや欠陥を決して許さず、同時代の人々（T・R・マルサス、E・ウエスト、R・トレンズなど）の考え方を巧みに取り入れながら一つの体系的な理論を築き上げたが、リカード体系があまりにも完璧に出来ていたために、後世の近代経済学の創設者たちのなかにも、例えば、アルフレッド・マーシャル（Alfred Marshall）のように、つねにリカードを仰ぎ見てきたものが少なくなかった。もちろん、このことは、リカード経済学に全く問題がなかったことを決して意味しないが、それでも、リカード以降の近代経済学者たちがリカード体系に匹敵するほどの完成度を自らの目標に掲げた事実には変わりがない。そこで、この章では、リカードの『経済学および課税の原理』（*On the Principles of Political Economy and Taxation*, 1817）に結実した古典派経済学の「完成品」をできるだけ体系的に説明することに専念したい。

1　リカード小伝

デイヴィッド・リカードは、一七七二年四月十八日、父親エイブラハム・イズラエルと母親アビゲイル・デルヴァーリの間の三番目の子供としてロンドンのシティで生まれた。[1] 父親は、アムステルダム出身のユダヤ人で裕福な証券仲買人であったが、十八世紀の中頃から世界金融の中心地がロンドンへと移っていくのに伴って、オランダからイギリスへと移住してきたという。

リカードは、十一歳から十三歳にかけて、アムステルダムのユダヤ系の名門校で教育を受けたが、その後、早くも十四歳のときには、ロンドンで父親と一緒に証券取引の仕事を始めているので、私たちが普通に考える学校教育を十分に受けたとは言い難い。しかし、彼の弟モウジズが書いているように、裕福なリカード家の子弟には優れた家庭教師を好きなだけ選ぶ自由があったようなので、リカードも教育の面でとくに後れをとることはなかったものと思われる。そうでなければ、弟の回想にあるような、抽象的かつ一般的な推論を好み、数学や自然科学にとりわけ関心を示した青年リカードの姿を思い浮かべることはとてもできそうにない。リカード経済学は、後に検討していくように、極めて抽象的かつ一般的な性格を帯びているが、青年期のリカードの嗜好にも同様の特徴が見られるのは誠に興味深い。

さて、父親の見習いから始まった証券取引だったが、もともと、才能に恵まれていたリカードは次第に頭角を現わし、一人前の取引を任されるようになった。しかし、やがて「思想の自由と独立」の重要性を認識するようになったリカードは、一家にとって先祖伝来の宗教であるユダヤ教の教えを忠実に守り、またそれを生活のすべての面において子供たちにも強要しようとする父親に反発するようになった。そして、彼の父親からの独立が決定的となったのは、一七九三年十二月二十日、彼がクエーカー教徒の娘プリシラ・アン・ウィルキンソンとの結婚に踏み切ったときであった。なぜなら、異教徒との結婚は、とりもなおさず、リカード家およびユダヤ人社会との絶縁を意味したからである。そのとき、彼は二十一歳であった。

しかし、幸いにして、リカードには父親から手ほどきを受けた証券取引の仕事があったので、そのおかげで何とか経済的独立を達成することができた。それどころか、彼のストックブローカーとしての腕は、わずか数年の間に、一財産を築き上げるほど優れたものだったようだ。とくに、ナポレオン戦争の期間中には、数回にわたって国債引受人となり、その業務に伴うプレミアムによって莫大な利潤を稼いだという（株式取引所は、政府の戦費調達に重要な役割を演じたが、戦時中のインフレーションによって国債の価格は額面以上に跳ね上がったので、国債引受業者には国債引受に伴う手数料の他にプレミアムを手に入れる余地が十分にあったのである）。

リカードは、最終的には、六十七万五千〜七十七万五千ポンド相当の遺産を残したというから、実業家としても見事に成功したと言ってもよいだろう。ところが、普通の「戦時成金」と違うのは、彼が余暇を使って学問に勤《いそ》しむようになったことである。青年期のリカードが自然科学を好んだことは前に触れたが、一七九七年頃から、彼は数学・化学・鉱物学・地質学の研究に打ち込むようになった。そして、一七九九年、夫人の療養のために滞在していたバースで偶然アダム・スミスの『国富論』を読む機会があり、それ以降、経済学という新興の学問に対する関心を深めていったという（リカードは、後に、国債引受によって得た財産を投じて、ギャトコム・パークに邸宅を構えたが、そこで余暇を使って学問を研究する姿は、イギリスの上流階級が理想とする、いわゆる「ジェントルマン」を彷彿させるものがある。しかし、真実一男によれば、「リカード自身後年にはゼントルマンとしての生活を送ろうとしたが、かれ自身は晩年までイギリスのミドル・クラスとしてのモラルを持ち合わせていた。そしてそのようなリカードがブルジョア経済学の完成者となりえたことも自然の成行といえるかもしれない」(2)という）。

一八〇九年八月二十九日、『モーニング・クロニクル』紙に、リカードの経済学上の処女作「金の価格」（ただし、無署名）が現われた。この論文が書かれた背景には、一七九七年二月、イングランド銀行券の正貨兌換《だかん》が停止されたことによって不換紙幣が登場した事実があったが、その結果、一八〇九年七月、以前には一オンス＝三ポンド一七シリング一〇・五ペンスだった金の価格が四ポンド一二シリング一〇・五ペンスへと急騰した。金価格の上昇とは、見方を変えれば、イングランド銀行券の減価であり、また外国為替相場の下落でもあるが、それらの原因は、（イングランド銀行券が不換紙幣になったことによる）銀行券の過剰発行にある、とリカードは考えた（いわゆる「地金主義」の立場）。そこで、彼は、その論文のなかで、まず第一に銀行券の発行残高を縮小し、次に正貨兌換を再開すべきことを訴えたが、その考え方は、翌年一月の『地金の高い価格、銀行券の減価の証拠』と題するパンフレットにおいてさらに敷衍《ふえん》されていった。

リカードの地金主義は、議会における『地金委員会報告』（委員長は、フランシス・ホーナー）の起草に重要な影響を及ぼした（一八一〇年八月十二日に出された報告には、二年後の兌換再開が提案されていた）。もちろん、彼の主張に対しては、「反地金主義」（商業手形割引に基づいて銀行券を発行する限り、銀行券の過剰発行は起こり得ないというイングランド銀行の主張で、チャールズ・ボウズンキトが主な論客であった）の立場からの反論が寄せられたが、しかし、リカードの提案は、地金主義 vs. 反地金主義の論争を受け継いだ「通貨主義」vs.「銀行主義」の論争を経て、（通貨主義の立場に基づいた）一八四四年のイングランド銀行特許条例（いわゆる「ピール条例」）へと最終的に継承されていったことに注目しなければならない。

ところで、地金論争への参加は、リカードをジェームズ・ミル（James Mill）——もちろん、第四章で取り上げるJ・S・ミルの父親だが、ここでは、息子と区別するために「父ミル」と呼ぶことにしたい——とトーマス・ロバート・マルサス（Thomas Robert Malthus）という当時の優れた論客たちとの生涯にわたる交遊のきっかけをつくることにもなった。リカードが初めて父ミルに会ったのは、後者が『商業擁護論』（一八〇八年）を書いた後のことだったというが、父ミルは、よき先輩としてリカードを経済学研究へと巧みに導いていった。最初のうち、乗り気を示さぬリカードを説き伏せて議会に送り込んだのも、父ミルであったという（リカードは、一八一九年二月、アイルランドのポータリントンという「腐敗選挙区」を買い占めることによって代議士となっているが、代議士リカードについては、彼がトーリーにもウィッグにも属さぬ独立派であり、「穏和なブルジョア・ラディカル」の路線を支持したことのみを指摘するに留めたい)。また、マルサスは、リカードの経済学上の最大のライバルとなっていくが、リカードも、マルサスの人口法則その他を自己の理論に取り入れていることからもわかるように、論敵であるマルサスの才能を誰よりも高く評価し、終生、変わらぬ交遊関係を続けたのである。二人とも、リカードにとって、得難い先輩ないし友人であったと思う。

一八一五年二月、リカードは、『穀物の低価格が資本の利潤に及ぼす影響に関する一試論』(以下、『利潤論』と略称する)と題するパンフレットを発表した。これは、いわゆる「穀物法論争」が生み落としたものだが、その背景を簡単に説明するならば、次のようになるだろうか。(3) イギリスは十八世紀末から穀物輸入国となっていたが、フランス革命以降の打ち続く戦争によって穀物の輸入が困難となり、穀物の価格が極めて高くなった。穀物価格の上昇は、一方で地代の上昇を、他方で(労働者の生活費を引き上げることによって)賃金の上昇と利潤の減少をもたらすので(この点のより正確な説明は後に譲る)、独り地主階級のみが利益を掌中に収めることになる。ところが、ナポレオン戦争が終結に近づくと、今度は、外国の安価な穀物が流入することによってイギリス国内の穀物価格が急落してしまうのではないかという不安がとくに地主階級によって抱かれるようになった。そこで、当時、議会の多数派を掌握していた地主階級は、高率の穀物関税を課して穀物価格の下落を阻止することを狙った穀物法改正を主張するに至るのである。地主階級のもくろみは、一八一五年三月には実を結ぶことになるが、その穀物法改正をめぐって論戦を繰り広げたのが、リカードとマルサスであった。

まず、マルサスは、『穀物法および穀物価格の騰落がわが国の農業および一般的富に及ぼす効果に関する考察』（一八一四年）において、穀物の自由貿易が経済的利益の観点からは有利な政策であることを決して否定はしないものの、そのような経済的利益を相殺しかねない二つの点を指摘した。一つは、穀物の供給を外国に依存し過ぎると、戦争や不作などの異常事態が発生したときに穀物の供給が途絶えてしまうので、国家の安全保障上きわめて危険であること。もう一つは、穀物輸入の自由は、イギリス国内の農業と工業の間のバランスを破壊し、過度の工業化と工業人口比率の増大をもたらすが、工業においては需要の動きが不安定なので、労働者の賃金も大きな変動に曝されるようになり、経済的にも社会的にも不安定要因となること。それゆえ、マルサスは、全面的な賛成とはいえないまでも、穀物法擁護の方に回ったのである。

マルサスは、さらに、『外国穀物輸入制限政策に関する一意見の根拠』（一八一五年）と題する時事論説を発表したが、そこでは、以前のものよりも一歩踏み込んで、穀物法擁護が展開された。すなわち、穀物法によって穀物の価格を高めに維持することは、地主に十分な地代をもたらすので、それが工業製品に対する有効需要の源泉となるというのである（マルサスの時事論説には、もう一つ、『地代の本質と増進およびそれを規制する原理に関する考察』［一八一五年］と題するパンフレットがあるが、これは以上のような政策論が経済学の理論に基づいていることを論証しようとしたものであった。しかし、マルサス経済学の完成形態は、もちろん、『経済学原理』［一八二〇年］と見るべきだろう）。

マルサスの主張に対して、リカードは、すでに触れた『利潤論』において、おおよそ、次のような反論を加えた。まず、国家の安全についてだが、リカードは、大陸封鎖を断行したナポレオンほどの権力者でさえも、フランス以外の穀物産出国がイギリスへ輸出することを禁止することができなかったという。また、穀物産出国の不作のために穀物の供給が途絶えるという危険も、もしイギリスの市場をあてにすることができるようになれば、穀物産出国の耕作が著しく拡張されるので、それほど心配するには及ばないという。

しかし、もちろん、リカードは、国家の安全上の問題だけを論じてマルサスを批判したのではない。むしろ、彼のマルサス批判の核心は、次のような主張の中に隠されていた。すなわち、自由貿易によって穀物が安価になることは、労働者の生活費を引き下げることによって賃金の下落と利潤の増大をもたらすので、それが資本蓄積のためのファンドとなり、経済成長の起動力となるというのである（この点のより正確な説明も後に譲る）。

有効需要の源泉としての地代を重視するマルサスと、資本蓄積のためのファンドとしての利潤を重視するリカード——二人の論争の背景には、地主階級の利害と産業資本家の利害の明らかな対立という構図があったが、この論争では、図らずも、リカードは産業資本家の利害を代弁したことになるのである（リカードは、自分自身を地主階級の敵とは少しも考えていなかったというが、そういえば、ギャトコム・パークの邸宅に見られるように、彼もまた大地主の一人だったのだ!)。

穀物法論争を通じて、リカードは、次第に自己の経済思想を形成しつつあったが、彼を鼓舞してリカードの「経済学原理」を書かせるように仕向けたのは、前に触れた父ミルである。その甲斐あって、一八一七年四月には、『経済学および課税の原理』(*On the Principles of Political Economy and Taxation*)――以下、『原理』と略称する――と題されたリカード畢《ひっ》生《せい》の名著が刊行された。この本の具体的な内容については、後に詳しく検討していくつもりだが、ここでは、リカードが、①投下労働価値説、②差額地代論、③賃金の生存費説、④収穫逓《てい》減《げん》の法則を総合して、一つの理論体系を創り上げた事実のみを指摘しておきたい。

リカードの『原理』は、その後、一八一九年に第二版が、一八二一年に第三版が刊行されたが、重要な改訂は第三版においてなされている。すなわち、『原理』第三版には、「機械について」と題する章が追加されたのだが、そこで、リカードは、機械の導入は労働に対する需要を減少させないという従来の見解を覆して、それが雇用を減少させうることを認めたのである。

『原理』以降のリカードの仕事としては、『大英百科事典』補遺への寄稿論文「減債基金」(一八二〇年)、『農業保護論』(一八二二年)、そして亡くなる一ヵ月前に執筆され死後に刊行された『国立銀行設置のためのプラン』(一八二四年)などを挙げなければならないが、それらの詳細な検討は、スペースの関係から、すべて割愛することにする。一八二二年七月

～十二月、リカード一家は、ヨーロッパ大陸巡遊（オランダ、ドイツ、スイス、イタリア、そしてフランス）に出かけた。リカードは、ジュネーヴやパリで高名な経済学者のシスモンディ（Jean Charles Léonard Simonde de Sismondi）やセー（Jean Baptiste Say）などに会って意見交換をしたようだが、その内容がどのようなものだったかは、残念ながら、わからない。

一八二三年九月十一日、リカードは、耳の病がもとで五十一歳の生涯を閉じた。死の直前まで彼を悩まし続けた理論的な問題は、「不変の価値尺度」をいかに発見するかという問題であったが、彼はそれを結局は発見することができなかった（彼の思索の過程は、未完の遺稿『絶対価値と交換価値』に収められている。なお、リカードの問題意識は、二十世紀の経済学者ピエロ・スラッファにも受け継がれて、「標準商品」というアイデアを生むことになった。しかし、その詳細については、第十一章や他の参考文献を参照して欲しい）[4]。リカードの亡骸《なきがら》は、ハーニッシュの墓所に葬られたという。

2　価値と分配の理論

リカード経済学の主要課題は、「分配法則」の確定である。リカードの『原理』の序文には、次のような言葉がある。

「大地《アース》の生産物――つまり労働と機械と資本とを結合して使用することによって、地表からとり出されるすべての物は、社会の三階級の間で、すなわち土地の所有者と、その耕作に必要な資財つまり資本の所有者と、その勤労によって土地を耕作する労働者との間で分けられる。

だが、社会の異なる段階においては、大地の全生産物のうち、地代・利潤・賃金という名称でこの三階級のそれぞれに割りあてられる割合は、きわめて大きく異なるだろう。なぜなら、それは主として、土壌の実際の肥沃度、資本の蓄積と人口の多少、および農業で用いられる熟練と創意と用具とに依存しているからである。

この分配を規定する諸法則を確定することが経済学の主要課題である。(5)」

穀物法論争の最中に彼が発表した時事論説のなかにも、賃金と利潤の相反関係の指摘に見られるように、彼の分配問題への関心が現われていたが、『原理』のリカードは、前に触れたように、それを、①投下労働価値説、②差額地代論、③賃金の生存費説、④収穫逓減《ていげん》の法則という四つの要素を巧みに総合させながら一つの理論体系を創り上げた。(6)以下、それらを丁寧に解説していきたい。

①投下労働価値説――第二章において述べたように、投下労働価値説は、支配労働価値説とともに、アダム・スミスによって導入されたものだが、資本の蓄積と土地の占有に先立つ「初期未開の社会状態」と、資本が蓄積され土地が占有された「文明社会」とで両者を使い

分けたスミスと違って、リカードは一貫して投下労働価値説を採用した。

スミスは、「文明社会」では、「投下労働量＝賃金」の他に新たに利潤と地代が加わるので、投下労働価値説を採用できないと考えたが、彼のそのような首尾一貫性のなさは、いわゆる「価値構成論」（まず最初に、賃金・利潤・地代が決まり、それらを合計することによって商品の価値が決まるという考え方）への道を開いてしまった。しかし、リカードは、価値構成論を徹底的に批判する。なぜなら、もし価値構成論を認めるならば、穀物価格の上昇→賃金の上昇→他のすべての財の価格の上昇ということになるので、賃金が上昇したとき利潤がどのような影響を受けるかが不明確となるからである。したがって、リカードは、「初期未開の社会状態」であろうと「文明社会」であろうと、商品の価値は投下労働量によって決まるという考え方を一貫して堅持する。すなわち、「ある商品の価値、すなわちこの商品と交換される他のなんらかの商品の分量は、その生産に必要な相対的労働量に依存するのであって、その労働に対して支払われる対価の大小に依存するのではない(7)」と。

もっとも、商品のなかには、珍しい彫像や絵画などのように、労働によって生産することができず、その価値がもっぱらその商品の「稀少性《きしようせい》」によって決定されるものもある。しかし、「これらの商品は、市場で毎日交換される商品総量のなかの、ごく小部分を占めているにすぎない(8)」ので、リカードの価値論の対象外とされた。リカードが価値論において考察の対象にしたのは、「人間の勤労の発揮によってその量を増加することができ、またその生産には競争が無制限に作用しているような商品(9)」のみだということを押さえておく必要がある。

さて、リカードによれば、商品の価値は投下労働量によって決まり、そのようにして決まった一定量の大きさの価値が賃金と利潤の間に分割されるという（スミス批判としての「価値分解論」）。ところが、リカードは、賃金を生存費説で説明しているので、穀物の価格が上昇したことによって労働者の生活費が上がれば、賃金上昇↓利潤の減少という図式が成り立つことになる。しかし、この点は、賃金の生存費説を説明するときにもう一度立ち戻りたい。

投下労働価値説を一貫して堅持したリカードだが、しかし、次のような理由から投下労働価値説に対する一つの修正を加えている。すなわち、商品の生産に用いられる「固定資本」（道具・機械および建物に投下される資本のこと）と「流動資本」（労働を維持すべき資本のこと。「賃金資本」と言ってもよいかもしれない）の構成の違い、固定資本の耐久度の違い、さらには流動資本の回収期間の違いなどが存在する場合には、賃金率の変動が諸商品の相対価値を変化させてしまうので、必ずしも投下労働量だけで価値が決まるとは言えなくなるというのである（いわゆる「価値修正論」）。

リカードの議論は、多くの人々が指摘してきたように、利潤率の平均化を前提として成立する自然価格と価値とが同一視されているという問題点を含む。例えば、リカードは、賃金率の上昇が、社会の平均よりも大きな割合の流動資本を投下する産業の商品価格を相対的に上昇させ、平均よりも小さな割合の流動資本を投下する産業の商品価格を相対的に下落させるという現象が投下労働価値説に修正を迫る事例と考えたようだが、しかし、実際には、賃金率の変動によって商品の価値は少しも変化しておらず、ただ平均利潤率の存在が初めから仮定されているために、商品の自然価格が変化したに過ぎない。マルクス経済学の用語を使うと、リカードは、「価値」の「生産価格」への転化を理解できなかったということになるが、この点の詳しい検討は他の文献に譲ることにしよう(10)。

ところが、幸いなことに、リカードは、賃金率の変動が諸商品の相対価値に及ぼす影響は軽微なものに過ぎないとして、あくまで価値決定の主要な要因は投下労働量であると主張したのである(11)。

②差額地代論――この学説は、しばしば、リカードの名前とともに語られるので、彼の独創であるかのように考えられているが、実は、リカード自身が『原理』の序文のなかで明言しているように、マルサスとウェストの仕事に多くを負うているものである。

差額地代論のエッセンスは、土地の質には優劣があり、最も生産性の高い土地から次第に生産性の低い土地へと耕作が進んでいくこと、そして、穀物の価格は使用されているなかで最も生産性の低い土地（限界地）での生産費をちょうど補うに足る水準に決定されるという二つの事柄に尽きている。

資本が蓄積され人口が増加するような世界では、やがて、新しい、そしてより生産性の劣る（生産費のかかる）土地が耕作されるようになるが、穀物の価格は限界地での生産費をちょうど補うような水準に決まるので、より生産性の優る（生産費のかからない）土地では余剰が発生する。これが地代となるのである。この場合、限界地では地代は発生しないことに注意しなければならない。ひとえに、資本蓄積と人口増加のために次第に劣等地へと耕作を進めざるを得ないがゆえに限界地以外の土地で地代が発生するということなのである。

このような差額地代論の考え方から、リカードは、「地代が支払われるから穀物が高価なのではなく、穀物が高価だから地代が支払われるのである」[12]と確信を込めて断言している。これがスミスの価値構成論の批判へとストレートにつながっていくことは明白だが、念のため、リカードにもう少し説明してもらうことにしよう。すなわち、

「かりに穀物の高価格が地代の原因ではなく、結果であるとすれば、価格は地代の高低に応じて比例的に影響を受け、地代は価格の構成要素となるであろう。だが、最大労働量によって生産される穀物が穀物価格の規定者なのであって、地代はその価格の構成要素としては少しも加わらず、また加わりえないのである。だから、アダム・スミスが、諸商品の交換価値を規定した本来の法則《ルール》、すなわち、諸商品の生産に用いられた相対的労働量が、土地の専有と地代の支払とによって少しでも変更されうると想定するのは、けっして正しくない。原料はたいていの商品の構成に加わるが、しかしこの原料の価値は、穀物と同様に、最後に土地に投下され、地代を支払わない資本部分の生産性によって規定される。それゆえ、地代は商品価格の構成要素ではない。[13]」

③賃金の生存費説――リカードは、スミスに倣《なら》って、商品の価格について「市場価格」と「自然価格」を区別したが、労働についても同様に「市場賃金」（労働の市場価格）と「自然賃金」（労働の自然価格）を区別することができる。もちろん、ここで、市場賃金とは、「供給の需要に対する比率の自然的作用にもとづいて、実際に労働に対して支払われる価格[14]」のことであり、自然賃金とは、「労働者たちが、平均的にみて、生存し、彼らの種族を増減なく永続することを可能にするのに必要な価格[15]」のことである。

商品の価格と同じように、労働の場合も、「中心価格」となるのは自然賃金である。なぜなら、一時的に市場賃金と自然賃金とが乖離することはあっても、「マルサスの人口法則[16]」を認めるならば、賃金率は、必ず、長期的には、生存費水準すなわち自然賃金に落ち着くはずだからである。すなわち、労働市場における需給関係で自然賃金よりも高い市場賃金が成立しても、それは、利潤のシェアの低下と人口の増加傾向を生み出すので、次には、資本蓄積や労働需要の減少と労働供給の増加が生じることによって、賃金率は自然賃金まで下落するというわけである。

ただし、留意しなければならないのは、自然賃金が決して一定不変のものではないことである。なぜなら、それは、リカード自身が認めているように、「食物、必需品、および習慣によって不可欠になっている便宜品の分量[17]」に依存しており、したがって、歴史的に変化しうる社会の慣習の影響を受けるからである。例えば、「今日イングランドの小屋住み農家で享受されている大抵の便宜品は、わが国の歴史の初期には、奢侈《しゃし》品《ひん》と考えられていたであろう」[18]というように。フィリス・ディーンが指摘したように、生存費水準に社会的慣習的要素が影響を及ぼすのを認めることで、リカードは、賃金が労働需要とは独立に労働供給によって決まるという考え方を保持しながら実質賃金の長期的上昇を説明することができるようになった。彼にとっては、分析上きわめて都合のよい工夫であったことがわかる。

④収穫逓減の法則——経済学を学んだことのある方にはお馴染みの法則だが、リカード経済学における「収穫逓減」（しかも、「土地」の収穫逓減）の法則は、菱山泉が指摘したように、「資本と人口の増加につれて穀物の増産のために、より劣等な土地に頼らざるをえないことから、土地の労働生産力が漸減していく、または穀物一単位当たりの費用が漸増していくという、通時的にはたらく動態的な力に関係したもの」[19]だということを押さえておく必要がある。

人口の増加と資本蓄積が進行するにつれて、穀物生産のためにはより劣等な（つまり、生産費のかかる）土地を耕作せざるを得なくなるが、それは、すでに説明したように、穀物価格の上昇→（自然）賃金の上昇と利潤のシェアの低下をもたらす。そして、究極的には、利潤（＝［全生産額－地代］－賃金総額）がゼロとなるような「定常状態」が訪れるだろう。[20]かくして、リカードは、「利潤の自然的傾向は低下することにある」[21]と主張するのである。

以上が、リカード経済学を支える四つの柱であるが、全体を図式的にまとめると次のようになるだろうか。すなわち、資本蓄積の進行→労働需要の増加→（市場）賃金の増加→人口の増加→穀物需要の増加→劣等地の耕作の拡大→穀物価格の上昇→地代の増加と（自然）賃金の上昇↓利潤率の低下、というように。それゆえ、リカードは、利潤率の低下にブレーキをかけるために穀物の自由貿易（この場合は、安価な外国の穀物の自由な輸入）を主張したわけだが、彼の外国貿易論については、後に再び触れるつもりである。

3　セーの販路法則をめぐって

セーの販路法則とは、もちろん、フランスの経済学者J・B・セーに因んで名づけられたもので、商品生産社会では、売手はまた買手でもあり、商品の供給は必ずその需要につながるという考え方を指している。いわば、「供給はそれ自らの需要を創り出す」(Supply creates its own demand.) というわけである（今ではすっかりお馴染みのものとなったが、後に、J・M・ケインズが、同じ考え方を「セーの法則」と呼んだことは記憶に留めておいて欲しい）。

リカードは、基本的に、このセーの販路法則を承認する。すなわち、ナポレオン戦争の後に訪れた不況に際して、彼は、それは貿易経路が急変したことに伴う一時的なものであり、一般的過剰生産が生ずることはあり得ないという立場をとった（もっとも、彼も、生産部門間の調整不足によって部分的過剰生産が生じうることは認めている。しかし、それも、リカードによれば、一時的なものに過ぎないのである）。リカードは、『原理』において、次のように言っている。

「生産物はつねに生産物によって、または勤労によって購買される。貨幣はただ交換を行わせるための媒介物であるにすぎない。ある特定の商品があまりに多く生産されて、その商品に支出された資本を償わないほどの供給過剰が市場で起ることがあるかもしれない。しかし、こういうことは全商品については起りえない。穀物に対する需要は、それを食べる口の数によって制限され、靴や上着に対する需要は、それらの物を身につける人の数によって制限されている。だが、一社会または一社会の一部分は、消費することができるか、あるいは消費したいと思うかするだけの分量の穀物、帽子、靴しかもつことができないけれども、同じことが、自然によって、あるいは技術によって生産されるどの商品についても言えるわけではない。ある者は、ぶどう酒を入手する能力をもてば、もっと多くぶどう酒を消費するだろう。ぶどう酒を十分にもっている他の人々は、その家具の数量を増加させるか、あるいはその品質を改善するかしたいと思うだろう。別の人々は、彼らの庭園を飾るか、住宅を拡げたいと思うかもしれない。これらのことのすべて、あるいはそのいくつかをしたいという欲望は、すべての人の胸中に植えつけられている。必要なのは、資力だけである。だが、資力を与えうるのは、生産の増加だけである。もし私が自由に処分できる食物および必需品をもっておれば、私にとって最も有用な物または最も望ましい物のいくらかを私の手中にもたらす労働者に、私が長い間事欠くことはないだろう。(22)」

セーの販路法則に立脚したリカードの考え方は、資本蓄積がいくら進行してもその過程が需要不足によって挫折することはありえないという結論へとつながっていくが、まさにこのような見解を批判したのが、リカードの最も信頼する友人にして論敵であるマルサスである。

マルサスの見解は、簡単にまとめるならば、次のようになるだろう。すなわち、資本蓄積とは、資本家の節約によって資本を増加させることに他ならないが、これは生産物の供給の拡大をもたらすものの、それに見合う消費を増加させることはない。というのは、資本蓄積によって労働者が不生産的労働から生産的労働へと転換されたとしても、全体としての彼らの消費は増減しないのに対して、資本家の消費は節約によって明らかに減少しているからである。そして、このような生産と消費のアンバランスが、一般的過剰生産をもたらすのだ、と。

では、一般的過剰生産の発生を防ぐには、どうすればよいのか。マルサスは、そのためには、生産と消費のアンバランスを解消するに足るだけの不生産的消費がなければならないという。そして、そのような不生産的消費の担い手が地主階級であり、彼らの所得である地代が有効需要の最も重要な源泉となるのだと主張するのである。マルサスは、『経済学原理』(*Principles of Political Economy*, 1820) において、次のように言っている。

「生産的階級がかれらの生産するすべてのものを消費する能力をもっていることは、繰り返し認めてきた。そしてもしこの能力が適当に発揮されるならば、富の目的のために不生産的消費者は存在しえないであろう。しかし、能力はあるかも知れないが意志はないということが経験によって認められている。しかも不生産的消費者が必要なのは、この意志を供給するためである。富を奨励するさいのかれらの特別の効用は、生産物と消費とのあいだに、国民的勤労の成果に最大の交換価値を与えるような均衡を維持するのにある。もし不生産的労働が優位にあるならば、市場にもたらされる比較的小量の物的生産物は、分量の不足から、全生産物の価値を低く押さえて置くであろう。もし生産的階級が過剰であるならば、全生産物の価値は供給の過剰によって下落するであろう。最大の価値を生みだし、そして最大量の国の内外の労働を支配するものは、明らかに、両者のあいだの一定の比例である。そしてわれわれは、全生産物の交換価値を維持しかつ増大する分配に必要な諸原因のなかに、ある一団の不生産的消費者の維持を数えなければならない、と結論してさしつかえないであろう。この一団は、富にたいする刺激として分配を有効なものとするためには、また富にたいする障害として分配が不利益なものとなるのを妨げるためには、国がちがい、ときがちがうのにつれて、また生産力にしたがって、さまざまなものでなければならない。そしてもっとも好都合な結果は、生産的消費者と不生産的消費者との比例が、土壌の天然資源と人民の後天的嗜好および習慣とにもっともよく適合していることに、明らかに依存している[23]。」

換言するならば、「生産力と消費への意志との双方を考慮に入れた場合に、富の増加への刺激が最大になるある中間点 (intermediate point) がなければならない」[24]ということだが、このような視点が、二十世紀になってケインズが創り出すことになるマクロ経済学へと受け継がれていくと言ってもよいだろう。ケインズは、有名なマルサス評伝の中で次のように言っている。すなわち、「もしかりにリカードではなくマルサスが、十九世紀の経済学がそこから発した根幹をなしてさえいたならば、今日世界はなんとはるかに賢明な、富裕な場所になっていたことであろうか！」[25]と。もちろん、マルサスをケインズの先駆者と見なす見解に対しては専門家の反対があることは確かだが、思想史研究においては、本人がどのように考えていたかをまず押さえておくのが極めて重要であることを強調したい。

4　外国貿易と租税

穀物法批判に見られたように、リカードの外国貿易論は、自由貿易（とくに、外国の安価な穀物の自由輸入）擁護論と言い換えてもよいほどだが、『原理』の第七章「外国貿易について」でも、まず、リカードの基本的な立場が改めて表明されていることを確認しておきたい。すなわち、

「利潤率は賃金の低下による以外にはけっして上昇するはずがないということ、そして賃

金の永続的低下は、賃金が支出される必需品の下落の結果として以外には起るはずがないということ、——これは本書を通じて私が証明しようと努めてきたことである。それゆえ、もしも外国貿易の拡張によって、あるいは機械の改良によって、労働者の食料と必需品を低減した価格で市場にもたらしうるならば、利潤は上昇するだろう。もしもわが国が、自国用の穀物を栽培し、あるいは労働者の衣類やその他の必需品を製造する代りに、これらの諸商品をより安い価格でわが国に供給できる新市場を発見するならば、賃金は低下し、利潤は上昇するだろう。だが、外国貿易の拡張、または機械の改良によって、より安い値段で獲得される諸商品が、もっぱら金持が消費する諸商品であるならば、利潤率にはなんらの変更も起らないだろう。たとえ、ぶどう酒、ビロード、絹織物、その他の高価な商品が五〇パーセント下落するとしても、賃金率は影響を受けないであろう。したがって利潤率は不変のままであろう。

そうしてみると、外国貿易は、収入の支出対象となる物の総量と種類を増大させ、また商品の豊富と安価とによって、貯蓄と資本蓄積とに刺激を与えるから、一国にとって大いに有利ではあるが、しかし輸入される商品が労働の賃金の支出される種類のものでない限り、資本の利潤を引き上げる傾向をもたないのである。(26)」

ところで、一国内においては資本はできるだけ高い利潤率を求めて移動していく傾向があり——これがまさに古典派経済学の「競争」に当たるものだが(27)——、その結果、各部門間で均等の利潤率が成立するが、この考え方を全世界に適用すると、次のような理想的な国際分業の原理が導かれる。すなわち、「完全な自由貿易制度のもとでは、各国は自然にその資本と労働を自国にとって最も有利であるような用途に向ける。個別的利益のこの追求は、全体の普遍的利益と見事に結合される。勤勉の刺激、創意への報償、また自然が賦与した特殊諸力の最も有効な使用によって、それは労働を最も有効かつ最も経済的に配分する。一方、生産物の総量を増加することによって、それは全般的利益を広める。そして利益と交通という一本の共通の絆によって、文明世界の全体にわたる諸国民の普遍的社会を結び合わせる。ぶどう酒はフランスとポルトガルで造られるべきだ、穀物はアメリカとポーランドで栽培されるべきだ、そして金物類やその他の財貨はイギリスで製造されるべきだ、といったことを決定するのは、この原理なのである」(28)と。

しかし、国際間の資本移動は完全に自由ではないので、それが国際間での均等利潤率の成立を妨げるかもしれない。それゆえ、右で示されたような国際分業の利益は絶対的なものというよりは相対的なものにならざるを得ないだろう。しかし、たとえ相対的なものであっても、それは自由貿易を主張する理論的な根拠になりうるとリカードは考えた。そして、それを明らかにしたものが、リカードの有名な「比較生産費説」(theory of comparative costs)である(「比較優位の原理」principle of comparative advantage と呼ぶこともある)。

いま、生産要素は労働だけであり、国際間で労働の移動は起こらないと仮定してみよう。そして、イギリスとポルトガルの二国がぶどう酒と毛織物という二つの商品を一単位生産す

商品	イギリス	ポルトガル
ぶどう酒	120	80
毛織物	100	90

るのに必要な労働量（一年間に何人の労働が必要かで測る）が上図のように表わされるとする。

これを見ればわかるように、ポルトガルは、ぶどう酒および毛織物のいずれの商品の生産においても必要な労働量はイギリスよりも少ない（これをポルトガルは両方の商品の生産において「絶対的優位」をもっていると表現する）。しかし、この場合でも、両国間で貿易は行なわれうるとリカードはいう（以下では、輸送のための費用は無視する）。

貿易前に、イギリスでは、一単位の毛織物は約〇・八（100/120）単位のぶどう酒と交換されるが、もしポルトガルとの自由貿易が行なわれるならば、イギリスがポルトガルに毛織物を輸出し、その一単位を現地でぶどう酒と交換することによって約一・一（90/80）単位のぶどう酒を手に入れることができる。同じように、貿易前に、ポルトガルでは、一単位のぶどう酒は約〇・九（80/90）単位の毛織物と交換されるが、もしイギリスとの自由貿易が行なわれるならば、ポルトガルがイギリスにぶどう酒を輸出し、その一単位を現地で毛織物と交換することによって一・二（120/100）単位の毛織物を手に入れることができる。

このようなことが可能なのは、イギリスでは、毛織物のぶどう酒に対する相対コスト（すなわち、比較生産費）がポルトガルよりも低く（イギリスの

100/120 に対してポルトガルの 90/80）、逆に、ポルトガルでは、ぶどう酒の毛織物に対する相対コストがイギリスよりも低い（ポルトガルの 80/90 に対してイギリスの 120/100）からである。すなわち、リカードの比較生産費説とは、このような比較生産費の違いに注目して、自由貿易の利益を説く学説なのである。それは、今日においても、国際貿易の最も基礎的な原理として認められているが、より詳しくは、国際経済学の参考書を参照して欲しい。

さて、では、最後に、リカードの租税論を概観しておくことにしたい。租税とは、リカードによれば、「一国の土地と労働の生産物のうち、政府の自由処分に任される部分[29]」のことだが、それは「常に結局は、その国の資本か収入のどちらかから支払われる[30]」という。ここで、「収入」とは、利潤と地代のことを指していることに注意する必要がある。というのは、賃金は結局は生存費水準に落ち着くので、租税を負担したり貯蓄をしたりする余力はないからである[31]（たとえ賃金に課税したとしても、それは賃金引き上げを誘発し、利潤を減少させるだけなので、結果的に、賃金課税は利潤課税へと「転嫁」される。リカードは、明らかに、このような租税転嫁論の上に立って議論を進めている）。

政府の租税政策は、「蓄積力を減少させる傾向をもたない租税はない[32]」というリカード租税論の最も根本的な考え方から導き出される。すなわち、「政府の政策は、人民の中に資本と所得を増加しようという意向を助長するものでなければならず、資本に不可避的にかかってくるような租税を決して課してはならない。というのは、こういう租税を課すことによって、それは労働維持の基金を減損し、またそのことによってその国の将来の生産を減少させるからである」[33]と。

この文脈で重要な役割を演じるのが、「必需品」と「奢侈品」の区別である。つまり、必需品に対する課税は、その必需品の価格の上昇を通じて、それを消費する労働者の賃金を上昇させ、利潤率を引き下げる効果をもつが、労働者によって消費されない奢侈品に課税してその価格が上昇しても、賃金にも利潤率にも何の影響も与えないというわけだ。

ところで、奢侈品に対する課税と同様に考えることができるのが地代に対する課税である。なぜなら、たとえ地代課税によって地代の大小が左右されたとしても、穀物の価格は限界地における生産費で決まってしまうので、それは、穀物価格、賃金、そして利潤率には何の影響も及ぼさないからである。それゆえ、リカードは、「地代に対する租税は、ただ地代だけに影響するであろう。それは完全に地主の負担になり、どんな消費者階級にも転嫁されえないであろう」[34]と主張するのである。

とすると、資本蓄積の過程を阻害しない課税とは、つまるところ、奢侈品に対する課税と地代に対する課税であるという結論が導かれる。そして、奢侈品を多く消費し、地代の大小に利害関係をもっているのはまさに地主階級であるから、租税論においても、リカードの立場が彼らのそれと鋭く対立していることがわかるであろう。

博学なシュンペーターは、必ずしもリカード経済学に対して好意的ではなかったが、それでもリカードが彼の生きた時代に最も成功した経済学者になり得た理由を見事に突いた文章を書いているので、この章の最後にそれを引用しておくことにしたい。

「リカードが世間の大衆や同僚経済学者の間に博した名声が、当時の大経済問題に関する彼の著作によったものであるのは、疑いもなく有りうることである——世間に対する場合にはその通貨政策に関する著作により、同僚経済学者に対する場合にはその自由貿易に関する著作によったのである。彼が触れたあらゆる問題において、彼はいずれにしても功を奏した側に立ったが、しかしその勝利をうるために、彼は大いに有効な議論を提示し、それに応ずる喝采を博した。他の人々も同様なことをなしたが、彼らの弁護論に較べると、リカードのはいっそう見事であり、またいっそう注目をひくものであった。すなわち、彼の書物のどのページにも皮相な文章はなく、必要であるにもかかわらずその議論を弱めるようないかなる留保条件も付されていなかった。しかもこの議論には実際に人を説得し、同時に高度の知性の標準を満足せしめるには丁度十分であるが、人を逡巡《しゅんじゅん》せしめるには不十分な程度の純正の分析があった。残るところは彼の論争的才能が果たしたものであって、この才能には、全く尋常《じんじょう》の程度を越えて、素早さ、迫力、および心からの鄭重《ていちょう》さが組み合わされていた。世間は彼の勧告に同調した故に彼の理論に耽溺《たんでき》した。彼は、指揮を彼に仰ぎ、転じては彼の意見を擁護するようなサークルの中心となった。今日に至るまで、若干のものの眼に、彼をあらゆる時代を通じての第一級の経済学者であると映じさせるものは、勝ちほこる政策目標に対する彼の弁護論でもなければ、将《はた》また彼の理論自体でもなくて、実にこの両者の巧みなコンビネーションであるのである。(35)」

注

（1）以下、リカードの生涯の叙述に当たっては、次の文献を参考にした。菱山泉『リカード』（日本経済新聞社、一九七九年）; G. de Vivo "David Ricardo (1772–1823)", in *The New Palgrave : A Dictionary of Economics*, vol.4, Macmillan, 1987, pp.183-198; *The Works and Correspondence of David Ricardo*, edited by P. Sraffa with the collaboration of M. H. Dobb, vol.10, Cambridge University Press, 1955. なお、専門的なリカード研究については、中村廣治『リカード経済学研究』（九州大学出版会、一九九六年）を参照のこと。

（2）真実一男『リカード経済学入門』増補版（新評論、一九八三年）四六ページ。

（3）穀物法論争については、羽鳥卓也「古典派経済学の展開」、羽鳥卓也・吉田静一編『経済学史』（世界書院、一九七九年）所収、が明快な解説を与えている。とくに、七七—八九ページを参照のこと。

（4）例えば、菱山泉『ケネーからスラッファへ』（名古屋大学出版会、一九九〇年）は、「不変の価値尺度」問題に注目しながらスラッファ経済学の形成過程を見事に解明した名著である。

（5）D・リカード『経済学および課税の原理』羽鳥卓也・吉澤芳樹訳（岩波文庫、一九八七年）上巻、序文一一ページ。

（6）リカード体系を支える四つの柱は、フィリス・ディーン『経済思想の発展』奥野正寛訳（岩波書店、一九八二年）一〇七—一二三ページにおいても強調されている。

（7）リカード『経済学および課税の原理』上巻、一七ページ。

（8）前同、一八ページ。

（9）前同、一九ページ。

（10）例えば、羽鳥卓也『古典派経済学の基本問題』（未来社、一九七二年）第五章第四節を参照のこと。

(11) リカードは、『原理』第三版において、「賃金騰貴がこれらの財貨の相対価格にひき起すことのできる最大の影響でさえ、六ないし七パーセントを超過しえないだろう」(羽鳥・吉澤訳『経済学および課税の原理』上巻、前掲、八一ページ)と言っている。なお、羽鳥・吉澤訳の『原理』は、第二版を底本としているが、いま引用した第三版からの文章〔第一章の後半〕は、特別に付録として収められている。ところで、リカードが論じたように、もし賃金率のような分配の変動とともに価値が修正されるとしたら、分配されるべき社会的生産物の価値まで変化することになり、分配法則を確定するというリカードの主要課題にとって極めて都合の悪い事態が発生する。そこで、彼は、金が固定資本と流動資本の比率に関して全商品の平均的な生産条件の下で生産されるような標準的な商品であると仮定し、これをもって「不変の価値尺度」と見なすことを提案したが、もちろん、これでは問題が完全に解決されたわけではない。しかし、現在では、不変の価値尺度をめぐる難問は、ピエロ・スラッファの「標準商品」の構想によって一応の理論的な解決を与えられたと言ってもよいと思う。関心のある読者は、第十一章やスラッファの『商品による商品の生産』菱山泉・山下博訳(有斐閣、一九六二年)を直接参照して欲しい。

(12) リカード『経済学および課税の原理』羽鳥・吉澤訳、上巻、一一二ページ。

(13) 前同、一一五―一一六ページ。

(14) 前同、一三六ページ。

(15) 前同、一三五ページ。

(16) もはや注釈は要らないかもしれないが、マルサスの『人口論』(一七九八年)を有名にしたのは、次のような単純明快な主張である。すなわち、「人口は、制限されなければ、等比数列的に増大する。生活資料は、等差数列的にしか増大しない。数学をほんのすこしでもしれば、第一の力が、第二の力にくらべて巨大なことが、わかるであろう」と(マルサス『人口論』永井義雄訳、中公文庫、一九七三年、二三ページ)。それゆえ、マルサスによれば、貧困の原因は、人口と食糧の不均衡という自然的事実から生じるのであり、その原因を私有財産制度や専制政治に求めるウィリアム・ゴドウィンの主張は誤りだということになる。

(17) リカード『経済学および課税の原理』羽鳥・吉澤訳、上巻、一三五ページ。傍点は引用者による。

(18) 前同、一三九ページ。

(19) 菱山泉『リカード』、前掲、六六ページ。

(20) フィリス・ディーン『経済思想の発展』、前掲、一一二ページ参照。

(21) リカード『経済学および課税の原理』、前掲、上巻、一七一ページ。

(22) リカード『経済学および課税の原理』羽鳥・吉澤訳、下巻、一一三―一一四ページ。

(23) T・R・マルサス『経済学原理』小林時三郎訳(岩波文庫、一九六八年)下巻、三五四―三五五ページ。

(24) 前同、上巻、序説二七ページ。

(25) J・M・ケインズ『人物評伝』大野忠男訳(東洋経済新報社、一九八〇年)一三六ページ。ただし、訳文の中の「リカードウ」は、「リカード」によって置き換えた。

(26) リカード『経済学および課税の原理』羽鳥・吉澤訳、上巻、一八八―一八九ページ。

(27) 古典派の「競争」とは、厳密には、極大利潤率を求めて各部門間を出入する資本の可動性のことを意味しており、現代経済学でいうところの「完全競争」とは異なっている。「競争」の結果、各部門間に均等利潤率が成立するが、この状態が古典派の「均衡」である。古典派の競争および均衡概念については、第十一章補論および拙著『現代経済学講義』(筑摩書房、一九九四年)第十四章を参照のこと。

(28) リカード『経済学および課税の原理』羽鳥・吉澤訳、上巻、一九〇ページ。

(29) 前同、二一一ページ。

(30) 前同。
(31) リカードは、次のように言っている。「どの国でも、土地および労働の全生産物は、三部分に分割される。これらのうちの一部分は賃金に、別の一部分は利潤に、そしてもうひとつの部分は地代にあてられる。租税のため、あるいは貯蓄のためになんらかの控除をすることができるのは、最後の二つの部分だけからである。」（『経済学および課税の原理』羽鳥・吉澤訳、下巻、一八七ページ）
(32) リカード『経済学および課税の原理』羽鳥・吉澤訳、上巻、二一二ページ。菱山泉『リカード』、前掲、九一—九九ページ参照。
(33) リカード『経済学および課税の原理』羽鳥・吉澤訳、上巻、二一四ページ。
(34) 前同、二四〇ページ。
(35) J・A・シュムペーター『経済分析の歴史』東畑精一訳（岩波書店、一九五七年）第三巻、九九六—九九七ページ。ただし、訳文中の「リカルドー」は「リカード」によって置き換えた。

第四章　ジョン・スチュアート・ミル　過渡期の経済学

リカードによって完成された古典派経済学は、ジョン・スチュアート・ミル（John Stuart Mill）の時代に、いわば過渡期を迎える。リカードが望んだ穀物法の撤廃は、一八四六年になってようやく実現されたが、それは、見方を変えれば、イギリスの資本主義がリカードやマルサスが生きた段階の資本対土地の対立から今や資本対労働の対立へと変貌していったことの反映でもあった。しかも、一八二五年以降、イギリスは周期的な恐慌に見舞われたが、一部の知識人たちは、この資本主義体制に何か内在的矛盾が潜んでいるのではないかという疑いを真剣に抱くようにさえなった。また、政治の世界では、一八三二年の選挙法改正によって、産業ブルジョアジーが議会に進出したが、この改正の恩恵に与《あずか》らなかった労働者階級は、それ以後、自分たちのための普通選挙権の獲得を目指して、チャーチスト運動を展開するようになった。この頃には、現存の資本主義体制を批判するリカード派社会主義、オーウェン、フーリエ、サン゠シモンなどの様々な社会主義の思想が労働者階級の間に影響力を広げつつあったが、しかし、リカードの後継者たちの経済学は、例えば、マカロック（J. R. McCulloch）に典型的に見られるように、現状肯定の色彩を強め、このような時代が提起する問題に応えることができなかった。そこで、経済学再建の仕事は、リカードの親友ジェームズ・ミルの息子、つまり、J・S・ミルに委ねられることになるのである。

1　ミル小伝

ミルは、一八〇六年五月二十日、ジェームズ・ミルの長男としてロンドンで生まれた。(1) 幼い頃から、父親から稀にみる早期教育を受けることになるが、それは、例えば、三歳からギリシャ語、八歳からラテン語、十二歳から論理学、十三歳から経済学というように、極めて徹底したものであった(彼は、その他にも、修辞学、歴史学、数学、物理学、そして化学なども学んでいる)。彼は、十四歳の頃には、父親に課された教育課程を終えることになるが、当時も今も、このような幼少の頃からの厳しい教育に堪えられるのは、ミルのような天才を措いて他にいないと言ってもよいだろう。しかし、意外にも、彼自身は、後に、自己の早期教育を振り返りながら、「私がもし何事かをなしとげたとするなら、それは、他の幸運な事情もさることながら、私が父から与えられた初期の訓育のすべてを通じて、私が同年配の人々よりも四分の一世紀早くスタートしたという事実のおかげであるといっても、不当な言葉ではないと考えるのである」(2) というなど、もともと、自分が類い稀なる知力の持ち主だということを誇示する意識が薄かったようである。

一八二〇年、ミルは、「最大多数の最大幸福」という言葉で有名な功利主義の主唱者ジェレミー・ベンサム (Jeremy Bentham) の弟サー・サミュエル・ベンサムの招きでフランスに滞在することになった。それまで父親による厳格な教育が続いていたせいか、彼は、「大陸生活の自由で快い空気」を感じて、フランスでの生活を楽しんだようである。

一八二一年七月、イギリスに帰国した彼は、まもなく、父親やベンサムから教え込まれた功利主義を自家薬籠中《じかやくろうちゅう》の物とし、「哲学的急進派」（私有財産権の保障を基礎に自由と平等の社会を建設することを目指す一派のこと）の青年闘士として論壇で活躍するようになった。哲学的急進派の機関誌は、『ウェストミンスター・レビュー』（一八二四年創刊）という雑誌であったが、ミルは、この雑誌に数多くの論文を寄稿し、当時の支配階級（土地貴族に代表される伝統的な保守主義者たち）ばかりでなく、リカード派社会主義や政治的急進主義などに対しても鋭い批判を展開していった。他方、彼は、一八二三年五月、父親の直接の部下として、「東インド会社」（貿易会社ではなく、当時は、事実上インドの行政機関であった）のインド通信審査部に勤めることになったが、彼は、一八五八年にイギリス政府が東インド会社が担当していた行政機構を引き継ぐまで、この仕事を続けた。

ところが、ミルは、一八二六年の秋、突然、重い鬱病に陥ってしまった。彼は、一八二一年の冬にベンサムを読んで以来、「世界の改革者になろう」[3]と生涯の目的を定め、それに向けて邁進《まいしん》してきたはずであったが、いまや、「この目標が一朝にして魅力を失ってしまった」[4]のだ。ミルの「精神的危機」については、これまでにも色々な解釈が提出されてきているが、最も自然なのは、幼少期の早期教育以来、父親の重圧感が大人になってからも相変わらず続いている（彼が東インド会社で父親直属の部下であったことを想起せよ）現実に彼自身が精神的に堪えきれなくなったという解釈だろう。

『ミル自伝』を読むと、彼自身が、自分の鬱病の原因について、「私の長い間の知的修練が、早期に何でもかんでも分析してしまうことを私の抜きがたい習慣にしてしまって、そういう分析の持つすべてを解きほぐす力に抵抗できるだけの強さのある感情を、私の受けた教育は育ててくれなかったのだ」[5]と述べているのを発見するが、彼が傾注したベンサム主義が一般に「人間性の一要素としての想像力」[6]を過小評価する嫌いがあったことは確かだろう。『ミル自伝』には、彼がこの精神的危機からいかにして抜け出したかを綴った次のような有名な件《くだり》があるが、それを読んでも、それまでの彼の教育に「感情」や「想像力」といった要素が決定的に欠落していたことが逆に痛感されるのである。すなわち、

「私はたまたまマルモンテルの『回想録』を読んでいて、彼の父が死に、一家が悲嘆に暮れていた時、まだほんの子供だった彼に突如霊感が湧き出て、自分こそ一家のために何もかも引き受ける――一家の失ったものはすべて自分が埋め合わせをしてやる、と自分も感じ、みなにも感じさせた、ということを叙した一節にさしかかった。その場景なりその時の感情なりが私にはあざやかに理解されて、私は涙を流して感動した。この瞬間から私の重荷は軽くなった。私の心中のあらゆる感情は死んでしまったという、重くのしかかってくるような考えも消えた。私はもはや絶望もしなかったし、冷たい木石でもなかった。すべての人格の価値、すべての幸福への資格のもとになる若干の原料はまだ私に残ってい

る、という気がしてきた。とりかえしがつかぬほど自分がみじめだという、片時も去らぬ意識から解放されて、人生の普通の出来事がふたたび私に多少のよろこびを与え得ることを私は徐々に知った。日光や青空に、書物に、会話に、あるいは公事に、強烈なとはいえなくとも快活な気持ではいられるだけの楽しみもふたたび見いだし得たし、自分の説のためにまた公共の利益のために骨身をおしまず働くことにも、中等度のものながらふたたび興奮を感ずることができた。かくて雲は次第々々に吹きはらわれ、私はふたたび人生を楽しんだ。私はその後も何度か後もどりすることもあったし、そうなると中には数ヵ月もつづく疑惑期もあったけれども、私は二度とふたたびあのころほどに情ない思いをしたことはなかったのである。(7)」

精神的危機の経験は、ミル自身の思想的発展に微妙な影響を与えていく。第一に挙げるべきは、彼がコールリッジ、ゲーテ、カーライルなどの諸作品を通じてロマン主義の思想に触れたことである。それまでの彼は、私有財産制度を自明の前提として物事を考える傾向があったが、ロマン主義の洗礼を受けて以降、彼は、「あらゆる政治制度の問題は絶対的ではなく相対的である、人間はその進歩のいろいろの段階に応じて、それぞれちがった制度を単に持ちたがるというだけでなく、持つのが当然だということ(8)」を学んだという。

ミルの歴史相対主義への傾斜は、第二に、フランスのサン＝シモン派（そして、オーギュスト・コント）の思想に触れたことによってさらに強まった（コントとミルの関係については、次の節で触れるつもりである)。すなわち、「私有財産や遺産相続を動かしがたい事実と考え、生産と交換の自由を社会改良の最後の切札と考える古い経済学は、きわめて局限された一時的の価値しか持たぬことにはじめて私の眼があいたのは、なかばは彼らの著作によることであった」[9]と。

ただし、留意しなければならないのは、確かに、これらの思想的影響によってミルが歴史相対主義を吸収したことは間違いないにしても、彼が以前の哲学的急進派の立場を捨てたというのは当たらないことである。正確には、ミルの立場は、いまや哲学的急進主義を土台にして歴史相対主義を批判的に摂取する方向に変わったというのが適切だろう。その証拠に、『ミル自伝』のなかには、次のような文章が見られる。「しかし私は、進歩途上のある時期にはしばらくの間あの偉大な世紀［十八世紀］を過小評価したこともあったけれども、そういう十八世紀への反動には絶対に加わらず、真理の新しい一面をつかんでも、もう一つの古いほうの面もしっかりと手離さなかった」[10]と。

一八三〇年、ミルは、ハリエット・テーラーと知り合った。『ミル自伝』には、「私の精神的発達がちょうどこの段階まで到達したころに、私は、わが生涯の名誉とも最大の祝福ともなり、また、人間の進歩のために私が今までにしようと試みた、あるいは今後になしとげようと希望するいろいろなことの、大きな部分を生み出すもとともなった一つの交友をむすぶことになった」[11]というような仰々しい言葉が見られるが、彼女のミルへの影響をどのように評価するかという問題は措くとしても、ミルが彼女を心から愛していたことだけは疑い得ない事実である（二人は、ハリエットの夫ジョン・テーラーが病死したあと、一八五一年に結婚することになるが、残念ながら、ハリエットは一八五八年に惜しくも病死してしまったので、結婚生活は長くは続かなかった）。前に、ミルの精神的危機に触れたが、『ミル自伝』にも当時を回想しながら、「もし私が、自分の悲しみをうち明けずにはいられないだけにだれかを愛していたとしたら、私ははじめからそのような状態におちいりはしなかっただろう[12]」という文章があるのを見ると、ミルにとって、彼女は、単に知性の面ばかりでなく、自分に欠落していた「感情」や「想像力」の面を十分に補ってくれる尊い存在だったのかもしれない。

一八三五年、雑誌『ロンドン・レビュー』が創刊されたが、これはやがて『ウェストミンスター・レビュー』を合併し、『ロンドン・アンド・ウェストミンスター・レビュー』となった。ミルは、父親とともに、この雑誌の有力な支援者の一人となった（ただし、父ミルは、一八三六年六月二十三日に病死した）。この頃は、ミルにとって、一八四〇年代以降に次々と発表することになる大作の準備期間に当たっているように思えるが、ここでは、まず第一に、彼がA・C・ド・トクヴィルの『アメリカのデモクラシー』（一八三五―四〇年）を十分に熟読したこと、第二に、彼がW・ヒューウェルの『帰納的諸科学の歴史』に触発されて、『論理学大系』全二巻（*A System of Logic*）の執筆を開始したことに注目したい（彼が『論理学大系』を完成し、出版にまで漕ぎ着けるのは、一八四三年のことであったが）。ミルは、トクヴィルの幾らか保守主義的傾向に対しては全面的に賛成したわけではなかったが、大衆民主主義の下での多数者による少数者の圧迫、個性の画一化、中央集権化に伴う民主主義の形骸化などをミルが認めたのは、やはりトクヴィルの影響によるものだと思われる。また、ヒューウェルに刺激された科学方法論への関心は、コントの『実証哲学講義』全六巻（一八三〇—四二年）のなかで提示された「逆演繹法《えんえき》」（コント自身は「歴史的方法」と呼んでいた）の批判的摂取へとつながっていくが、これについては、経済学方法論についての論文を含んだ彼の『経済学試論集』（*Essays on Some Unsettled Questions on Politi-cal Economy*, 1844）とともに、次の節で説明することにしよう。

さて、一八四〇年代のミルの仕事のなかで最も私たちの関心を引くのは、何と言っても、『経済学原理』（*Principles of Political Economy*, 1848）だが、留意すべきは、この著書に「社会哲学への若干の適用を含む」（with some of their applications to social philosophy）という副題が付いていることである。すでに触れたように、ミルは、ロマン主義やサン＝シモン派の思想を通じて、私有財産制度を自明の前提としていた従来の立場（これはリカード経済学の立場でもある）を修正し、歴史相対主義に近づいていたのだが、『経済学原理』も、その線に沿って、単なる抽象理論の展開に終始することに満足せず、広く社会哲学への適用をもくろんだ野心作であった。『ミル自伝』には、出版まもなく『経済学原理』が成功した理由が次のように説明されている。

「最初から絶えず権威ある著書として引用言及されたが、それは本書が単なる抽象理論の書でなく、同時に応用面も扱って、経済学を一つだけ切り離されたものとしてでなく、より大きな全体の一環、他のすべての部門と密接にからみ合った社会哲学の一部門として取り扱い、したがって経済学のその固有の領域内での結論も、一定の条件づきでしか正しくない、それらは直接経済学自身の範囲内にはない諸原因からの干渉や反作用に制約される、したがって他の諸部門への考慮なしに経済学が実際的な指導理論の性格を持ち得る資格はないのだ、としたからである。事実、経済学はいまだかつて人類に、自分だけの見地から忠言を与えようなどと大それたことを実行したことはない。もっとも、経済学だけしか知らぬ者(したがって実は経済学をロクに知らぬ者)が、あえて世に忠言を与えようと分不相応な大望を起したためしはあり、そのばあいその連中は、本当に自分の持つ知識だけでそうするよりほかなかったのだが。(13)」

『経済学原理』の具体的な内容については、後の検討に委ねるが、以上のような問題意識は、一言でいえば、リカードからアダム・スミスへの回帰を意図したものと表現することができるだろう。実際、彼は、その点を『経済学原理』の序文のなかで明確に述べている。すなわち、「実地の上の目的からすれば、経済学は社会哲学の他の多くの部門と密接にからみ合っている。およそ実際問題にして、もっぱら経済学的前提のみから解決しうるというものは、純粋の経済問題にもっとも近い性質をもっているものですら、単なる些細《ささい》な事柄を除けば、おそらくあるまい。アダム・スミスはこの真理を決して見失わず、経済学の応用に当たっては、純粋の経済学が与えるところの考察とは異なれる考察、それよりもはるかに広大な考察に訴えているのであって、それであるから、彼は、経済学の諸原理を実地の目的に対して駆使しているという、十分な根拠のある感じを人に与え、それによって『諸国民の富』は、数々の経済学に関する著書の中にあって、ひとり一般の読者に親しまれたばかりでなく、世事に通じた人々や国会議員の人たちにも深い感銘を与えた、唯一の著書となったのである」[14]と。

一八五六年、ミルは、東インド会社の通信審査部長（年俸は二千ポンド）に昇進したが、二年後、東インド会社の廃止とともに身を退くことになった。その年には、南欧への旅行中、最愛の妻ハリエットがアヴィニヨンにて急死するという不幸にも見舞われたが、その後は、ハリエットが前夫ジョン・テーラーとの間にもうけた一人娘ヘレンと生活を共にするようになった。ミルが、自伝の至るところで最大級の賛辞を捧げたハリエットの死にもめげず、その後も仕事を続けられたのは、全くヘレンのおかげだといっても言い過ぎではないだろう。

ハリエットの死以降に公刊されたミルの仕事のなかで有名なものを幾つか挙げると、『自由論』(*On Liberty*, 1859)、『代議政治論』(*Considerations on Representative Government*, 1861)、『女性の隷従』(*Subjection of Women*, 1869)、『ミル自伝』(*Autobiography*, 1873) などになるが、私がとくに熟読したのは、最初に挙げた『自由論』である。ミルによれば、[15]『自由論』は、事実上、ハリエットとの共作であるとのことだが、彼が現時点における「完全な真理」の存在を否定し、進歩は「部分的な不完全な真理」の絶え間ない改善から生まれることを説いた次の文章は、今でも傾聴に値すると思う。すなわち、「およそ進歩なるものは、一つの部分的な不完全な真理の上にさらに真理を付け加えるはずのものであるが、その進歩でさえ、多くの場合に、一つの部分的真理の代わりに他の部分的真理を置きかえるに過ぎない。したがって、改善は、主として次の点に見出されるのである。すなわち、新たなる真理の断片が、それの排除した真理の断片よりも、より多く必要とせられ、また時代の要求によりよく適合している、という点である。一般に行なわれている意見は、それが真の基礎の上に立っている時においてすら、以上のように部分的な性格のものであるから、一般的意見の忘却している真理部分の幾分かを体現している一切の意見は、たとえその真理にいかに多くの誤謬《ごびゅう》や混乱が混じていようとも、これを貴重なものと考えなくてはならないのである」(16)と。

一八六五年、ミルは、人々に推されて下院議員(ウェストミンスター選挙区)に当選した。『ミル自伝』によれば、(17)彼は、選挙中、労働者階級を主とするある集会で、聴衆から次のように尋ねられたという。すなわち、あなたは、あるパンフレットのなかで、「この国の労働階級は、虚偽を恥じる点で他のいくつかの国の同じ階級とはちがうけれども、なお一般的にはうそつきである」と言ったというのは本当か、と。ミルは、即座に「然り」と答えたが、意外にも、その受け答えは、ミルの評判を落とすどころか、かえって彼の信頼度を高めたという。『ミル自伝』には、続けてこうある。「上に述べた出来事のすぐあと、最初に登壇した労働者は（オジャー氏であったが）、労働階級には自分の欠点を指摘されたがらないなどという気持はない、自分たちの欲するのは友人であって阿諛《あゆ》者ではないから、自分たちの性質の中の、ほんとうにその人が改めてほしいと思う点を告げてくれる人があれば、われわれはその人に恩義を感ずるのだ、と述べたが、この言葉に会衆は心からの反応を見せたのだった(18)」と。ミルを語るに有名なエピソードの一つである。

ところで、下院議員としてのミルは、選挙法改正、アイルランド問題、労働問題などに積極的に取り組んだが、残念なことに、一八六八年の選挙では落選してしまった。彼は、誰の眼にも、まず第一に、最高級の知識人であり、たとえ他に幾多の才能に恵まれていたとしても、政治の世界で生きていくには不向きだったと言わざるを得ない。

その後、ミルは、一八七〇年、土地保有改革協会を組織し、その議長に就任した。それは、土地貴族の政治的・経済的勢力を温存することにつながっている現存のイギリスの土地所有制度を改革すべく設立された協会だが、ミルの立場は、長子相続制の維持を主張する保守派とも土地の公有化を主張する急進派とも異なり、私有制を基本に漸進的な改革を推し進めるというものであった（ミルの漸進主義は、後に、イギリスの近代経済学を集大成することになるアルフレッド・マーシャルに受け継がれていったが、マーシャルについては、第八章を参照のこと）。

一八七三年五月七日、ミルは、アヴィニヨンにおいて丹毒のため亡くなった。享年六十七歳、偉大なる知識人の生涯であった。

2　社会科学方法論

ミルの社会科学方法論を語る場合に逸することのできない人物は、フランスのオーギュスト・コント（Auguste Comte）である。[19] ミルは、まず、コントに倣って、社会科学を「特殊社会学」と「一般社会学」に分ける。前者は、例えば、経済学のように、一定の社会状態を前提にした上で、合理的な推論を進めていくことによって因果法則を引き出そうとする個別的な社会科学を指しており、後者は、前者で前提にされた社会状態そのものを研究対象にする学問を指している。

留意すべきは、ミルが、特殊社会学としての経済学では、演繹法による抽象理論の定式化（例えば、より多くの富を追求する人間と自由競争が支配する社会状態を想定し、そこで成立する富の生産と分配の法則を確定すること）を積極的に是認する一方で、複雑な社会現象の相互連関を取り扱う一般社会学では、演繹法の限界を指摘し、むしろ、まず歴史的事実からの帰納によって経験的法則を引き出したあと、人間性の原理に基づく演繹法によってそれを検証する「逆演繹法」（コントの言葉では、「歴史的方法」）と呼ばれる方法を提唱していることである。

これは、次のミルの言葉にもあるように、明らかにコントの影響である。すなわち、「単に論理学だけの観点からすれば、私が彼に負うところの多いただ一つの主要な考え方は、歴史とか統計学とかいう複雑な諸問題に主として適用できるものとしての、演繹法を逆にした考え方である。この方法が普通の演繹法とちがうのは、普通のそれが（物理学の演繹的諸部門における自然の順序に見られるように）一般的推理によって結論に到達し、特定の経験によってその結論を検証するのに対して、このほうはまず、特定の経験を照合することで概括的結論を得、あとからそれらの結論が既知の一般的原理から自然に導き出されるものかどうかを確かめるという点である。この考え方は、コントにそれを見いだすまで全然私の知らなかったもので、コントがあらわれなかったなら私は（いつかは到達するとしても）すくなくともこう早くは到達し得なかったかも知れないものであった[20]」と。

さて、前に、特殊社会学としての経済学は、富の追求を唯一の行動の動機とした人間と自由競争が支配する社会を想定した上で演繹法による抽象理論を定式化するものだと指摘したが、そうであれば、それを直ちに現実の世界に適用しようとしても必ずしもうまく行かないことが当然に予想されるだろう[21]。そこで、ミルは、経済学の命題を現実に適用しようとする場合は、それを制約する各国民あるいは各時代の性格の類型を取り扱う「政治的エソロジー」（political ethology）の理論によって修正されなければならないという。端的に言えば、ここに、自己の価値と分配の理論からストレートに経済政策を引き出し、その歴史的または社会的制約をほとんど考慮することのなかったリカードとの違いがあるのである。

コントのミルへの影響といえば、もう一つ、経済学の「静態論」と「動態論」の区別がある。この区別は、もともと、コントが一般社会学において導入したものだが、後に、ミルによって経済学に転用された。ここで、静態論とは、静止的不変的社会における経済現象の相互依存関係を取り扱う「均衡の理論」であり、動態論とは、進歩しつつある社会における経済の「運動の理論」を指している。[22] もちろん、ミル自身は、リカード経済学と明確に異なる独自の動態論を提示するまでには至らなかったが、しかし、彼の考え方は、「静態」と「動態」を区別する方法論を確立した後の近代経済学者たちに受け継がれたと言ってもよいかもしれない。

3 『経済学原理』

ミルの『経済学原理』は、すでに述べたように、リカードからアダム・スミスへの回帰を意図した著書だったが、以下、その特徴を幾つかの項目に分けて説明していきたい。

生産・分配峻別論

富の生産と分配の理論は、「経済学の二大部門」だが、ミルの考え方の特徴は、富の生産の法則と富の分配の法則の間の相違に重点を置いていることである。すなわち、生産の法則が「対象自身の性質にもとづく完全な自然法則」なのに対して、分配の法則は「いくつかの条件下に人間の意志によって決定される」ものであると。[23] しかし、これだけではまだわかりにくいと思われるので、『経済学原理』から幾らか長い文章を引用してみよう。

「そもそも富の生産に関する法則や条件は、物理的真理の性格をもち、そこには人間の意のままに動かしうるものは何もないものである。およそ人間が生産するところの物は、いずれも外物の構性と人間自身の肉体的精神的な構造の内在的諸性質とによって定められた方法により、またそのような条件のもとに生産されなければならない。人間の生産の量は、人間がそれを好むと好まざるとにかかわらず、人間がもっている先行的蓄積の分量によって制限され、またもしこれが与えられたとすれば、それは人間のエネルギー、技能、機械の完成の度および協業の利益の利用方法の巧拙《こうせつ》に比例するであろう。……ところが、富の分配の場合はそうではない。それはもっぱら人為的制度の上の問題である。ひとたび物が存在するようになったならば、人間は、個人的にも集団的にも、それを思うままに処分することができる。また好むところの人に、また任意の条件で、その処分を任せることもできる。さらに、人間が社会生活をなしている場合、すなわちまったくの孤独生活をしているとき以外のすべての場合においては、人間が何らかの方法で物を処分するには、社会の承諾、というよりもむしろ社会の積極的実力を握っている人々の承諾を受けなければならない。……それであるから、富の分配は、社会の法律と慣習とによって定まるわけである。富の分配を規定する規則は、その社会の支配層の意見と感情とのままに形成されるものである。そしてそれは時代を異にし、国を異にするに従って大いに異なり、また人間が欲するならば、なおこれ以上に異なったものとなりうるものである。(24)」

ミルが生産の法則を規定すると考えるものは、具体的には、土地の収穫逓減《ていげん》の法則とマルサスの人口法則の二つである。ミルによれば、前者は、とくにイギリスのような先進国においては、生産の拡大を妨げる主要な要因であるが、これに対して、低開発国においては、むしろ資本蓄積の不足が生産拡大の障害となるという。また、後者は、マルサスが説いたように、生産力の発展を上回るような人口の増加が生じた場合、必然的に貧困をもたらす要因となるものである（因みに、ミルは、父ミルが示唆した産児制限による人口抑制を説く「新マルサス主義者」の一人であった）。この二つの法則は、歴史貫通的に作用するものなので、ミルによって生産の法則に自然法則に類似の性格を与えるものと見なされたのである。

ところが、分配の法則は、そうではない。たしかに、リカード経済学のように、「一定の制度と習慣」（つまり、資本主義的私有財産制度）を所与として、賃金・利潤・地代が一定の原因によって決定されることを示すことはできるが、しかし、それが「一定の制度と習慣」という前提条件に決定的に依存していることを忘れてはならない。ミルが、サン＝シモン派の思想の影響を受けて、私有財産制度を自明の前提としていた従来の立場を修正したことはすでに述べた通りだが、そのような視点が、分配法則についての彼の見解にも影響を及ぼしているのだと思われる。ミルは、後で取り上げるように、資本主義と社会主義の比較というテーマに大きな関心を示した経済学者だが、そのような関心も、資本主義的私有財産制度を過渡的なものと見なした彼の立場から自然に生まれてきたものに違いない。(25)

「停止状態」(「定常状態」)への異端の評価

ミルを語るに逸してはならないのは、古典派の「停止状態」(Stationary State)――「定常状態」という方が現代的な表現だが――への異端の評価である。古典派経済学者たちは、一般に、収穫逓減の法則とマルサスの人口法則に依拠して、やがて資本蓄積がストップしてしまう定常状態が訪れることを真剣に恐れた。それゆえ、例えば、リカードは、第三章で説明したように、安価な穀物の自由な輸入を認めるような貿易を提唱した。ところが、ミルは、定常状態の到来をそれほど悲観しないのである。彼の言葉を聞いてみよう。

「資本および人口の停止状態なるものが、必ずしも人間的進歩の停止状態を意味するものでないことは、ほとんど改めて言う必要がないであろう。停止状態においても、あらゆる種類の精神的文化や道徳的社会的進歩のための余地があることは従来と変わることがなく、また『人間的技術』を改善する余地も従来と変わることがないであろう。そして技術が改善される可能性は、人間の心が立身栄達の術のために奪われることをやめるために、はるかに大きくなるであろう。産業上の技術でさえも、従来と同じように熱心に、かつ成功的に研究され、その場合における唯一の相違といえば、産業上の改良がひとり富の増大という目的のみに奉仕するということをやめて、労働を節約させるという、その本来の効果を生むようになる、ということだけとなるであろう。今日までは、従来行なわれたすべての機械的発明が果たしてどの人間かの日々の労苦を軽減したかどうか、はなはだ疑わしい。それは、たしかに従来よりもより大きな人口が従来と同じ苦しい作業と幽囚《ゆうしゅう》の生活を送ることを可能ならしめ、またより多数の工業家やその他の人たちが財産をつくることを可能ならしめた。それは中産諸階級の生活上の余裕を増大した。けれども、それは、人間の運命がその本性上、またその将来においてなし遂げるべきもろもろの偉大な変革については、まだそれを実現しはじめてもいないのである。ただ公正な制度に加えて、人類の増加が賢明な先見の思慮ある指導のもとに行なわれるようになったとき——ただこのようなときにのみ、科学的発見者たちの知力とエネルギーとによって自然諸力から獲得した戦利品は、人類の共有財産となり、万人の分け前を改善増加させる手段となることを得るのである。(26)」

ミルのような考え方は、「経済成長至上主義」で動いてきた産業界の人々にはなかなか受け入れられにくいかもしれないが、少なくともミルにとっては、成長一辺倒で精神的な余裕もないまま日々の喧噪《けんそう》のなかに埋没する生き方は、少しも魅力的ではなかったようである。彼には、こんな言葉もある。

「人間にとっては、必ずいつもその同類のまえに置かれているということは、よいことではない。孤独というものがまったく無くなった世界は、理想としてはきわめて貧しい理想である。孤独——時おりひとりでいるという意味における——は、思索と気持の高揚と——ひとり個人にとってよい事であるばかりでなく、社会もそれをもたないと困るところの、あの思想と気持の高揚と——を育てる揺籃《ようらん》である。また自然の自発的活動のためにまったく余地が残されていない世界を想像することは、決して大きな満足を感じさせるものではない。人間のための食糧を栽培しうる土地は一段歩《たんぶ》も捨てずに耕作されており、花の咲く未墾地や天然の牧場はすべてすき起こされ、人間が使用するために飼われている鳥や獣以外のそれは人間と食物を争う敵として根絶され、生垣や余分の樹木はすべて引き抜かれ、野生の灌木《かんぼく》や野の花が農業改良の名において雑草として根絶されることなしに育ちうる土地がほとんど残されていない——このような世界を想像することは、決して大きな満足を与えるものではない。もしも地球に対しその楽しさの大部分のものを与えているもろもろの事物を、富と人口との無制限なる増加が地球からことごとく取り除いてしまい、そのために地球がその楽しさの大部分のものを失ってしまわなければならぬとすれば、しかもその目的がただ単に地球をしてより大なる人口——しかし決してよりすぐれた、あるいはより幸福な人口ではない——を養うことを得しめることだけであるとすれば、私は後世の人たちのために切望する、彼らが、必要に強いられて停止状態にはいるはるかまえに、自ら好んで停止状態にはいることを。[27]」

ミルは、現代的な表現を使えば、いわゆる「ナチュラリスト」の先駆者であったと言ってもよいかもしれない。

労働者階級の将来

ミルは、古典派の著作家としては、労働者階級の将来を積極的に論じた代表的な人物の一人だが、『ミル自伝』によれば、(28)その部分は、ハリエットの影響の下に書かれたもので、もともと、『経済学原理』の最初の草稿にはなかったのだという。その当否は別にしても、その部分がミル経済学の重要な特徴になったことだけは確かな事実である。

ミルの基本的な考え方は、労働者階級の未来が開けるかどうかは、彼ら自身の精神的教養がどれだけ高まるかにかかっているというものだが、したがって、ミルは彼らの知性の向上をもたらすような学校教育や社会教育の拡充にまず期待をかけようとする。知性の向上への期待は、ミルが新マルサス主義者であったことにも関連している。というのは、新マルサス主義者にとっての最も重要な課題である人口調整は、知性の向上による以外にほとんど実現不可能なものだからである。ミルは、また、適切な人口調整の可能性を女性の社会的独立とも絡めて論じているが、そこにも、女性解放論者としての彼の考え方の特徴がよく表われているように思われる。(29)

だが、より注目すべきは、ミルが単に労働者の知性の向上を説いたのみならず、二月革命以後フランスで展開されつつあった労働者の組織する協同組合運動を積極的に評価し、それが現代の大規模生産による効率と節約との調和を保ちながら発展していく道を探ったところだろう。彼は次のように言っている。

「しかしながら、集団の結成がもっているところの文明化し向上せしめる力と、大規模生産がもっている効率と節約とは、相反する利害と感情とを有する二つの党派に生産者たちを分裂させなくても、また労働に従事する多数の人たちを、資金を供給する一人の人の命令のもとに立ち、及ぶかぎり少ない労働をもってその賃金をとるというほか、その企業に対し何ら自分自身の利害関係というものをもっていないところの、単なる被使用人たらしめなくても、これを確保達成することができるであろう。この点については、過去五十年間の思索と討議とが、また過去三十年間のもろもろの出来事が、確証しているのである。かの勝ち誇れる軍事的専制主義でさえもただ遅からしめたばかりで、停止させてしまうことのなかった進歩向上が、今後ももしその前進をつづけるとすれば、雇用労働者という status［地位］が次第に労働者の一部の、道徳的素質が低級であるためにより独立的ないかなる仕事にも適しないような部類の人々だけに限られるようになるであろうということ、そして雇主と労働者という関係が、ある場合には労働者と資本家との共同組織という形態、他の場合には——そしておそらく最後にはすべての場合において——労働者たち同志のあいだの共同組織という形態という、二つの形態の一方における組合営業によって取って代わられるようになるであろうということ、このことにはほとんど何の疑いもありえないのである。(30)」

協同組合運動を通ずる体制変革への指向——ここにも、リカードには見られなかった、過渡期の思想家としてのミルの特徴が見られるのである。

4　比較経済体制論への視角

ミルが資本主義体制の過渡的性格を明確に認識した思想家であったことは、すでに何度も述べたとおりだが、当然に予想されるように、彼は、そのような視点から、様々な経済体制の比較という興味深いテーマを積極的に論じている。おそらく、彼は、若い頃にサン＝シモン派の社会主義の思想に触れて以来、このような関心を持ち続けていたのだろう。

だが、留意しなければならないのは、社会主義の様々な流派に通暁《つぎよう》し、社会改革への情熱を示したとはいっても、ミル自身が社会主義者に変身したわけでは決してないことである。彼の立場は、わかりやすく言えば、「漸進主義」であり、それゆえ、「社会の変革を可能ならしめるには、あるいは望ましいものたらしめるには、現在の労働大衆を構成する無教養な下層階級の側にも、また大多数の雇用者の側にも、相対応する性格の変化が必要である」[31]と述べるのを忘れなかったのである。

さて、様々な経済体制や経済制度を比較する場合、例えば、最善の共産主義と現行の私有財産制度（文脈から見れば、「資本主義」と言った方がわかりやすいかもしれない）を比較するのは公平ではないので、「正当な比較を試みるには、最善の状態における共産制と、現状のごときものではなくて、理想的な形における私有財産制とを比較しなければならない[32]」だろう。だが、体制比較は、現在までのところ資料が不足していて困難を極める作業である。しかし、それでも、敢えてそれを試みる場合には、「二制度のうちどちらが人間の自由と自主性の最大量を許すか[33]」という点にとくに注意すべきだという。

例えば、共産主義は、建前としては、労働者や女性の解放を主張しているので、この点では、私有財産制度に優るように見えるが、しかし、ミルによれば、そのような判断を下す前に、次のような事柄を十分に考慮しなければならない。すなわち、「共産制には個性のための避難所が残されるか、世論が暴君的桎梏《しっこく》とならないかどうか、各人が社会全体に絶対的に隷属し、社会全体によって監督される結果、すべての人の思想と感情と行動とが凡庸《ぼんよう》なる均一的なものになされてしまいはしないか――これらのことが問題である。社会の現状においては、共産主義的制度の場合よりも、教育および職業ははるかに多種多様であり、全体に対する個人の絶対的隷属の度ははるかに低いが、その社会の現状においてさえ、世論の力や個人の隷属はその著しい弊害のひとつとなっている。平凡人の軌道を逸していることが非難される社会は、決して有益な社会とはいえない。共産主義の企画は、果たして人性の多辺的発展、種々さまざまな不等性、趣味や才能の種々相、見地の多様性――これらのものは単に人生の関心事の最大部分を成すばかりでなく、人々の知能を互いに衝突させて刺激し、各人に対しひとりでは思いつかなかったであろう見解を数多く示すことによって、精神的道徳的進歩の根本動力となるものである――と両立するかどうか、なお将来においてこの点が確かめられなければならない」(34)と。

ミルの漸進主義は、単に理想が高いというだけでの理由で社会主義や共産主義への急速な移行を主張する人たちとは一線を画するものであったが、しかし、資本主義的私有財産制度自体に多くの欠陥があることは十分に認めていた。というのは、ミルによれば、「私有財産の本質的原理は、人々が自分の労働によって生産し、自分の制欲によって蓄積したものを、すべてそれらの人々に保障するということ」(35)なのだが、この原理から見ると、現行の制度のなかには明らかに幾つかの欠陥が存在するからである。

まず、相続権を取り上げてみよう。相続権は、明らかに、自分の労働に基づくものではないので、私的所有の原理に抵触する。それゆえ、ミルは、「遺贈《いぞう》」は別にしても、相続の権利は、私的所有の観念の一部を成し得ないという。次に、土地所有権もまた自分の労働に基づくものではないので、私的所有の原理に抵触する。ミルは言う。「さて『所有権の神聖』ということがうんぬんされる場合、この神聖性は、土地の所有権に対しては他の所有権と同じ程度に帰属するものではないということを忘れてはならぬ。何びとも、土地を作ったものはまだいないのである。土地は、本来、全人類の相続財産である。その土地を人に私有させるのは、まったく人類全般の便宜に出でることである」(36)と。

もっとも、ミルでも、土地の改良は労働の成果なので、土地所有者が土地改良に努力する限りは、土地の私有も正当化されるというように一定の譲歩を示してはいる。しかし、彼の提示した私的所有の原理に照らしてみると、現行のイギリスの土地所有（長子相続の慣習や借地農の不安定な土地保有条件のために土地の改良が著しく阻害されていた）は多くの不合理を含むものと判定された。それゆえ、彼は、すでに小伝において紹介したように、土地所有改革運動に身を投ずることになるのである。

以上をまとめてみると、ミルは、たしかに、「究極の理想」として、「社会がもはや働かない者と働く者とにわけられるのではなくなる時代[37]」が何時《いつ》の日か到来することを待望したけれども、今のところ、まだその状態に入るには時期尚早だと考えたのである。次の文章は、彼が『経済学原理』第三版（一八五二年）の序文に書いたものだが、この問題をめぐるミルの基本的な見解がよく表われているので、ここに引用してみたい。

「『所有について』の章はほとんど全部書き改めた。そこには、もっとも有名な社会主義的企画に対する反対論が含まれているのであるが、しかしこの反対論は、人間の進歩の終局の結果としての社会主義に対する非難というつもりで書いたものではない。この版における社会主義に対する反対論にして、多少とも重要なものはただ一つ、一般に人類、特に労働階級がまだ準備がととのわない状態にあるということだけである。人類や労働階級は、彼らの知能または道徳を大いに必要とするところの社会秩序に対して、今日なおきわめて未成熟であるということだけである。私にはこう思われる。社会改良の終局の目的は、人類を教育して、最大の個人的自由と、現行の財産法規の意図せざる労働の成果の公正なる分配と、この二つを兼ね備えた社会状態に適したものたらしめるにある、そして精神的道徳的教育がこのような状態に達したときに、ある形式の私有財産（もっとも今日のそれとは大いに異なった形式ではあるが）と、生産用具の共有および生産物の規制された分配と、はたしていずれが幸福な社会状態にとってもっとも好都合な事情をもたらすか、人間の性格をもっともよく完成するか、という問題は、そのときの人々に決定させるべき問題、そのときの人々に決定を任せておくのが安全な問題である、現代の人々には、これを決定する資格はないのである。[38]」

ミルが「過渡期の経済学者」と呼ばれる理由は、こんなところにもあるのである。

注

(1) ミルの生涯の記述に当たっては、ミル自身の手になる『ミル自伝』朱牟田夏雄訳（岩波文庫、一九六〇年）と、Alan Ryan, "John Stuart Mill (1806–73)," in *The New Palgrave : A Dictionary of Economics*, vol. 3, Macmillan, 1987, pp. 466–471. を参照した。
(2) 『ミル自伝』朱牟田夏雄訳、三五—三六ページ。
(3) 前同、一一九ページ。
(4) 前同、一二〇ページ。
(5) 前同、一二五ページ。
(6) 前同、一〇二ページ。

（7）前同、一二七ページ。ただし、一部、漢字を常用漢字に改めた。
（8）前同、一四五ページ。
（9）前同、一四八—一四九ページ。
（10）前同、一四五ページ。
（11）前同、一六三ページ。
（12）前同、一二一ページ。
（13）前同、二〇五—二〇六ページ。
（14）J・S・ミル『経済学原理』（一）、末永茂喜訳（岩波文庫、一九五九年）序文、二四ページ。
（15）『ミル自伝』朱牟田夏雄訳、二一九ページ参照。
（16）J・S・ミル『自由論』塩尻公明・木村健康訳（岩波文庫、一九七一年）九五ページ。
（17）『ミル自伝』朱牟田夏雄訳、二四五ページ。
（18）前同、二四五ページ。
（19）コントについては、清水幾太郎による『オーギュスト・コント』（岩波新書、一九七八年）と『私の社会学者たち』（筑摩書房、一九八六年）を参照のこと。
（20）『ミル自伝』朱牟田夏雄訳、一八四ページ。
（21）ただし、留意すべきは、ミルが、経済学で想定された人間と社会状態は、イギリスとアメリカ両国における商業上の一般的事実にはおおよそ対応していると考えていたことである。cf., J. S. Mill, *A System of Logic*, edited by J. M. Robson, *Collected Works*, vol. VIII, University of Toronto Press, 1973, p. 906.
（22）J・S・ミル『経済学原理』（四）、末永茂喜訳（岩波文庫、一九六一年）、九—一〇ページ参照。
（23）『ミル自伝』朱牟田夏雄訳、二一四ページ参照。
（24）J・S・ミル『経済学原理』（一）、末永茂喜訳（岩波文庫、一九六〇年）一三—一五ページ。

(25) もちろん、こう言ったからといって、ミルが資本主義的私有財産制度の下での分配法則の解明をおろそかにしたというのは当たらない。ここでは、彼の賃金論と利潤論のあらましを簡単に紹介しておきたい（地代論については、リカード理論がほぼ全面的に継承されていることを付言しておく）。

まず、賃金については、彼は「賃金基金説」と呼ばれる理論を提示した。それによれば、賃金は、労働の需要（資本または賃金基金）と労働の供給（人口）の割合によって決まるという。ミルは、後に、一定期間に存在する確定した賃金基金なるものはありえないとするソーントン（W. T. Thornton）の批判を受けて、『フォートナイトリー・レビュー』（一八六九年五月号）誌上でそれを撤回したが、『経済学原理』最終版（一八七一年）において、それを訂正するまでには至らなかった。

次に、利潤論だが、ミルによれば、総利潤は、資本家の「制欲」（abstinence）に対する報酬としての利子と、危険に対する保険料と、監督労賃の三つの部分から構成されるという。しかし、当然ながら、利潤の源泉を「剰余労働」に求める人たちにとっては、ミルの考え方は、単なる資本主義弁護論に過ぎないものと思われるかもしれない。ミル利潤論に資本主義体制の過渡的性格（労働者の経営参加や生産協同組合の発展に応ずる利潤の性格の変化など）を見る解釈については、杉原四郎『イギリス経済思想史』（未来社、一九七三年）を参照のこと。

(26) J・S・ミル『経済学原理』（四）、末永茂喜訳、一〇九―一一〇ページ。

(27) 前同、一〇八―一〇九ページ。

(28) 『ミル自伝』朱牟田夏雄訳、二一三ページ。

(29) ミルの女性解放論に関心のある方は、J・S・ミル『女性の解放』大内兵衛・大内節子訳（岩波文庫、一九五七年）を参照のこと。

(30) J・S・ミル『経済学原理』（四）、末永茂喜訳、一三三―一三四ページ。ただし、一部の漢字は常用漢字に改めた。

(31)『ミル自伝』朱牟田夏雄訳、二〇二―二〇三ページ。
(32)J・S・ミル『経済学原理』(二)、末永茂喜訳、二八―二九ページ。
(33)前同、三一ページ。
(34)前同、三二―三三ページ。
(35)前同、六八ページ。
(36)前同、七四ページ。
(37)『ミル自伝』朱牟田夏雄訳、二〇二ページ。
(38)J・S・ミル『経済学原理』(一)、末永茂喜訳、二六―二七ページ。

第五章　カール・マルクス「資本」の運動法則

社会主義体制がほとんど崩壊してしまった現在、カール・マルクス（Karl Heinrich Marx）の思想や経済学について語るのは決して容易ではない。それは、とくに、かつてマルクス経済学の教えを忠実に説いた人たちについて当てはまることかもしれない。幸いにも、私たちは、マルクス主義・共産主義・共産党、等々に幻想を抱くことがなかった世代に属しているが、このことは、学問としてマルクス主義を振り返る場合には、かえって好都合な環境を提供しているのではないかと思う。どのような学問であれ、その動向が特定の政党の教義への思い込みによって規定されるのは望ましいことではないからである。

マルクス主義と社会主義体制の盛衰の関連を論じるのは、この章の範囲を大きく超えるものだが、一つだけ確かなことは、社会主義体制の崩壊が必ずしも資本主義体制の「勝利」を意味するものではなく、マルクスの思想と経済学が、いまだに、資本主義体制の批判的検討のための貴重な材料を提供してくれていることである。ユニークな著作活動（経済学ばかりでなく、仏教関係の本や小説なども含む）で知られる三土修平は、マルクスが読み継がれる理由について、「要するに、彼の著作の中では、市民社会の対等な契約関係という外観をまといながら行なわれる雇用・被雇用の関係が、ともすれば支配・被支配の関係に転化してしまうのはなぜかという、市民革命以後の近代社会の根本問題が問われ、少なくともそれに答えるべく努力がなされている」[1]からであると述べているが、それゆえ、逆に言えば、マルクスを学ぶことによって、私たちはそのような問題意識が全く欠落している現代の主流派経済学のいわば「死角」を明確に意識することができるのである。

マルクスの思想と経済学をわずかなページ数で解説するのは、ほとんど不可能に近い。しかし、以下では、できるかぎり努力してみるつもりである。

1　マルクス小伝

カール・ハインリヒ・マルクスは、一八一八年五月五日、ライン地方のトリーア(Trier)市(フランスとベルギーの国境に近いところ)に生まれた。[2] 弁護士の父親の家系は、ユダヤ教の律師「ラビ」を四代にわたって輩出した名門だったが、マルクスが生まれる数年前にプロテスタントに改宗している(それは、プロイセンで高級な市民的職業に就くには、プロテスタントであることが要求されたからだと言われている)。マルクスの母親もまたオランダ系ユダヤ人の出だったという。

マルクスは、カントやルソーなどの啓蒙思想の賛美者が校長をつとめていた高校(フリードリヒ・ヴィルヘルム・ギムナジウム)を経て、ボン大学およびベルリン大学で法学を学んだ。といっても、法学よりは歴史や哲学を熱心に勉強したことが、その後のマルクスの人生を大きく左右していく。

例えば、ヘーゲル左派の教授の講義を聴講したことがきっかけとなって、マルクスは、「ドクトール・クラブ」というヘーゲル左派のグループに参加するようになった。このクラブで、マルクスは、ブルーノ・バウアーという神学の講師から大きな影響を受けたが、彼が、後に、『デモクリトスとエピクロスの自然哲学の差異』と題する学位論文を完成し、ボンで大学の講師になろうとしたのも、バウアーの勧めによると言われている（マルクスの学位論文は、一八四一年四月十五日、イエナ大学において受理された）。一八四三年、マルクスは、四歳年上のイエニー・フォン・ヴェストファーレンと結婚した。

しかし、哲学が現実を理性的なものに変革していくべきだというバウアー＝マルクスの急進主義は、当時の政治情勢のなかでは受け入れられず、マルクスも学者への道を断念し、ジャーナリズムに身を投じることになった。一八四二年五月、マルクスは、自由主義ブルジョアジーの意見を代表していたケルンの『ライン新聞』の編集者となった。彼の関心は、その編集の仕事に携わるうちに、次第に、政治・経済の諸問題へとシフトしていったが、その辺の事情は、後に、マルクス自身が次のように説明しているので、引用してみよう。

「わたくしの専攻学科は法律学であった。だがわたくしは、哲学と歴史とを研究するかたわら、副次的な学科としてそれをおさめたにすぎなかった。一八四二年から四三年のあいだに、『ライン新聞』の主筆として、わたくしは、いわゆる物質的な利害関係に口をださないわけにはいかなくなって、はじめて困惑を感じた。森林盗伐と土地所有の分割についてのライン州議会の討議、当時のライン州知事フォン・シャーペル氏がモーゼル農民の状態について『ライン新聞』にたいしておこした公の論争、最後に、自由貿易と保護関税とに関する議論、これらのものがわたくしの経済問題にたずさわる最初の動機となった。他方では、当時は『さらに進もう』というさかんな意志が専門的知識よりいく倍も重きをなしていた時期であって、フランスの社会主義や共産主義の淡い哲学色をおびた反響が『ライン新聞』のなかでもきかれるようになっていた。わたくしはこの未熟な思想にたいして反対を表明した。だが同時にまた『アルゲマイネ・アウクスブルク新聞』とのある論争で、わたくしのこれまでの研究では、フランスのこれらの思潮の内容そのものについてなんらかの判断をくだす力のないことを率直にみとめた。そこでわたくしは、紙面の調子をやわらげれば『ライン新聞』にくだされた死刑の宣告をとりけしてもらえると信じていた同紙の経営者たちの幻想をむしろ進んでとらえて、公の舞台から書斎にしりぞいたのであった。(3)」

一八四三年一月、プロイセン政府は、『ライン新聞』の四月以降の発行を禁止したが、マルクスは、いまの引用にもあるように、終刊に先立って辞職し、その年の秋からはパリで生活を始めた。一八四四年、マルクスは、パリにおいて、『独仏年誌』という雑誌を公刊したが、その雑誌には、彼自身も、「ユダヤ人問題によせて」および「ヘーゲル法哲学批判序説」という重要論文を執筆した（『独仏年誌』は、まもなくドイツでは発禁処分となり、マルクスを含む数名には逮捕状が出たので、マルクスはパリでいわゆる「亡命者」となったのである）。

前者は、ユダヤ人の解放という具体的な社会問題を、近代国家と市民社会の対立・矛盾の問題として捉え直したものだが、疎外からの人類の普遍的解放の主体としての「プロレタリアート」というマルクスに特有の思想は、むしろ後者において明確に姿を現わしている。すなわち、「それ［ドイツ解放の積極的な可能性］はラディカルな鎖につながれた一階級の形成のうちにある。市民社会のいかなる階級でもないような市民社会の一階級、あらゆる身分の解消であるような一身分、その普遍的な苦難のゆえに普遍的な性格をもち、なにか特別の不正ではなく不正そのものを蒙《こうむ》っているがゆえにいかなる特別の権利をも要求しない一領域、もはや歴史的な権原ではなく、ただなお人間的な権原だけを拠点にすることができる一領域、ドイツの国家制度の諸帰結に一面的に対立するのではなく、それの諸前提に全面的に対立する一領域、そして結局のところ、社会の他のすべての領域から自分を解放し、それを通じて社会の他のすべての領域を解放することなしには、自分を解放することができない一領域、一言でいえば、人間の完全な喪失であり、それゆえにただ人間の完全な再獲得によってのみ自分自身を獲得することができる一領域、このような一階級、一身分、一領域の形成のうちにあるのだ。社会のこうした解消が一つの特殊な身分として存在しているもの、それがプロレタリアートなのである」(4)と。

マルクスは、後に、エンゲルス（F. Engels）と密接に協力しながら、ヘーゲルの弁証法やフォイエルバッハの唯物論を批判的に継承した「唯物弁証法」（これを人間社会の発展に適用したものが「史的唯物論」である）と呼ばれる独自の社会哲学を構築していくことになるが、しかし、そこに到達するには、いま少し経済学の研究が進まなければならなかった。

マルクスの経済学研究は、やはり『独仏年誌』に掲載されたエンゲルスの「国民経済学批判大綱」（一八四四年）に啓発されて開始されたが、早くも、その年のうちには、「疎外」という概念を中心に据えた『経済学・哲学草稿』（*Ökonomisch-philosophische Manuskripte*）という初期マルクスの傑作と、古今の経済学者たちの著作からの抜き書きからなる『経済学ノート』が著わされている（ただし、『経・哲草稿』が出版されたのは、一九三二年のことである）。

一八四五年、マルクスは、プロイセン政府の圧力に屈したギゾーの追放命令によって、フランスからブリュッセルに逃れた。マルクスは、ブリュッセルにて、エンゲルスとの共著『ドイツ・イデオロギー』（*Die deutsche Ideologie*, 1845–46）を著わしたが、注目すべきは、この本において、彼らが「生産諸力と交通形態の矛盾」（「交通形態」とは、人間同士が社会において取り結ぶ相互応答関係のことだが、後には、「生産関係」という言葉がより多く使われるようになった）という史的唯物論の考え方をより完成された形で提示していることである（ただし、『ドイツ・イデオロギー』が出版されたのも、一九三二年のことであった）。

一八四八年、パリの二月革命の直前、マルクスとエンゲルスは、共産主義者同盟の綱領として『共産党宣言』(*Manifest der Kommunistischen Partei*, 出版はロンドンにて)を起草した。この宣言の最後には、「万国のプロレタリア団結せよ!」(5)という有名な訴えかけがあるので、いまの読者のなかには、プロパガンダの類として手に取るのを躊躇《ためら》う者もいるかもしれない。しかし、「今日まであらゆる社会の歴史は、階級闘争の歴史である」(6)に始まる文章以下を丹念に辿っていくと、マルクスとエンゲルスが、「生産諸力と生産関係の矛盾」という唯物史観の公式を援用しながら、いまや商業恐慌の周期的な反復とともにブルジョア階級の経済的および政治的支配が脅かされていることを論証しようと試みているのがわかるだろう。以下、少し長くなるが、極めて重要な文章なので、その一部を紹介してみる。

「ブルジョア階級は、かれらの百年にもみたない階級支配のうちに、過去のすべての世代を合計したよりも大量の、また大規模な生産諸力を作り出した。自然力の征服、機械装置、工業や農業への化学の応用、汽船航海、鉄道、電信、全大陸の耕地化、河川の運河化、地から湧いたように出現した全人口——これほどの生産諸力が社会的労働のふところのなかにまどろんでいたとは、以前のどの世紀が予感しただろうか?

だが、われわれが知ったことは、ブルジョア階級の成長の土台をなす生産手段や交通手段は、封建社会のなかで作られたということである。この生産手段と交通手段の発展がある段階に達すると、封建社会の生産や交換がおこなわれていた諸関係、農業と工場手工業(マニュファクチャ)の封建的体制、一言でいえば封建的所有関係は、そのときまでに発展した生産諸力にもはや適合しなくなった。それは、生産を促進しないで、阻害するようになった。それはいずれもみな変じて足かせとなった。それは粉砕されねばならなかった。そして粉砕された。

それに代って自由競争があらわれた。これにともなって、それに適当した社会的ならびに政治的制度があらわれ、ブルジョア階級の経済的ならびに政治的支配があらわれた。

われわれの眼のまえに、その同じ運動が進行している。ブルジョア的生産ならびに交通諸関係、ブルジョア的所有諸関係、かくも巨大な生産手段や交通手段を魔法で呼び出した近代ブルジョア社会は、自分が呼び出した地下の悪魔をもう使いこなせなくなった魔法使に似ている。数十年来の工業および商業の歴史は、まさしく、近代的生産諸関係に対する、ブルジョア階級とその支配の生存条件である所有諸関係に対する、近代的生産諸力の反逆の歴史にほかならない。ここには、かの商業恐慌をあげれば充分である。それは、周期的にくりかえしながら、ますます急迫的に全ブルジョア社会の存立をおびやかす。この商業恐慌では、作り出された生産物の大部分ばかりでなく、これまでに作られた生産諸力の大部分さえ、破壊されるのが通例である。恐慌においては、以前のどんな時代にもとても起るとは考えられなかったような社会的疫病――過剰生産という疫病が発生する。社会が突然、一瞬のあいだ未開状態に逆もどりしたようになる。飢饉、一般的な破壊戦争が、社会からすべての生活手段を奪い去ったように見える。工業も商業も破壊されたように見える。なぜそうなるのか？　社会に文明がありすぎ、生活手段が多すぎ、工業や商業が発達しすぎたからである。社会が自由にすることのできる生産諸力は、もはやブルジョア的文明およびブルジョア的所有関係の促進には役立たないのだ。反対に、生産諸力はこの関係にとって強大になりすぎ、生産諸力がこの関係によって歯止めをかけられるのだ。そして生産諸力が、この歯止めを突破すると、たちまち全ブルジョア社会は混乱におちいり、ブルジョア的所有の存在がおびやかされる。ブルジョア的諸関係は、それによって作られる富を容れるには、きゅうくつになったのである。——ブルジョア階級は恐慌を、何によって克服するか？　一方では、一定量の生産諸力をむりに破壊することによって、他方では、あたらしい市場の獲得と古い市場のさらに徹底的な搾取によって。つまりどういうことか？　つまりかれらは、もっと全面的な、もっと強大な恐慌の準備をするのであり、そしてまた恐慌を予防する手段をいっそう少くするのである。(7)」

ところで、二月革命が勃発してまもなく、マルクスはベルギーからも追放されることになるが、その後、パリを経て、一八四八年四月にはケルンに戻り、『新ライン新聞』を発行するようになった。ドイツはといえば、そこでも、二月革命が飛び火して、(ベルリンの)三月革命が発生していたが、しかし、プロイセン国王を中心とする反革命勢力が盛り返して、一八四九年五月に『新ライン新聞』は発行禁止、マルクスも国外退去を命じられた。一八四九年八月、ようやくロンドンに辿り着いたが、結局、彼は亡くなるまでイギリスでの亡命生活を余儀なくされるのである。

一八五〇年の秋頃から、マルクスは大英博物館の読書室にほとんど毎日のように通って、古今の経済学書は言うに及ばず、技術・民族学・人類学など様々な分野の書物を耽読するようになった。だが、実践活動に無関心になったわけではなく、一八六三年、エンゲルスとともに、国際労働者協会（いわゆる第一インターナショナル）の設立にかかわってもいる。ところが、残念ながら、マルクス家が経済的に困窮していたために、彼は生活のために幾多の時事論説を書かなければならなかったという（一八五〇年代の前半、マルクス家はソーホー地区という当時のロンドンでも最も不衛生なところに狭い居を構えていた。そのために、彼は七人の子供のうち四人までも幼くして失ってしまった）。一八五一年には、『ニューヨーク・デイリー・トリビューン』（*New York Daily Tribune*）紙のヨーロッパ通信員にもなっている。マルクスが生活の苦しさを何とか乗り越えることができたのは、エンゲルスの援助によるところが大きかったと言わなければならない。

さて、マルクスの経済学研究の成果は、最初に『経済学批判要綱』（*Grundrisse der Kritik der politischen Ökonomie*, 1857–58）、次に『経済学批判』（*Zur Kritik der politischen Ökonomie*, 1859）、そして最終的には、一八六七年、『資本論』（*Das Kapital*）第一巻となって現われたが、マルクスの死によって、最後の『資本論』は第二巻と第三巻が未完のまま遺された。後に、エンゲルスが遺稿を整理して、第二巻（一八八五年）と第三巻（一八九四年）を刊行したが、それらがどこまでマルクスの当初の意図を再現しているかについては、否定的な見解もあることを付言しておきたい。なお『資本論』の第四巻とも言うべき『剰余価値学説史』(*Theorien über den Mehrwert*) は、後にカール・カウツキーによって編集・出版された。

一八八三年三月十四日、マルクスはロンドンにて死去した。享年六十四歳であった。

2 疎外された労働と史的唯物論

「疎外された労働」は、『経済学・哲学草稿』を貫徹する最も重要なキーワードの一つだが、マルクスは、まず、従来の古典派経済学(彼は「国民経済学」というドイツ的な表現を用いている)が私有財産の本質を捉え切っていないという不満を次のように表明する。

「国民経済学は私有財産という事実から出発する。だが国民経済学はわれわれに、この事実を解明してくれない。国民経済学は、私有財産が現実のなかでたどってゆく物質的過程を、一般的で抽象的な諸公式でとらえる。その場合これらの公式は、国民経済学にとって法則として通用するのである。国民経済学は、これらの法則を概念的に把握しない。すなわちそれは、これらの法則がどのようにして私有財産の本質から生まれてくるかを確証しないのである。(8)」

たしかに、マルクス以前の古典派経済学は、労働が富(=私有財産)の本質であると言明することによって、それを貴金属のような人間の外にある対象的な存在としてしか認識しなかった重商主義を乗り越える道を開いた。すなわち、古典派経済学の完成とともに、「すべての富は産業的な富に、労働の富になった。そして、工場制度が産業の、すなわち労働の成熟したあり方であり、また産業資本が私有財産の完成された客観的形態であるように、産業は完成された労働である」(9)という認識が確立した。しかし、古典派経済学は、富の主体的本質である労働を私有財産の枠内で発見したに過ぎなかったので、人間そのものまでが私有財産の規定のなかに置かれることになった。それゆえ、「労働をその原理とする国民経済学は、人間を承認するような外見のもとで、むしろただ人間の否認を徹底的に遂行するものにすぎない」(10)という。

古典派経済学に対して、マルクスは、まず、現に存在する事実、すなわち、「労働者は、彼が富をより多く生産すればするほど、彼の生産の力と範囲とがより増大すればするほど、それだけますます貧しくなる。労働者は商品をより多くつくればつくるほど、それだけますます彼はより安価な商品となる。事物世界の価値増大にぴったり比例して、人間世界の価値低下がひどくなる」(11)という事実から出発する。そして、その事実を解明する鍵が、「疎外された労働」である。

マルクスによれば、私的所有の下では、第一に、労働の生産物は、それを生み出した労働者には属さず、彼にとって疎遠な対象となり、一つの自立的な力として彼に対立している（労働生産物からの疎外）。第二に、生産物を生み出す労働自体も、自発的ではなく強制された労働であるがゆえに、労働者は労働によって自己実現の喜びを享受することができない（労働からの疎外）。第三に、労働は、そもそも、人間の類的存在を確証する行為であると同時に個人的な生命発現であったはずだが、疎外された労働は、それを単なる肉体的生存の手段にしてしまう（類的存在からの疎外）。最後に、以上の疎外の結果として、人間の人間からの疎外が生まれる。マルクスは言う。「労働の生産物が労働者に属さず、疎遠な力として彼に対立しているならば、そのことはただ、この生産物が労働者以外の他の人間に属するということによってのみ可能である。労働者の活動が彼にとって苦しみであるならば、その活動は他の人間にとって享受であり、他の人間の生活のよろこびでなければならない。神々ではなく、自然でもなく、ただ人間そのものだけが、人間を支配するこの疎遠な力であることができるのである」(12)と。かくして、ここに、労働者と資本家の間の敵対関係が示唆されるのである。

「私的所有の本質は疎外された労働である」というマルクスの立場からは、当然ながら、私的所有制の廃棄による労働者の疎外からの解放という思想が出てくる。マルクスの言葉を聞いてみよう。

「私有財産にたいする疎外された労働の関係から、さらに結果として生じてくるのは、私有財産等々からの、隷属状態からの、社会の解放が、労働者の解放という政治的なかたちで表明されるということである。そこでは労働者の解放だけが問題になっているようにみえるのであるが、そうではなく、むしろ労働者の解放のなかにこそ一般的人間的な解放がふくまれているからなのである。そして一般的人間的な解放が労働者の解放のなかへふくまれているというのは、生産にたいする労働者の関係のなかに、人間的な全隷属状態が内包されており、またすべての隷属関係は、この関係のたんなる変形であり帰結であるにすぎないからである。(13)」

「私的所有の本質は疎外された労働である」ことを解き明かしたマルクスは、次に、エンゲルスと密接に協力しながら、近代社会における労働の疎外が歴史的な疎外の一形態であることを明らかにするための枠組を構想していく。彼らの共働の成果が、人間社会の歴史を「生産―分業（交換）―交通の歴史」として把握し、史的唯物論の体系化へと進んだ『ドイツ・イデオロギー』である。

マルクスとエンゲルスは、まず、歴史の原動力を政治や宗教や絶対精神などに求める観念論的歴史観に反対しながら、人間の物質的活動および物質的交通の場面における「生産諸力と交通形態の矛盾」こそが社会変革の根源であると主張する。「フォイエルバッハ」と題する有名な章には、次のような言葉が見られる。

「天上から地上へおりるドイツ哲学とはまったく反対に、ここでは地上から天上へのぼる。すなわち、人間がかたり、想像し、表象するところのものから出発し、あるいはまたかたられ、思考され、想像され、表象される人間から出発して、ここから具体的な人間にたどりつくのではない。現実的に活動している人間から出発し、かれらの現実的な生活過程からこの生活過程のイデオロギー的な反射および反響の発展をも叙述するのである。人間の頭のなかのもやもやした形成物もまた、かれらの物質的な、経験的に確認できる、そして物質的前提にむすびついた生活過程の必然的な昇華物である。かくて道徳、宗教、形而上学その他のイデオロギーおよびそれらに対応する意識形態は、もはや独立性のみせかけをもたなくなる。それらはなんら歴史をもたず、なんら発展をもたない。むしろ、かれらの物質的生産とかれらの物質的交通とを発展させつつある人間が、かれらのこの現実とともにかれらの思考およびかれらの思考の生産物をもかえてゆくのだ。意識が生活を規定するのではなく、生活が意識を規定する。第一の見かたでは生きた個人としての意識から出発するが、第二の、現実的生活に対応した見かたでは現実的な生きた諸個人そのものから出発し、そして意識をただかれらの意識としてのみ考察する。(14)」

ところで、前に、「生産諸力と交通形態の矛盾」という言葉を使ったが、留意すべきは、『ドイツ・イデオロギー』では、それが分業の発展過程との関連で提示されていることである。すなわち、彼らは、都市と農村の分離から、生産と交通の分離（「商人という特殊な階級の形成」）、マニュファクチュア（工場制手工業）の発生、そして、最も拡大された分業としての大産業の成立までを辿りながら、いまや、大産業の下での巨大な生産諸力が私的所有

という交通形態と矛盾するに至ったことを印象深く解き明かそうとしているのである。(15)

マルクスの史的唯物論の公式とも言うべきものは、『経済学批判』の「序言」のなかに簡潔に提示されている。しばしば引用されてきた文章だが、以下でも、まとめの意味で利用することにしたい。

マルクスは、まず、社会構造について次のように言う。

「人間は、その生活の社会的生産において、一定の、必然的な、かれらの意志から独立した諸関係を、つまりかれらの物質的生産諸力の一定の発展段階に対応する生産諸関係を、とりむすぶ。この生産諸関係の総体は社会の経済的機構を形づくっており、これが現実の土台となって、そのうえに、法律的、政治的上部構造がそびえたち、また、一定の社会的意識諸形態は、この現実の土台に対応している。物質的生活の生産様式は、社会的、政治的、精神的生活諸過程一般を制約する。人間の意識がその存在を規定するのではなくて、逆に、人間の社会的存在がその意識を規定するのである。(16)」

もちろん、マルクスは、「上部構造」が「下部構造」に影響を及ぼすことを見逃したわけではないが、史的唯物論の公式では、その影響はあまり重視されていない。(17) それゆえ、社会変動も、上部構造の変化ではなく、下部構造の変化から説明されることになる。彼は言う。

「社会の物質的生産諸力は、その発展がある段階にたっすると、いままでそれがそのなかで動いてきた既存の生産諸関係、あるいはその法的表現にすぎない所有諸関係と矛盾するようになる。これらの諸関係は、生産諸力の発展諸形態からその桎梏《しっこく》へと一変する。このとき社会革命の時期がはじまるのである。経済的基礎の変化につれて、巨大な上部構造全体が、徐々にせよ急激にせよ、くつがえる。このような諸変革を考察するさいには、経済的な生産諸条件におこった物質的な、自然科学的な正確さで確認できる変革と、人間がこの衝突を意識し、それと決戦する場となる法律、政治、宗教、芸術、または哲学の諸形態、つづめていえばイデオロギーの諸形態とをつねに区別しなければならない。ある個人を判断するのに、かれが自分自身をどう考えているかということにはたよれないのと同様、このような変革の時期を、その時代の意識から判断することはできないのであって、むしろ、この意識を、物質的生活の諸矛盾、社会的生産諸力と社会的生産諸関係とのあいだに現存する衝突から説明しなければならないのである。(18)」

ただし、留意すべきは、マルクスが次のように付け加えていることである。すなわち、「一つの社会構成は、すべての生産諸力がそのなかではもう発展の余地がないほどに発展しないうちは崩壊することはけっしてなく、また新しいより高度な生産諸関係は、その物質的な存在諸条件が古い社会の胎内で孵化しおわるまでは、古いものにとってかわることはけっしてない。だから人間が立ちむかうのはいつも自分が解決できる課題だけである。というのは、もしさらにくわしく考察するならば、課題そのものは、その解決の物質的諸条件がすでに現存しているか、またはすくなくともそれができはじめているばあいにかぎって発生するものだ、ということがつねにわかるであろうから」[19]と。

さて、マルクスによれば、「経済的社会構成が進歩していく段階」としては、アジア的生産様式、古代的生産様式、封建的生産様式、近代ブルジョア的生産様式、そして社会主義的生産様式の五つが挙げられるが、留意すべきは、ここで、近代ブルジョア的生産様式をとっている資本主義社会が人類社会の前史の最後の段階として位置づけられていることである。マルクスは言う。「ブルジョア的生産諸関係は、社会的生産過程の敵対的な、といっても個人的な敵対の意味ではなく、諸個人の社会的生活諸条件から生じてくる敵対という意味での敵対的な、形態の最後のものである。しかし、ブルジョア社会の胎内で発展しつつある生産諸力は、同時にこの敵対関係の解決のための物質的諸条件をもつくりだす。だからこの社会構成をもって、人間社会の前史はおわりをつげるのである」[20]と。

史的唯物論の公式に見られるような「生産諸力と交通形態（または生産関係）の矛盾」は、マルクスにおいては、社会における階級闘争の形態をとると考えられている。とくに、近代ブルジョア的生産様式をとっている資本主義社会では、それはブルジョア階級とプロレタリア階級という二大階級の対立となって現われる。そこから、プロレタリア階級の独裁と一切の階級が止揚《しよう》された共産主義社会の成立を引き出していくのが『共産党宣言』の特徴だが、詳しくは、そのパンフレットを直《じか》に参照して欲しい。

3 『資本論』

『資本論』は、スミスの『国富論』とともに、一昔前の経済学部生の必読書の一つだったが、最近は、社会主義体制崩壊の影響を受けて、マルクスを原典で読んでいる学生はほとんど消滅してしまったと言ってよい。そのせいか、彼らは、かつては「常識」であったマルクス経済学のABCを驚くほど知らない場合が多い。そこで、以下では、『資本論』について何の予備知識もない読者にもわかりやすいように、基本の基本から解き明かしていきたい。

下向法と上向法

『資本論』は、第一部「資本の生産過程」第一編「商品と貨幣」第一章「商品」に始まり、第三部「資本主義的生産の総過程」第七編「諸収入とそれらの源泉」第五二章「諸階級」で終わる壮大な体系だが、これは、マルクスが用いた「下向法」と「上向法」という経済学の方法と密接なつながりをもっている。

マルクスの『経済学批判要綱』によれば、下向法とは、「表象された具体的なものから、だんだん稀薄になる抽象的なものに進んでいって、ついには最も簡単な諸規定に到達する」(21)ような方法を、反対に、上向法とは、抽象的なものから具体的なものへと文字通り上向する方法を指している。つまり、最初に、現実の混沌とした表象から下向法によって抽象的なものに到達し、次に、今度は抽象的なものから上向法によって具体的なものへ進んでいく。かくして、到達された現実は、「多くの規定と関連とをふくむ一つの豊かな総体(22)」になるという。『資本論』の構成は、一見すると、抽象的なもの（商品）から具体的なもの（諸階級）へと到達する上向法しか含まないように思えるが、しかし、最初の出発点を混沌とした表象から抉《えぐ》り出すのは、研究者の直観力にかかっており、ここにも、マルクスの天才的な才能が現われていることに注意すべきである。

ところで、よく知られているように、マルクスは、生前、『資本論』の第一部「資本の生産過程」を完成することはできたが、第二部「資本の流通過程」と第三部「資本主義的生産の総過程」の編集・出版は、彼の死後、親友であるエンゲルスの手に委ねられた。ところが、マルクスとエンゲルスの間には、微妙な見解の相違があったことが知られているので（詳しくは、佐藤金三郎『『資本論』研究序説』〔岩波書店、一九九二年〕を参照のこと）、以下の本文で『資本論』を解説するに当たっては、マルクスが最終的な責任をもっていた第一部に話を限定し、第二部と第三部での議論のなかで補足しておいた方がよいと思われる部分は、補論において取り上げることにしたい。

価値と剰余価値

マルクスは、『資本論』第一部第一編第一章「商品」の冒頭を次のような印象的な言葉で飾っている。すなわち、「資本主義的生産様式が支配的に行なわれている社会の富は、一つの『巨大な商品の集まり』として現われ、一つ一つの商品は、その富の基本形態として現われる。それゆえ、われわれの研究は商品の分析から始まる」[23]と。

商品は、人間の何らかの種類の欲望を満足させる物であると同時に、他の物と交換される物であるが、マルクスは、商品の前者の側面を有用性をもった物としての「使用価値」、後者の側面を「交換価値」として捉える。

ところで、ある種の使用価値をもつ商品が他の種の使用価値をもつ商品と交換される場合、そこには、それぞれの商品を相互に比較するための共通なものがなければならない。マルクスによれば、それは「労働生産物」という属性だが、さらに労働生産物をつぶさに観察すると、それが「人間労働力」の支出の凝固物に他ならないことに気づく。マルクスは、ここで、例えば、机を作る労働と椅子を作る労働は質的に異なっているけれども、両方とも人間労働力の支出の産物だという点だけは共通していると言おうとしているのである。そして、机や椅子のような具体的な物を作る労働を「具体的有用労働」、人間労働力の支出を「抽象的人間労働」と呼び、前者が商品の「使用価値」を、後者が商品の「価値」を生み出すものだと考える。つまり、商品は、具体的有用労働の産物である使用価値と、抽象的人間労働の産物である価値の統一物として把握されるわけである。

商品の価値を生み出す抽象的人間労働は、労働時間によって測られるが、一口に労働といっても、一時間の単純な作業と一時間の複雑な作業とでは労働の質が異なる。マルクスは、この問題を、「単純な平均労働」とそれが「数乗された、または数倍されたもの」とに分けることによって処理している。そして、商品の価値が投入された抽象的人間労働の量によって決定されるという場合、その労働量には、「平均的に必要な、または社会的に必要な労働時間」をとらなければならないという。マルクスの言葉を聞いてみよう。

「一商品の価値がその生産中に支出される労働の量によって規定されているとすれば、ある人が怠惰または不熟練であればあるほど、彼はその商品を完成するのにそれだけ多くの時間を必要とするので、彼の商品はそれだけ価値が大きい、というように思われるかもしれない。しかし、諸価値の実体をなしている労働は、同じ人間労働であり、同じ人間労働力の支出である。商品世界の諸価値となって現われる社会の総労働力は、無数の個別的労働力から成っているのではあるが、ここでは一つの同じ人間労働力とみなされるのである。これらの個別的労働力のおのおのは、それが社会的平均労働力という性格をもち、このような社会的平均労働力として作用し、したがって一商品の生産においてもただ平均的に必要な、または社会的に必要な労働時間だけを必要とするかぎり、他の労働力と同じ人間労働力なのである。社会的に必要な労働時間とは、現存の社会的に正常な生産条件と、労働の熟練および強度の社会的平均度とをもって、なんらかの使用価値を生産するために必要な労働時間である。たとえば、イギリスで蒸気機械が採用されてからは、一定量の糸を織物に転化させるためにはおそらく以前の半分の労働で足りたであろう。イギリスの手織工はこの転化に実際は相変わらず同じ労働時間を必要としたのであるが、彼の個別的労働時間の生産物は、いまでは半分の社会的労働時間を表わすにすぎなくなり、したがって、それの以前の価値の半分に低落したのである。(24)」

さて、価値が抽象的人間労働によって生み出されるとはいうものの、それは、通常は、様様な形態で自らを表現し、そのような価値形態の展開を通して最終的には貨幣形態にまで到達する。例えば、x量の商品Aがy量の商品Bに値する（すなわち、x量の商品A＝y量の商品B）というとき、y量の商品Bがx量の商品Aの「価値形態」と呼ばれる。このような価値形態を展開していくと、x量の商品A＝y量の商品B＝z量の商品C＝d量の金から、

y量の商品B
z量の商品C ｝＝x量の商品A
d量の金

を経て、最終的には、

x量の商品A
y量の商品B ｝＝d量の金
z量の商品C

へと到達する。この最後のものが、商品価値の「貨幣形態」である。しかし、マルクスは、貨幣形態の萌芽が、x量の商品A＝y量の商品Bという最も単純な商品形態にあることに読者の注意を促している。(25)

ところで、商品生産は、もともと、生産力のある程度の発達とそれに伴う社会的分業の存在を前提にして行なわれるものだが、しかし、私有財産制の下では、同時に生産手段の私的所有の支配が貫徹していなければそもそも商品生産が成り立たない。つまり、商品生産社会では、生産は本来社会的な性格をもっているにもかかわらず、直接的には私的なものとして現われざるを得ない（いわゆる「生産の社会的性格と領有の私的所有との間の矛盾」）。そこでは、人間同士が私有財産制によってお互いに切り離されているので、商品と商品、または商品と貨幣の交換によって初めて人と人の間の社会的な結びつきが表わされる。これは、換言すれば、商品生産社会では、人間ではなく、商品や貨幣が社会的な力をもつようになるということだが、ここに至って、一つのパラドックスが生じる。すなわち、もともと、商品や貨幣は人間が自分の手で作り出したものであるにもかかわらず、逆に、商品や貨幣が社会の主人公となり、人間がそれに完全に支配されているのである。これが、マルクスによれば、私有財産制を前提とする商品生産社会に固有の「物神崇拝」である。ここから、私有財産制の廃止による物神性の廃止というマルクスの革命思想が引き出されることも容易に想像がつくだろう。

資本主義社会は、商品生産が全面的に行なわれる社会だが、留意すべきは、その商品化が労働力にまで及んでいることである。ところが、そもそも、労働力が商品化されるには、二重の意味で自由な労働者が存在していなければならない。二重の意味で自由とは、近代の労働者が一面において自由な人格の持主でありながら、他面において生産手段の所有からも自由である（生産手段をもたない）ということである。それゆえ、労働者は、生きていくために自分が自由に処分できる労働力を商品として売る以外に方法がない。労働力という商品を購入するのは、もちろん、生産手段を所有する資本家だが、彼の目的は、資本としての貨幣を増殖させることにある。マルクスは、これを G–W–G' と表現する（言うまでもなく、ここで、G は貨幣、W は商品、$G'=G+\Delta G$ はより多くの貨幣を意味している）。

「およそある貨幣額を他の貨幣額と区別することができるのは、ただその大きさの相違によってである。それゆえ、過程 G–W–G は、その両極がどちらも貨幣なのだから両極の質的な相違によって内容をもつのではなく、ただ両極の量的な相違によってのみ意味をもつのである。最後には、最初に流通に投げこまれたよりも多くの貨幣が流通から引きあげられるのである。たとえば、一〇〇ポンド・スターリングで買われた綿花が、一〇〇・プラス・一〇ポンドすなわち一一〇ポンドで再び売られる。それゆえ、この過程の完全な形態は、G–W–G' であって、ここでは $G'=G+\Delta G$ である。すなわち G' は、最初に前貸しされた貨幣額・プラス・ある増加分に等しい。この増加分、または最初の価値を越える超過分を、私は剰余価値と呼ぶ。それゆえ、最初に前貸しされた価値は、流通のなかでただ自分を保存するだけでなく、そのなかで自分の価値を変え、剰余価値をつけ加えるのであり、言い換えれば自分を価値増殖するのである。そして、この運動がこの価値を資本に転化させるのである。(26)」

さて、商品としての労働力は、他の商品と同じように、価値法則に従って交換される（つまり、労働力の価値は、それを再生産するのに必要な労働時間によって決まる）が、労働力をその価値通りに手に入れた資本家は、いまやその労働を自由に処分することができる。そして、ここに、「剰余価値」が生み出される秘密が隠されているのである。

いま、一日の労働時間が12時間であるとしよう。このうち、労働力の価値を再生産するのに必要な労働時間（「必要労働時間」）が6時間であるとすると、必要労働時間を超える残りの労働時間（「剰余労働時間」）は6時間となる（なぜなら、一日の労働時間＝必要労働時間＋剰余労働時間だから）。すなわち、資本家は、労働力という商品をその価値通りに購入しておきながら、その労働の自由な処分を握っているがゆえに労働者に剰余労働を課し、そのことによって剰余価値を手に入れることができるのである。

以上を図式化すると次のようになる（ここで、Aは労働力、P_mは生産手段。W'は新しい商品、…Pは生産過程、G――WとW'――G'は流通過程を表わしている）。

$$G - W \left\langle \begin{matrix} A \\ P_m \end{matrix} \right. \cdots P \cdots W' - G' (= G + \Delta G)$$

マルクスによれば、「生産手段すなわち原料や補助材料や労働手段に転換される資本部分は、生産過程でその価値量を変えない」[27]が、反対に、「労働力に転換された資本部分は、生産過程でその価値を変える」[28]という。それゆえ、前者は「不変資本」（c）、後者は「可変資本」（v）と呼ばれる。生産過程によって生産された新商品W'の価値は、かくして、生産手段の移転価値を表わすcと、労働力の価値を表わすvと、労働力によって生み出された剰余価値mの合計となるのである（$W'=c+v+m$）。そして、労働力の価値に対する剰余価値の比率$\frac{m}{v}$が「剰余価値率」と呼ばれる。これは、言うまでもなく、剰余労働時間／必要労働時間に等しい。

ところで、剰余価値の生産といっても、それには二つの方法（「絶対的剰余価値」の生産と「相対的剰余価値」の生産）がある。すなわち、前者は労働日の延長によるものであり、後者は労働生産力の増大による必要労働時間の短縮が全労働日に占める剰余労働時間の比率を高めることによるものである。例えば、一日の労働時間が12時間（そのうち必要労働時間が8時間で、剰余労働時間が4時間）だとすると、絶対的剰余価値とは、必要労働時間はそのままで、剰余労働時間が例えば1時間延びて5時間となる（一日の労働時間は13時間となる）ことによって生産されるものである。これに対して、相対的剰余価値とは、労働生産性の増大によって必要労働時間が例えば7時間に短縮されることによって、一日の労働時間（12時間）に占める剰余労働時間が4時間から5時間へと相対的に増大することによって生産されるものである。ところが、絶対的剰余価値の生産には、一定の限度がある（労働者を一日24時間働かせることはできない！）ので、資本家は、ある段階から、労働生産力を増大させるような方策（優れた技術や機械の積極的な導入）によって相対的剰余価値の生産に励むようになるだろう。

資本の蓄積過程

資本家は、市場での厳しい競争に打ち勝つために、手に入れた剰余価値を資本に追加することによって、つねに優れた技術や機械を導入し、生産力の発展を図らなければならない。このような剰余価値の資本への再転化が資本の蓄積と呼ばれる。

マルクスは、不変資本cの可変資本vに対する比率$\frac{c}{v}$を「資本の有機的構成」と名づけたが、資本の蓄積過程は、必然的に、資本の有機的構成の高度化をもたらす。ところで、利潤率rは$\frac{m}{c+v}$と定義されるので、これは長期的に下落していく傾向がある。なぜなら、

$$r=\frac{m}{c+v}=\frac{\frac{m}{v}}{1+\frac{c}{v}}$$

において、剰余価値率$\frac{m}{v}$が一定と仮定されているので、rは$\frac{c}{v}$の上昇とともに下落せざるを得ないからである。

ところで、資本の有機的構成が高度化するということは、見方を変えれば、可変資本の部分が相対的に減少していくことなので、労働者の雇用を減らし、相対的な過剰人口を生み出していくだろう。しかし、相対的に過剰な労働人口は、資本蓄積過程の産物であるばかりでなく、資本蓄積の条件でもある。なぜなら、資本は景気変動の波に応じて何時でも自由に処

分することのできる過剰労働人口のプールを必要としているからである。マルクスは、それを「産業予備軍」と呼んだが、その永続的な存在は、労働者の賃金や労働条件に悪影響を及ぼし、彼らの貧困を生み出していく。

だが、労働者階級の貧困化は、同時に、資本家階級との対立と矛盾を激化させる。また、資本の蓄積過程に伴う生産手段の集中と労働の社会化の進行は、ある段階で資本主義的生産様式と相容れなくなり、それ自体を止揚せざるを得ない。『資本論』第一部の物語は、ここで終了するが、その結論と言うべき部分は、やはりマルクス自身に語ってもらうことにしよう。

「……資本主義的生産様式が自分の足で立つようになれば、それから先の労働の社会化も、それから先の土地やその他の生産手段の社会的に利用される生産手段すなわち共同的生産手段への転化も、したがってまたそれから先の私有者の収奪も、一つの新しい形態をとるようになる。今度収奪されるのは、もはや自分で営業する労働者ではなく、多くの労働者を搾取する資本家である。

この収奪は、資本主義的生産そのものの内在的諸法則の作用によって、諸資本の集中によって行なわれる。いつでも一人の資本家が多くの資本家を打ち倒す。この集中、すなわち少数の資本家による多数の資本家の収奪と手を携えて、ますます大きくなる規模での労働過程の協業的形態、科学の意識的な技術的応用、土地の計画的利用、共同的にしか使えない労働手段への労働手段の転化、結合的社会的労働の生産手段としての使用によるすべての生産手段の節約、世界市場の網のなかへの世界各国民の組入れが発展し、したがってまた資本主義体制の国際的性格が発展する。この転化過程のいっさいの利益を横領し独占する大資本家の数が絶えず減ってゆくのにつれて、貧困、抑圧、隷属、堕落、搾取はますます増大してゆくが、しかしまた、絶えず膨張しながら資本主義的生産過程そのものの機構によって訓練され結合され組織される労働者階級の反抗もまた増大してゆく。資本独占は、それとともに開花しそれのもとで開花したこの生産様式の桎梏となる。生産手段の集中も労働の社会化も、それがその資本主義的な外皮とは調和できなくなる一点に到達する。そこで外皮は爆破される。資本主義的私有の最後を告げる鐘が鳴る。収奪者が収奪される。

資本主義的生産様式から生まれる資本主義的取得様式は、したがってまた資本主義的私有も、自分の労働にもとづく個人的な私有の第一の否定である。しかし、資本主義的生産は、一つの自然過程の必然性をもって、それ自身の否定を生みだす。それが否定の否定である。この否定は、私有を再建はしないが、しかし、資本主義時代の成果を基礎とする個人的所有をつくりだす。すなわち、協業と土地の共同占有と労働そのものによって生産される生産手段の共同占有とを基礎とする個人的所有をつくりだすのである。

諸個人の自己労働にもとづく分散的な私有から資本主義的な私有への転化は、もちろん、事実上すでに社会的生産経営にもとづいている資本主義的所有から社会的所有への転化に比べれば、比べものにならないほど長くて困難な過程である。前には少数の横領者による民衆の収奪が行なわれたのであるが、今度は民衆による少数の横領者の収奪が行なわれるのである。[29]」

ところが、すでに触れたように、社会主義崩壊後の現在、マルクスの原典を読もうという経済学部の学生は例外を除いてほとんどいなくなった。しかし、それは、マルクスが無視されてよいということではない。わが国の代表的な数理経済学者で、マルクスにも造詣の深かった森嶋通夫は、二十一世紀には純粋経済学ではなく、社会学・歴史学・心理学など経済学の隣接領域の成果を十分に取り入れた、いわば「総合経済学」の比重が増すべきだという考えを繰り返し主張した。[30]その点で、マルクスの壮大な社会科学体系から学ぶべきことは依然として多い。

しかし、だからといって、もちろん、かつてのマルクス主義の悪い側面であった硬直した権威主義や訓詁学などがそのまま復活することを許してはならない。ごく一部の例外を除いて、マルクス経済学は、異なる思想から学ぶことを拒否したために自己崩壊を招いてしまった(あたかも、資本主義のダイナミズムに学ぶことを怠った社会主義がたちまち停滞から崩壊への道を転げ落ちたように)。それゆえ、今日においては、たとえマルクスの原典に返ることがあっても、それを鵜呑みにすることなく、現代経済学の遺産を十分に尊重した上でマルクス再読を試みることが求められているというべきだろう。

補論　再生産表式と生産価格論について

再生産表式

マルクスの再生産表式は、『資本論』第二部「資本の流通過程」第三編「社会的総資本の再生産と流通」第二十章「単純再生産」と第二十一章「蓄積と拡大再生産」において提示されているが、それらは、言うまでもなく、ケネーの天才的な着想である『経済表』に学んだものである。

「単純再生産」の条件――マルクスは、まず最初に、社会全体の生産部門を第I部門（生産手段を生産する部門）と第II部門（消費手段を生産する部門）に分けて考える（以下では、cは不変資本、vは可変資本、mは剰余価値、wは価値生産額、添字は各部門を指している）。すなわち、

$$\text{I}\quad c_1+v_1+m_1=w_1$$

$$\text{II}\quad c_2+v_2+m_2=w_2$$

単純再生産とは、純投資がゼロの定常状態のことを指しているが、それが成り立つためには、まず、第I部門の産出量が両部門の生産手段の置換に充てられなければならない。すなわち、

$$c_1+v_1+m_1=c_1+c_2 \qquad (1)$$

次に、第II部門の産出量が両部門の賃金と剰余価値の合計に等しくなければならない。すなわち、

$$c_2+v_2+m_2=v_1+v_2+m_1+m_2 \quad (2)$$

(1)と(2)を整理すると、いずれも、

$$v_1+m_1=c_2$$

となる。すなわち、単純再生産が成り立つためには、第I部門の可変資本と剰余価値の合計が第II部門の不変資本に等しくなければならないのである。

「拡大再生産」の条件——拡大再生産とは、純投資がプラスになる状態のことを指しているが、これは剰余価値を新たに不変資本と可変資本に追加することによって実現される（ただし、拡大再生産のためには、そもそも、単純再生産に必要な額を超える生産手段の余剰が市場に存在していなければならないので、$v_1+m_1>c_2$がその物質的な前提をなしていると言わなければならない）。

いま、剰余価値を不変資本に追加される部分c'、可変資本に追加される部分v'、個人的消費部分m'に分けてみよう。経済が一定の率で成長する（均整成長）のための条件は、まず、第I部門の産出量が両部門の生産手段に対する総需要に等しいことである。すなわち、

$$c_1+v_1+c_1{}'+v_1{}'+m_1{}'=c_1+c_1{}'+c_2+c_2{}' \quad (3)$$

次に、第II部門の産出量が消費手段に対する総需要と等しくなければならない。すなわち、

(3)と(4)を整理すると、いずれも、

$$c_2+v_2+c_2'+v_2'+m_2'=v_1+v_1'+m_1'+v_2+v_2'+m_2' \quad (4)$$
$$v_1+v_1'+m_1'=c_2+c_2'$$

となる。これが拡大再生産の条件である。

マルクスの再生産表式は、ジョーン・ロビンソン（Joan Robinson）やカレツキ（Michal Kalecki）のようなポスト・ケインジアンによっても高く評価された。とくに、後者は、再生産表式の考え方を利用して、利潤決定に関する独自の命題（利潤＝投資＋資本家の消費）を引き出したが、それは、現在では、「ケインズ革命」とほぼ同じ着想を含んだ先駆的な仕事として極めて高い評価を受けている。(31) マルクス経済学というだけで嫌悪感を抱く読者には、したがって、次のようなJ・ロビンソンの言葉の意味をよく考えてみることをお勧めしたい。すなわち、「ある経済学者のイデオロギーを好まないからといって、その理論から学ぶことを拒否するのは愚かなことである。また同時に、そのイデオロギーに賛成するからというのでその人の理論に信をおくことも、賢明ではない(32)」と。

生産価格論

かつて、リカードは、利潤率の平均化を前提にして成立する「自然価格」（マルクスは、「生産価格」という言葉を使っている）と、投下労働量によって決定される「価値」とを同一視し、価値修正論の泥沼に陥ってしまったが、これに対して、マルクスは、『資本論』第三部「資本主義的生産の総過程」第二編「利潤の平均利潤への転化」第九章「一般的利潤率(平均利潤率)の形成と商品価値の生産価格への転化」において、資本の有機的構成が異なる産業が存在するとき、価値は生産価格にどのように転化されるのかを詳細に論じている。

マルクスの方法は、社会全体の総剰余価値 Σm を総資本 $\Sigma(c+v)$ で割ることによって利潤率 r を求め、各産業には、それぞれ $r(c+v)$ だけの利潤を割り振るというきわめて素朴なものだが、その場合には、たしかに、総利潤は総剰余価値に一致するので、生産価格が成立した状態においても、その根底には依然として価値が横たわっている(利潤の源泉は剰余労働にある)と言えるだろう。しかし、多くの論者が指摘してきたように、生産価格が成立した暁には、$c+v$ もまた生産価格で計算し直されなければならないので、この部分を価値通りのままの価格で計算している先のマルクスの方法は、厳密とは言い難い。それゆえ、マルクス以後、価値から生産価格への転化は厳密にはどのように捉え直すべきかをめぐる論争——いわゆる「転化(転形)問題」——が生じた。残念ながら、この論争の経緯を詳しく述べる余裕はないので、関心のある読者は、関連文献を参照して欲しい。(33)

注

(1) 三土修平『経済学史』(新世社、一九九三年)一三二ページ。

(2) 以下、マルクスの生涯の記述に当たっては、次の文献を参照した。Ernest Mandel, "Karl Heinrich Marx (1818–83)", in *The New Palgrave : A Dictionary of Economics*, vol. 3, Macmillan, 1987, pp. 367-383 ;

水田洋『十人の経済学者』（日本評論社、一九八四年）、大内兵衛『マルクス・エンゲルス小伝』（岩波新書、一九六四年）。なお、佐藤金三郎『マルクス遺稿物語』（岩波新書、一九八九年）は、マルクスの遺稿をめぐる楽しい物語なので、ぜひ一読を勧めたい。

(3) K・マルクス『経済学批判』武田隆夫ほか訳（岩波文庫、一九五六年）「序言」、一二ページ。

(4) K・マルクス『ユダヤ人問題によせて　ヘーゲル法哲学批判序説』城塚登訳（岩波文庫、一九七四年）九四ページ。ただし、煩雑さを避けるために、傍点は外してある。

(5) K・マルクス&F・エンゲルス『共産党宣言』大内兵衛・向坂逸郎訳（岩波文庫、一九七一年改訳版）八七ページ。

(6) 前同、三八ページ。

(7) 前同、四五―四七ページ。

(8) K・マルクス『経済学・哲学草稿』城塚登・田中吉六訳（岩波文庫、一九六四年）八四―八五ページ。煩雑さを避けるために、傍点は外してある。以下、同様。

(9) 前同、一二四―一二五ページ。

(10) 前同、一二〇ページ。

(11) 前同、八六ページ。

(12) 前同、一〇〇ページ。

(13) 前同、一〇四ページ。『経済学・哲学草稿』には、「人間の自己疎外としての私有財産の積極的止揚としての共産主義、それゆえにまた人間による人間のための人間的本質の現実的な獲得としての共産主義。それゆえに、社会的すなわち人間的な人間としての人間の、意識的に生まれてきた、またいままでの発展の全成果の内部で生まれてきた完全な自己還帰としての共産主義」（同、一三〇―一三一ページ）という言葉も見られる。

(14) K・マルクス&F・エンゲルス『ドイツ・イデオロギー』古在由重訳(岩波文庫、一九七八年改版)三二―三三ページ。
(15) 前同、八九―九一ページ参照。
(16) K・マルクス『経済学批判』、前掲、「序言」、一三ページ。
(17) 森嶋通夫の『思想としての近代経済学』(岩波新書、一九九四年)によれば、マルクスは、唯物史観が有効なのは、イギリスのような資本主義の先進国のみで、フランスやドイツに対しては、歴史の経済的説明よりは上部構造の変化による説明の方が有効であると考えていたという(同書、一〇三―一一〇ページ参照)。また、その際に、彼が、マルクスとエンゲルスの著作を、史的唯物論の公式に近い考え方を提示していた『ドイツ・イデオロギー』や『共産党宣言』と、もっと慎重な態度で書いた『資本論』や『イギリスにおける労働階級の状態』とに分けていることが注目される。
(18) K・マルクス『経済学批判』、前掲、「序言」、一三―一四ページ。
(19) 前同、一四ページ。
(20) 前同、一四―一五ページ。
(21) K・マルクス『経済学批判要綱』高木幸二郎監訳(大月書店、一九五八年)第I巻、二二ページ。
(22) 前同、二二ページ。ただし、マルクスは、上向法に関して、次のような注意書きを添えている。すなわち、「理論的な方法においてもまた、主体が、社会が、いつも前提として表象に浮かべられていなければならない」(前同、二三ページ)と。
(23) K・マルクス『資本論』(1)、岡崎次郎訳(国民文庫、一九七二年)七一ページ。
(24) 前同、七八―七九ページ。
(25) マルクスは、『資本論』第一部第一編第一章第三節「価値形態または交換価値」での議論を始めるに当たって、次のように述べている。すなわち、「諸商品は、それらの使用価値の雑多な現物形態とは著しい対照をなしている一つの共通な価値形態——貨幣形態をもっているということだけは、だれでも、ほかのことはなにも知っていなくても、よく知っていることである。しかし、いまここでなされなければならないことは、ブルジョア経済学によってただ試みられたことさえないこと、すなわち、この貨幣形態の生成を示すことであり、したがって、諸商品の価値関係に含まれている価値表現の発展をその最も単純な最も目だたない姿から光まばゆい貨幣形態に至るまで追跡することである。これによって同時に貨幣の謎も消え去るのである」（前同、九三—九四ページ）と。マルクスによる貨幣の謎の解明に関心のある読者には、この節を繰り返し読むように勧めたい。その際、岩井克人『貨幣論』（ちくま学芸文庫、一九九八年）もよき案内となるだろう。

(26) K・マルクス『資本論』(1)、岡崎訳、二六三—二六四ページ。

(27) 前同、三六三ページ。

(28) 前同。

(29) K・マルクス『資本論』(3)、岡崎次郎訳（国民文庫、一九七二年）四三七—四三八ページ。

(30) 例えば、『朝日新聞』（一九九七年十一月十七日付夕刊）を参照のこと。

(31) 関心のある読者は、M・カレツキ『経済変動の理論』宮崎義一・伊東光晴訳（新評論、一九五八年）を読んで欲しい。また、カレツキの全体像については、拙著『現代イギリス経済学の群像』新版（岩波書店、一九九五年）第五章を参照のこと。

(32) J・ロビンソン『マルクス主義経済学の検討』都留重人・伊東光晴訳（紀伊國屋書店、一九五六年）二七ページ。

(33) 例えば、伊藤誠編訳『論争・転形問題』（東京大学出版会、一九七八年）、置塩信雄『マルクス経済学』（筑摩書房、一九七七年）などが参考になるかもしれない。

第六章　カール・メンガー　主観主義の経済学

マルクス経済学が隆盛を極めていた頃、経済学史は古典派に始まってマルクスで終わるという今から見れば奇妙な構成をとっていたことがあった。だが、マルクス以後にまともな経済学があるはずはないというような思い込みは、残念ながら、宗教ではない経済学にとってはとても危険な考えである。

実際、経済学は一八七〇年代に一つの大きな転機を迎えた。「新しい経済学」の主唱者となった人々は、イギリスのジェヴォンズ（W. S. Jevons）、フランスのワルラス（L. Walras）、そしてオーストリアのメンガー（C. Menger）の三人だが、彼らは、等しく、古典派の労働価値説やその流れを汲む費用価値説に対抗して、需要面を重視した主観的価値論（限界効用理論）を提示した。それゆえ、彼らの仕事は、学説史上、「限界革命」という言葉で括《くく》られてきた。

たしかに、彼らは、「総効用」と区別された「限界効用」（消費量を一単位増加させたことによる効用の増加分）の概念を摑《つか》んだために、アダム・スミスが解けなかった「価値のパラドックス」をいとも簡単に片づけることができた。すなわち、水は総効用は高いものの稀少でないために限界効用が低く、それゆえ、交換価値をほとんどもたない。それに対して、ダイヤモンドは稀少であるために限界効用が高いので、交換価値が極めて高い、と。

しかし、彼らの仕事のエッセンスを限界効用理論の提示に求める解釈は、久しい以前に放棄されたと言ってもよい。例えば、ワルラスの仕事は、本人が最初どう考えていたにせよ、単に限界効用理論を提示したところにあるのではなく、現代経済学の根幹を形作っている一般均衡理論を樹立したところに永続的な価値があるとするのが今日の学界の通説である。そして、この章で取り上げるメンガーも、他の学者たち以上に、「主観主義」の経済学を徹底的に追究したところにその特徴を求める解釈が有力になってきたように思われる。[1]

いったい、限界革命は、ブローグ（M. Blaug）も言うように、「急激どころか逆に、〝漸進的にやってきた〟一つの変化にすぎず、しかもその変化の過程において旧観念は何一つとして明確に拒否されるということがなかった[2]」ものなので、後のケインズ革命とは違って、一般に特徴づけが困難である。そこで、この章では、限界革命期の共通要素（限界効用理論、限界分析の手法、等々）に留意しながらも、メンガー経済学独自の貢献を探すように努めることにしよう。

1　メンガー小伝

カール・メンガー（Carl Menger）は、一八四〇年二月二十三日、当時はオーストリア領だったガリツィア（現ポーランド領）のノイ・ザンデツに法律家の子として生まれた。[3] メンガー家は、代々、官吏や将校を輩出してきた由緒ある家系だった。

メンガーは、ウィーン大学（一八五九—六〇年）とプラハ大学（一八六〇—六三年）で法律学と政治学を学んだ後、一八六七年、クラカウ大学にて法学博士の学位を取得した。まもなく彼はジャーナリズムに身を投じたが、最初はレンベルク、次にウィーンにてオーストリアの経済・財政問題をテーマに健筆を振るったという。

その後、オーストリアの内閣新聞局に移り、政府の機関紙『ヴィーナー・ツァイトゥンク』の市況欄を担当するようになった。ヴィーザー（Friedrich von Wieser）によれば、メンガーは、この仕事に携わるうちに、従来の価格理論と経験を積んだ実務家が価格決定の要件と考えるものとの間に著しい相違があるのを発見したという。

一八七一年、メンガーは、今日では限界革命の古典として知られる『国民経済学原理』（*Grundsätze der Volkswirtschaftslehre*）を世に問うた。メンガー三十一歳の時である。メンガーは、翌年、この著作によってウィーン大学法学部の私講師（Privatdozent）になったが、しかし、彼の仕事の真価が直ちに理解されたわけではなかった。というのは、当時、ドイツ語圏の大学では、ロッシャー（W. G. F. Roscher）の流れを汲む歴史学派が勢力を振るっていたからである。それに対して、メンガーの主な関心は、あくまで歴史や政策とは峻別《しゅんべつ》された経済理論にあったのである。シュンペーターは、かつて、次のように言ったことがある。

「彼を動かしたものは、経済政策や思想史への関心でもなければ、事実の集積になにものかを付加しようとする欲望でもなかった。それは主として知識の新原理に対する、事実整理の新用具に対する、天性の理論家の探求であった」[4]と。

メンガーは、その後、一八七三年にウィーン大学の員外教授、一八七九年に正教授へと昇進していくが、その間で見落としてはならないのは、一八七六年、ハプスブルク帝国のルドルフ皇太子の教育掛に任ぜられて、二年間、ヨーロッパ各国を皇太子とともに歴訪したことだろう。メンガーは、敬愛する皇太子に自由主義的な改革の理念を教育することを通じてハプスブルク帝国の未来を切り開こうと意図していたようだが、一八七三年の恐慌によって自由主義的改革の行方に翳《かげ》りが見え始め、さらに、一八九九年、皇太子が悲運の自殺を遂げたことによってその夢は絶たれた。[5]

ウィーン大学教授時代のメンガーの仕事として、第一に挙げなければならないのは、歴史学派（とくに新歴史学派の領袖グスタフ・フォン・シュモラー Gustav von Schmoller）との熾烈な論争の火蓋を切った『経済学の方法』（*Untersuchungen über die Methode der Sozialwissenschaften und der politischen Ökonomie insbesondere*, 1883）の出版だろう。メンガーの『国民経済学原理』が、歴史学派の抵抗に遭って、なかなかドイツ語圏の学界に受け入れられなかった事情についてはすでに触れたが、それゆえ、メンガーは自らの経済学方法論を体系的に提示する必要を痛感するようになったのである。

『経済学の方法』は、後に詳しく見ていくように、「精密科学」としての経済学の可能性を方法論的に論証しようとした著作だが、これに反発したシュモラーは、直ちに、「国家学および社会科学の方法論のために」（一八八三年）と題する論文でもってメンガー説に反駁《はんばく》を加えた。これを受けて、メンガーは、さらに『ドイツ国民経済学における歴史主義の誤謬』(*Die Irrtümer des Historismus in der deutschen Nationalökonomie*, 1885)と題する小冊子で応酬した。この論争は、今から回顧してみると、途中から両者の感情面でのこじれが災いしてあまり生産的ではなかったが、それでも、自らの経済学方法論を明確に提示するというメンガーの当初の目的だけは一応達成されたと見てよいだろう。

ウィーン大学教授時代のその他の仕事としては、「資本理論のために」(一八八八年)と、『国家学辞典』(第三巻)のために書かれた「貨幣」(一八九二年)という二つの論文を挙げたい。前者は、ベーム＝バヴェルク(Eugen von Böhm-Bawerk)の資本理論への反駁を含むという点で見逃せない論文であり、後者は、現在では、貨幣を保有する動機としての「流動性選好」がケインズ以上に明確に説明されていることや、後のハイエク(F. A. von Hayek)に「自生的秩序」を構想させるヒントを与えたことなどが高く評価されている。(6)

一九〇三年、メンガーは、執筆活動に専念するためにウィーン大学教授の職を退いた。彼の念頭を去らなかったのは、『国民経済学原理』の改訂作業のことだが、それは、残念なことに、彼が存命のうちには完成することができなかった。(7)

メンガーは、一九二一年二月二十六日、死去した。晩年のメンガーは、一段と気難しくなり、弟子たち(ヴィーザーやベーム＝バヴェルク)の経済学に苦言を呈するような場面もあったらしいが、「オーストリア学派」というユニークな一団が形成されたのは、やはり優秀な弟子たちの力に負うところ大であった。その意味で、メンガーは、後継者もないまま早世してしまったジェヴォンズよりははるかに幸せだったのではないだろうか。

2　『経済学の方法』

メンガーの『経済学の方法』は、今日では、経済学方法論の古典としての地位を確立しているが、すでに触れたように、この本は、もともと、ドイツの経済学界を長らく支配した歴史学派批判を意図して書かれたものである。理論経済学の意義が学界に広く認められている現代の私たちの眼には、ところどころ、彼が必要以上に自らの論点を強調し過ぎているように思えることもあるが、これは理論経済学の地位が歴史学派の覇権によって貶《おとし》められていたドイツ語圏の特殊事情を考慮しなければとうてい理解できないだろう。「方法論は一つの体系の最初の章に置かれるべきではなく、最後の章に置かれるべきであろう」（シュンペーター[8]）という見解もあるが、ここでは、まず、メンガーの主張に虚心に耳を傾けてみたい。

さて、メンガーによれば、現象の世界は、二つの本質的に異なった観点（一つは「個別的」認識、もう一つは「一般的」認識）から観察することができるという。前者は、「その時間・空間上の地位、およびその相互間の具体的な関係においての具体的な現象の認識[9]」であり、後者は、「このような具体的な関係の変化のなかにくり返される現象形態の認識[10]」であるが、メンガーは後者についてさらに次のような説明を加えている。すなわち、一般的認識は、「一定の現象が大なり小なりの正確さでくり返され、事象の変化のなかに反復する」[11]ような現象形態（メンガーは、これを「定型」と呼ぶ）や、「具体的現象間の多かれすくなかれ規則的にくり返す一定の関係」[12]（「定型的関係」）の観察にかかわるものである、と。

以上と同じことが、人間の経済一般（とくに、その社会的形態である「国民経済」）についても当てはまるので、国民経済の領域でも、「個別的認識と一般的認識、したがって現象の個別的なものについての学問とその一般的なものについての学問」[13]を区別しなければならない。もちろん、国民経済の歴史と統計学は前者に、理論経済学は後者に属していることは言うまでもない[14]。

理論的研究には、大きく分けると、「現実主義的・経験的方針」と「精密的方針」の二つの研究方針があるが、経済学が精密科学として成立しうるかという問題意識をつねに抱いていたメンガーが重視するのは、もちろん、後者である。そして、精密的方針の目標とは、「現象の厳密な法則を確立すること、すなわち、ただたんに例外のないものとして現われるばかりでなく、われわれのたどる認識通路の点からしてまさに例外のないことの保証を内包している、現象継起のなかでの規則性、一般に『自然法則』とよばれているが、『精密的法則』とよんだほうが正しいだろう現象の法則、を確立する」[15]ことであるという。

では、理論的研究は、いかにして「精密的法則」に到達することができるのか。メンガーは、次のように答える。

「理論的研究はすべての現実的なもののもっとも簡単な要素を、すなわち、まさにもっとも簡単であるために厳密に定型的と考えられなければならない要素を、部分的にだけ経験的・現実主義的な分析でもって確立しようとする。すなわち、こうした要素が現実のなかに独立の現象として存在しているかどうかを顧慮することなしに、さらには、こうした要素がその完全な純粋さで一般に独立に表示できるものであるかどうかをさえ顧慮することなしに、こうした要素を確立しようとする。このようなやり方で理論的研究は質的に厳密に定型的な現象形態に到達する。……

同じやり方で精密的研究は現象の定型的関係、すなわち、法則の確立という、理論的科学の第二の課題を解決する。……現象の完全な経験的現実性を顧慮してのこの種の法則といったものは、現実の現象の厳密に定型的ではない本質のために、獲得不可能であることはさきに述べておいたところである。したがって、精密的科学は現実的現象の継起などにおいての規則性も研究するのではなく、むしろ現実の世界の上述の、もっとも簡単な・部分的にはまったく非経験的な要素から、こうした要素のすべての他の影響からの（同じく非経験的な）隔離のもとで、より複雑な現象がどうして発展するかを、精密的な（同じく観念的な）程度をたえず考慮しながら、研究する。精密的科学はこうした研究をおこなうにあたって、あのもっとも簡単な要素またはその当該の複合が人為に影響されない現実のなかで実際に観察されるかどうかを、さらには、それらがその完全な純粋さで一般に表示されることができるのかどうかさえも、考慮しない。精密的科学はその場合完全に精密的な程度は現実には可能ではないということも意識している。それにもかかわらず精密的科学がこのような仮定から出発するのは、他のやり方では厳密な法則を確立するという精密的研究の目標はけっして達成できないし、他方、厳密に定型的な要素、その精密的な程度、および影響をおよぼすすべての他の要因からの完全な隔離を、仮定することによって、もちろんのこと前述の認識原則を基礎として、ただたんに例外がないばかりでなく、われわれの思考法則そのものからして例外がないとしか考えることのできない、現象の法則に、すなわち、現象の精密的法則、いわゆる『自然法則』に到達する、からである。(16)」

少し長くなったが、しかし、この文章は、メンガーの方法論を理解するために熟読する必要のある内容を含んでいる。議論をもっとわかりやすくするために、経済現象の領域における理論的研究の精密的方針を例にとることにしたい。

メンガーによれば、(17)「経済」とは、「財貨欲求の充足に向けられた人間の先慮的な行動」の結果であり、「国民経済」とは、その社会的な形態であるが、この場合、精密的方針の課題は、「人間経済のもっとも本源的な、もっとも基本的な要因の研究、こうした現象の程度の確立、および人間経済の複雑な現象形態がこのようなもっとも簡単な要素から発展するについての法則の研究(18)」に他ならないという。

では、人間経済の最も本源的な要因とは何か。それは、「欲望、人間にたいし直接自然が提供する財貨(享楽手段の生産手段もふくむ)および欲望のできるかぎりのもっとも完全な満足の（財貨欲求のできるかぎりのもっとも完全な充足の）追求[19]」である。一方における「欲求と支配できる財貨量」は経済の出発点であり、他方における「財貨欲求の充足のできるかぎりの完全さ」は経済の目標点だが、これらの要因は究極的に人間の恣意から独立しているので、精密的方針は、「このように与えられた事情を基礎として、現実の人間現象に影響をおよぼす他の諸要因から隔離された人間経済の上述のもっとも基本的な要因から、全体としての現実生活でなく、人間経済のより複雑な現象が発展する法則をわれわれに教えなければならない[20]」という。

このようなメンガーの方法論は、後に「方法論的個人主義」と呼ばれるようになるが、田中真晴が言うように、「メンガーのこのような方法論的主張は、経済理論の抽象的性格に関するかぎりは、J・S・ミルにその認識の先駆がみられるし、のちにマックス・ウェーバーの理念的型理論においてヨリ精緻に展開されるところであって、歴史学派の支配のもとでは大胆な主張であったにしても、それ自体としては、それほど独自のものではない[21]」という評価もある。だが、メンガーの真骨頂は、その方法論を実際に適用して主観的価値論を展開したところにあるので、さっそく、次に、その内容を見ていくことにしたい。

3　『国民経済学原理』

メンガーの『国民経済学原理』の特徴は、すでに触れたように、人間経済の最も本源的な要因——「欲望、人間にたいし直接自然が提供する財貨および欲望のできるかぎりのもっとも完全な満足の追求」——から出発して、価値の現象をそれらの本源的な要因の関係から因果的に説明する方法論的個人主義を採用しているところにある。

まず、メンガーは、次のように「財」を厳密に定義する。すなわち、「人間の欲望の満足と因果関係に置かれ得る物を我々は効用物（Nützlichkeiten）と呼び、我々がこの因果関係を認識し、同時にその物を我々の欲望を満足させるために事実上招致する力が「我々に」ある限り、それを財（Güter）と名づける」[22]と。また、「人間が先慮する期間内の欲望を満足するに必要な財数量」[23]を「需求」（Bedarf）と呼ぶ。

もしある財に対する需求がその支配量よりも大ならば、当然ながら、その財によって満たされるべき欲望の一部は不満足のままに残されることになる。ところが、メンガーによれば、ここで、経済人が次のような事情——すなわち、「彼らの一欲望の満足ないしこの満足の完全さの大小が、問題となる財の各部分の支配または右の数量関係にある各具体財に依存していること」[24]——を認識するとき、その財は経済人に対して「価値」（Wert）と呼ばれる意義を獲得するという。それゆえ、「価値は、財に付着しているもの、財の属性でもなければ、独立してそれ自身存立するものでもない。価値は、自己の支配下にある財が自己の生命および福祉の維持に対して有する意義に関し経済人の下す判断（Urteil）であり、したがって経済人の意識の外には存在しない」[25]のである。これがメンガーの主観的価値論の基本的な考え方である。

さて、メンガーの価値論は、『国民経済学原理』の第三章「価値の理論」において論じられているが、彼にとっての出発点は、個々の欲望がその主観的な重要性に従って序列づけがなされるという前提である（表6・1を参照のこと）。

表6・1において、例えば、度盛（Ⅰ）は食欲の満足の逓減的《ていげんてき》な意義を、度盛（Ⅴ）は喫煙に対する欲望の満足の逓減的な意義を示しているとしよう。財の限界的な一単位の追加に基づく欲望満足の増加を「限界効用」（ただし、メンガーは、この用語を使ってはいない）と呼ぶが、その財の主観的価値はその限界効用によって表わされることになる。そして、財の数量が増加するにつれて、限界効用は経験的に減少していくことが知られるが、これは、今日では、「限界効用逓減の法則」（ゴッセンの第一法則）と呼ばれている。

表6・1を見ると、いずれの度盛も、数字で表わされた限界効用が逓減しているのがわかるが、しかし、欲望の重要度が違うので、出発点の数字は、（Ⅰ）から（Ⅹ）へ行くにつれて次第に小さくなっている。例えば、食欲の満足は、一般に、喫煙に対する欲望の満足よりもはるかに大きな意義をもって

Ⅰ	Ⅱ	Ⅲ	Ⅳ	Ⅴ	Ⅵ	Ⅶ	Ⅷ	Ⅸ	Ⅹ
10	9	8	7	6	5	4	3	2	1
9	8	7	6	5	4	3	2	1	0
8	7	6	5	4	3	2	1	0	
7	6	5	4	3	2	1	0		
6	5	4	3	2	1	0			
5	4	3	2	1	0				
4	3	2	1	0					
3	2	1	0						
2	1	0							
1	0								
0									

表6．1

いるので、最初の一単位の与える満足は、前者（10）が後者（6）よりも大きい。だが、限界効用は逓減していくので、食欲の追加的な単位の満足が喫煙に対する欲望の最初の一単位の満足に等しくなるような点がいずれ現われる。表6・1では、食欲の五単位の満足（6）と喫煙に対する欲望の最初の一単位の満足（6）が等しくなっているのがわかるだろう。それゆえ、その点を超えてさらに食欲を満足させようとすれば、喫煙に対する一単位の欲望満足の方が大きくなる。

経済人は、（表6・1に示されたような）さまざまな欲望とその欲望満足の意義を比較考量しながら、できるだけ最大の欲望満足を達成するように行動するが、メンガーによれば、それは、各財の限界効用が均等になるように各財の数量を支配したときに達成されるという。これは、今日では、「限界効用均等の法則」（ゴッセンの第二法則）と呼ばれている。

以上は、人間の欲望を直接的に満足させる財（すなわち、消費財）についての価値論だが、メンガーは、さらに人間の欲望を直接的には満足させない生産財についても独自の価値論を展開している。しかし、消費財と生産財という区別だけでは厳密ではないので、メンガーに倣《なら》って、財の「列次」（Ordnung）という概念をここに導入しよう。

メンガーは、人間の欲望を直接的に満足させる消費財を「第一次財」と呼ぶ。そして、第一次財の生産に用いられるがゆえに人間の欲望の満足に間接的に役立つ生産財を「第二次財」と呼ぶ。以下、同じようにして、「第三次財」、「第四次財」、等々、を区別することができる。ここで、第二次財以下を「高次財」と呼ぶことにすると、高次財の価値はいかにして決まるかという新たな問題が発生する。

ところが、メンガーによれば、「高次財の価値は、つねに例外なく、それが生産するところの低次財の予想的価値（voraussichtlicher Wert）によって制約される」[26]という。つまり、高次財は、それ自体としては主観的価値をもたないものの、低次財の生産に貢献することによって間接的に人間の欲望を満足させることができるので、高次財の価値は低次財――究極的には、第一次財――の価値の移転されたものと考えることができるというわけである。[27]このような考え方は、オーストリア学派・第二世代のヴィーザーによって「帰属理論」と呼ばれるようになったが、ヴィーザーの仕事については、この章の補論において簡単に説明するつもりである。

主観的価値を明らかにしたメンガーは、次に、交換の理論へと進む。交換が行なわれる条件とは、彼によれば、[28]第一に、ある経済主体の支配下にある財数量の価値が、もう一人の経済主体の支配する他の財数量の価値よりも小さいこと、第二に、両方の経済主体がこのような関係を認識していること、第三に、彼らが財の交換を事実上遂行する力をもっていることの三つである。つまり、交換は財に対する経済主体の評価が異なるがゆえに生じるというのだから、古典派の労働価値論でいう「等価交換」なるものはありえないことになる。

また、交換における等価交換の不在は、需要と供給の一致による均衡価格という考え方とは異質の価格論にもつながる。メンガーによれば、価格は、経済的な交換が成立する範囲内で、交換当事者の交渉力によってある一点に決まるものだという。メンガーは、これを「孤

立的交換」を例にとって説明する。(29)

いま、AとBという二人の経済主体が存在するとしよう。Aにとっては、自分の支配下にある一〇〇単位の穀物の価値は四〇単位のぶどう酒の価値に等しく、Bにとっては、自分の支配下にある四〇単位のぶどう酒の価値は八〇単位の穀物の価値に等しいとする。この場合、四〇単位のぶどう酒が穀物を価値尺度にとって八〇単位以上一〇〇単位以下であれば双方にとって交換による経済的な利益が生じる。つまり、価格は、この価格幅の範囲内であればよく、それをある一点に決めるのは交換当事者の交渉力なのである。

メンガーの孤立的交換は、現代経済学では、「双方独占」のモデルに当たるものである。彼は、次に、多数者の交換のケースへと議論を進めているが、そこでは、交換の参加者が増えていくにつれて——今日の言葉では、「完全競争」に近づくにつれて——、価格幅は次第に縮小し、ついには、価格が一点に収束するというアイデアが提示されている。

しかし、「競争」とはプロセスであると考えるメンガーは、ワルラスとは違って、最初から競争が行き着いた先の完全競争を仮定した上で市場の一般均衡を構想するという方法をとらなかった（ワルラスの理論については、第七章を参照のこと）。オーストリア学派の流れを汲むハイエクは、この点に関連して、次のように述べたことがある。「私にとってはたとえば、価格が落着く一定の点よりもむしろ、一定の範囲を指摘するだけで満足する、この控え目な目的には、ある種の現実主義さえ感じられる。数学の使用に対するメンガーの嫌悪さえ私には、かれが達成可能と考えた以上の正確さのみせかけに対する反対の意であったように思われる。メンガーの著作に一般均衡の概念がないのも、このことに関連している。もし、かれが著作をさらにつづけていたとするならば、かれが目的としていたのは、静態的均衡理論のためよりも、今日われわれが過程分析と呼んでいるもののために道具を提供することであったことが、序説部（それが『原理』である）においてみられるよりも、恐らくいっそう明らかになっていたであろう。この点において、メンガーの著作ならびにオーストリア学派の著作一般は、ワルラスがわれわれに与えた、経済システム全体の壮大な眺望とは、もちろんひじょうに異なっている(30)」と。

ところで、ここまでは、まだ貨幣が独自の役割を演じるような舞台は整っていないが、しかし、実のところ、メンガーには貨幣の発生についてのユニークな見解がある。まず、物々交換の世界を考えてみよう。そこでは、すでに触れたように、経済的な交換を成り立たせるためには、どの経済主体も自分の支配下にある財の価値が相手の支配下にある財の価値よりも小さいような別の経済主体を探さなければならない。だが、それは、往々にして、気の遠くなるほどの困難を伴うかもしれない。そこで、各経済主体は、自分にとって直接の使用目的には役立たないものの、それをもっていれば交換相手を見つけやすいような財――メンガーは、それを「販売可能性」の高い「商品」と呼ぶ――をまず手に入れようとするだろう（「販売可能性」に差があるのは、市場の組織性に違いがあるからである）。そして、このような交換が繰り返し行なわれるならば、商品のなかで最も「販売可能性」の高いものが「貨幣」の役割を演じるようになるだろう。つまり、メンガーによれば、貨幣とは、不均衡の世界で各経済主体が自己の欲望満足をできるだけ最大にしようという行為を繰り返すなかで自生的に発生するものなのである（このような考え方は、後に、ハイエクの自生的秩序論に大きな影響を与えた）。

メンガーの貨幣論は、長い間、忘れられた仕事だったが、最近では、彼が『国家学辞典』（第三巻）のために書いた論文「貨幣」（一八九二年）も含めて、次第に再評価されるようになってきた。このように見てくると、メンガー経済学を単なる限界効用理論と位置づけるのは、不適切であることがわかるだろう。かつて、エーリッヒ・ストライスラーは、「メンガーには独自の偉大さがあった。それは彼が限界主義を創造したと同時に、限界主義を超克している点である」(31)と述べたことがあるが、まさに至言ではなかろうか。

補論　オーストリア学派の人々

オーストリア学派の第二世代に属する人物としては、ヴィーザー（Friedrich von Wieser）とベーム＝バヴェルク（Eugen von Böhm-Bawerk）の二人を逸することはできない。もちろん、彼らがメンガー経済学の精髄をどこまで受け継いでいるかについては疑問もあるが、それでも、メンガーのオーストリア学派が経済学の歴史において一つのユニークな学派になりえたのは彼らの努力に負うところが大きいと思われる。ここでは、ヴィーザーとベーム＝バヴェルクの仕事のなかから特に注目に値するものを幾つか取り上げてみよう。

メンガーは、本文で述べたように、高次財に価値が与えられるのは、それによって生産される第一次財が価値をもつからであるという「帰属」（Zurechnung）の理論を提示したが、ここから、高次財の価値は、生産過程からその一単位を取り除いたときに喪失される生産物の価値によって測定されるという考え方が導かれる（いわゆる「損失原理」）。ヴィーザーの「生産的貢献」の理論（各高次財に帰属される価値の分け前を、その生産的貢献によって説明する理論）は、この損失原理を発展させたものである。ヴィーザーは、これをわかりやすく説明するために、次のような簡単な連立方程式を例に挙げている。すなわち、

$$x+y=100$$
$$2x+3z=290$$
$$4y+5z=590$$

これは、左辺に高次財（X、Y、Z）の価値（x、y、z）を未知数として置き、右辺に既知数の生産物価値を置いた連立方程式だが、その解は、$x=40$、$y=60$、$z=70$として直ちに求めることができる。

ただし、ヴィーザーの理論は、生産物の価値を既知数として置いている点や、(x, y, z)にかけられた数字で示された生産係数を固定的と置いている点において、厳密な限界生産力説には到達していないと評価されている。(32)

ベーム＝バヴェルクの仕事は、何といっても、主著『資本と資本利子』の第二部『資本の積極理論』（一八八九年）に提示された利子論に代表される。彼の利子論は、「打歩説《うちぶ》」また

は「時差説」と呼ばれているが、それは、利子発生の根拠を、人々が現在財を将来財よりも高く評価するという時差による価値差額に求めているからである。

ベーム＝バヴェルクは、「本源的生産要素」（労働と土地）によって消費財を直接生産するのではなく、まず生産手段としての「中間生産物」を作り、それによって消費財を迂回的に生産する方法を「資本主義的生産」と呼ぶが、資本家は迂回生産の利益を求めて生産期間をたえず長期化しようとする誘因をもっている。生産期間の延長のためには、その間の労働者の生存のためにより多くの「生存基本」（つまり、資本）が必要だが、生存基本はすぐには増加しないので、これは利子率を上昇させる傾向をもつだろう。だが、生産期間が一定限度を超えて長期化すると、迂回生産の利益も次第に逓減してくる。かくして、利子率は、経済的になお許容される生産期間の最後の延長による生産力によって決定されるだろう。

ベーム＝バヴェルクの経済学をわずかなスペースに紹介することは不可能に近い。関心のある読者には、八木紀一郎の優れた啓蒙論文[33]を参照することを勧めたい。

注

(1) 三人のなかで、ジェヴォンズのみは、早世したこともあって、独自の学派を形成することができなかった。ベンサム流の功利主義の流れを汲んでいた彼は、自らの『経済学の理論』（一八七一年）を「快楽と苦痛の微積分学」と名づけたが、残念なことに、イギリスでは、ごく少数の例外（F・Y・エッジワースやP・H・ウィックスティード）を除いて、大きな影響力をもつことはできなかった。代わりにイギリスの経済学界を支配したのは、アルフレッド・マーシャルだが、彼の経済学については、第八章で詳しく検討することにしたい。

(2) マーク・ブローグ「限界革命は存在したであろうか」、コリソン・ブラック他編著『経済学と限界革命』岡田純一・早坂忠訳（日本経済新聞社、一九七五年）所収、二五ページ。

(3) 以下、メンガーの生涯の記述に当たっては、次の文献を参照した。Karen I. Vaughn, "Carl Menger (1840-1921)", in *The New Palgrave : A Dictionary of Economics*, vol. 3, Macmillan, 1987, pp. 438-444 ; J・A・シュムペーター『十大経済学者』中山伊知郎・東畑精一監修（日本評論社、一九五二年）、八木紀一郎『オーストリア経済思想史研究』（名古屋大学出版会、一九八八年）。

(4) J・A・シュムペーター『十大経済学者』、前掲、一二二ページ。

(5) とくに晩年におけるメンガーの悲観主義については、八木紀一郎『オーストリア経済思想史研究』第二章を参照のこと。

(6) 例えば、エーリッヒ・ストライスラー「オーストリア学派と限界主義」、前掲、一二八―一三八ページ参照。

(7) 遺稿は、後にメンガーの息子 Karl によって整理され、一九二三年、第二版として出版された。第二版は、幸いにも、八木紀一郎その他によって、『一般理論経済学――遺稿による「経済学原理」第二版』全二冊（みすず書房、一九八二―八四年）と題して邦訳されている。

(8) J・A・シュムペーター『理論経済学の本質と主要内容』大野忠男・木村健康・安井琢磨訳（岩波文庫、一九八三年）上巻、序文一九―二〇ページ。

(9) C・メンガー『経済学の方法』福井孝治・吉田昇三訳／吉田昇三改訳（日本経済評論社、一九八六年）一九ページ。

(10) 前同。

(11) 前同、二〇ページ。
(12) 前同。
(13) 前同、二一ページ。
(14) メンガーは、以上の二つの群の他に、さらに「実践的科学または技術学」を挙げているが、これらの学問は、一般に、「在るもの」を教えるものではなく、「事情に応じ特定の人間的目的が到達されるために在るべきものをわれわれに教える」（前同、二三ページ）ものだという。国民経済政策と財政学がこれに当たる。
(15) C・メンガー『経済学の方法』、前掲、四七ページ。ただし、煩雑さを避けるため、訳文中の傍点は外してある。
(16) 前同、四九―五〇ページ。
(17) 前同、五二ページ。
(18) 前同。
(19) 前同、五三ページ。
(20) 前同。
(21) 出口勇蔵編『経済学史入門』（有斐閣双書、一九六九年）一四五ページ。
(22) C・メンガー『国民経済学原理』安井琢磨訳（日本評論社、一九三七年）一―二ページ。
(23) 前同、三三ページ。ただし、訳文が古いので、少し修正を加えてある。
(24) 前同、七四―七五ページ。
(25) 前同、八〇ページ。
(26) 前同、一二二ページ。ただし、訳文は少し修正してある。
(27) メンガーは、さらに、高次財の代替や補完の関係を論じ、限界生産力説につながるような考え方も提示しているが、ここでは、すべて割愛する。
(28) C・メンガー『国民経済学原理』、前掲、一五七ページ。
(29) 前同、一七五―一七八ページ参照。
(30) F・A・ハイエク「経済思想史におけるメンガー『原理』の地位」、『市場・知識・自由』田中真晴・田中秀夫編訳（ミネルヴァ書房、一九八六年）所収、一七九ページ。また、エーリッヒ・ストライスラーは、「彼［メンガー］の経済学はその本質的内容においては不均衡の経済学であった」（「オーストリア学派と限界主義」、前掲、一三六ページ）と言い切っている。
(31) エーリッヒ・ストライスラー「オーストリア学派と限界主義」、前掲、一三一ページ。
(32) 例えば、大野忠男『経済学史』（岩波書店、一九八八年）一八二ページ参照。ヴィーザーには、さらに、「費用」についての独自の概念（「機会費用」）もある。いま、ある高次財が生産物Aの生産のために使用されたために、生産物Bの生産を一部断念したとしよう。この場合、生産された生産物Aの価値は、犠牲にされた一定単位の生産物Bの価値を償う大きさでなければならない。さもなければ、生産物Aは生産されなかっただろう。ここから、生産物Aの生産に使用された高次財の価値は、犠牲にされた生産物Bの価値の移転されたものであるという考え方が生まれる。これが、ヴィーザーの「機会費用」である。
(33) 八木紀一郎「E・v・ベーム＝バヴェルク――資本理論の確立者」、日本経済新聞社編『経済学の先駆者たち』（日本経済新聞社、一九九五年）所収。二一九―二三〇ページ。

第七章　レオン・ワルラス　もう一つの「科学的社会主義」

レオン・ワルラス（Léon Walras）は、言うまでもなく、現代経済学の根幹を成している一般均衡理論を経済学史上はじめて明確に定式化した人物である。これは、今日では、広く知られた事実である。しかし、現代経済学にこれほど大きな足跡を残したワルラスも、生前には、然るべき評価を受けなかった不遇の経済学者であった。しばしば見過ごされてきたことだが、近代経済学の誕生からケインズ革命に至るまでの欧米の正統派経済学の首座を確保していたのは、マーシャル（Alfred Marshall）の『経済学原理』（*Principles of Economics*, 1890, 8th ed., 1920）であって、決してワルラス経済学ではなかったのである。

ところが、わが国では、戦前から欧米とは比較にならないほど盛んにワルラス研究が行なわれてきた（例えば、高田保馬、中山伊知郎、安井琢磨など）。とくに、中山伊知郎の『純粋経済学』（一九三三年）は、わが国の経済学界に一般均衡理論を普及させるのに最も貢献した名著であった。彼らがそもそもワルラスに取り組んだのは、近代経済学の日本への導入がワルラスの純粋経済学を極めて高く評価したシュンペーターを介して行なわれたという特殊事情に基づいているが、それでも、なかには、安井琢磨の一連のワルラス研究[1]のように、当時すでに世界的な水準に到達していたものがあったことは誇ってもよいだろう。

だが、同時に見逃してはならないのは、ワルラスが単なる純粋経済学者ではなかったことである。すなわち、彼は、純粋経済学の他にも、応用経済学と社会経済学を経済学の重要な部門として捉えており、自らの経済学体系を「科学的社会主義」と呼んでいたのだ。もちろん、現代経済学に大きな影響を与えたのは彼の純粋経済学だが、その結論のみが独り歩きするようになると、粗雑な自由放任主義への道を開きかねない。ワルラスはとくにこれを警戒していた。それゆえ、以下の叙述においては、ワルラスの純粋経済学ばかりでなく、マルクスやエンゲルスの科学的社会主義とは峻別された彼独自の「科学的社会主義」を明らかにしていきたい。

1　ワルラス小伝

レオン・ワルラスは、一八三四年十二月十六日、フランスのウール県エヴルーで生まれた。[2] カーンのコレージュ（中等学校）、ドゥエのリセ（高等学校）を経て、一八五三年、理科の大学入学資格を獲得したワルラスは、フランスが誇るエリート校として有名な理工科学校を受験したが、数学的能力の不足により入学を許可されなかった。そこで、受験のために数学を学び直し、再び理工科学校を受験したが、またも失敗してしまった。ジャッフェ（William Jaffé）によれば、「彼のカリキュラムには高校の代数と解析幾何程度の数学は含まれていたが、それ以上に大したものは何ら含まれておらず、事実彼の数学の学力は、理工科学校（エコール・ポリテクニーク）に入学できるためには不十分であった」[3]ということだが、後に数理経済学という学問を切り開くことになるワルラスが、実は、数学を不得手にしていたというのがとても興味深い。だが、受験勉強中にデカルト、ニュートン、ラグランジュなどの著作に親しみ、また数理経済学の先駆者クールノー（Antoine Augustin Cournot）の『富の理論の数学的原理に関する研究』（一八三八年）を読んだことは、彼の将来の学問的成熟にとって決してマイナスではなかったはずである。

理工科学校の受験に二度までも失敗したワルラスは、パリの鉱山学校に通学するようになった。しかし、と彼は自伝ノートにおいて言っている。「私は、技術者にかかわる細かい専門知識に対して全く興味が沸かず、少しずつ学校の授業を怠けるようになり、哲学、歴史、文芸批評、経済学、社会科学についての自分の知識を完全なものにするために、熱意をもって文芸研究に戻った」[4]と。

この頃、彼は、『フランシス・ソーヴール』（一八五八年）と題する小説を書いたり、ある雑誌に「手紙」（一八五九年）と題する短編を発表したりしているが、残念ながら、これらの作品を見ても、青年ワルラスに文学的才能の煌《きら》めきは感じられない。彼自身も、次第に自分が文学に向いていないことを自覚するようになったのか、とうとう、その道を諦め、経済学を一生の仕事にしようと決意した。しかし、彼がその決意を固めるに当たっては、経済学者でもあった父親オーギュスト・ワルラス（Auguste Walras）の説得が大きく与《あずか》っていた。自伝ノートには、次のようなエピソードが紹介されている。

「この点に関して、私の生涯のうちで最も決定的な時が、一八五八年の夏のある日の夕方に訪れた。ポー川の谷間を散歩していた時、父は私に、十九世紀には成し遂げるべき大きな仕事がまだ二つあると力強く断言した。それは歴史学の創造を成し遂げ、社会科学の創造を始めることであった。第一の点に関しては、ルナンがどれほど父を満足させるはずであるか、当時の父は予想していなかった。第二の点は、父を生涯没頭させていたものであり、こちらのほうが明らかに父の心を動かしていた。父はこの仕事が私に引き継がれるものであることを確信をもって主張していた。レ・ロゾゥ（Les Roseaux）と呼んでいた別荘の入口の前で、私は父に、文学と文芸批評を放棄して父の仕事を引き継ぐことに完全に身を捧げると約束したのである。(5)」

一八六〇年七月、ワルラスは、ローザンヌで開かれた国際租税会議に参加したが、その会議で彼が報告した内容の詳細は、彼の経済学上の処女作というべき『経済学と正義』(*L'économie politique et la justice*, 1860）において展開された。この本は、「プルードン氏の学説の批判的検討と反駁」という副題が付いていることからもわかるように、プルードンによる経済学と正義の結合の仕方を徹底的に批判したものである。彼は言う。「プルードン氏が行なっているように、正義が経済学の不変の定式に役立つことは許されないのであり、逆に、経済学こそが正義の不変の定式に役立たなければならない。プルードン氏は、思考の論理的順序を転倒している。彼は牛の前に鋤をつけているのだ」[6]と。ワルラスは、父親オーギュストの見解（『富の性質と価値の起源について』一八三一年）に倣《なら》って、有用であり、かつ稀少なものについて成り立つ「交換の理論」と、根拠と法によって承認された取得としての「所有の理論」を区別したが、所有は有用かつ稀少なものについてなされるので、論理的順序から言えば、所有の理論の前に交換価値の理論があると考えていた。ところが、プルードンには、所有の理論があるのみで、交換価値の理論が欠落していたのである。

では、ワルラスは、正義についてどのように考えていたのかといえば、それは「条件の平等と地位の不平等」という有名な正義の原理に尽きている。すなわち、個人は自由に行動して、その才能と努力に応じた不平等な地位を獲得する権利をもっている。しかし、個人がその才能や努力に応じて不平等な地位を獲得することが許されるためには、まず、国家が個人に条件の平等を保証しなければならない[7]、と。後年のワルラスは、『社会経済学研究』(*Études d'économie sociale*, 1896) と題する一書を刊行することになるが、それも若き日に抱いた正義の原理に導かれた研究であると言ってよいだろう。純粋経済学の完成者として知られるワルラスが、正義論から経済学に接近した人物だったことは、彼の思想体系を解明する上で決して無視できない事実である[8]。

さて、ローザンヌの国際租税会議でのワルラスの報告は、専門家には受けがよくなかったものの、大衆、新聞、そしてヴォー州当局からは逆に好意的に評価されたという。その会議でワルラスの報告を真剣に聴いていた一人がルイ・リュショネ (Louis Ruchonnet) というスイス人だが、彼は後にヴォー州の公教育部長となり、ワルラスをローザンヌ・アカデミーの経済学講座へ招聘《しようへい》するに際して重要な役割を演じることになる。だが、そこに至るまでには、ワルラスは、まだ十年という長い歳月を不遇のうちに送らねばならなかった（例えば、『ジュルナル・デ・ゼコノミスト』や『ラ・プレス』のような雑誌社の仕事、北仏鉄道の秘書課の仕事、協同組合組織の機関誌『ル・トラヴァイユ』の編集など）。

ところが、一八六九年になると、ヴォー州の政治家たちがローザンヌのアカデミーを再編して、法学部に経済学講座を設ける動きを見せ始めた。そして、かつてローザンヌで開かれた租税会議で知り合ったエコノミストたちのことを思い出し、彼らに採用審査の案内を送った。ワルラスは、直ちにその要請に応えることにしたが、時はまさに普仏戦争の真っ最中であり、いつ何時、フランス人であるワルラスに動員令が発せられるかもしれなかった。ワルラスは、内心、複雑な心境だったに違いない。

審査委員会は七名で構成されていたが、そのうち三名は地元の名士で、残りの四名が経済学の教授であった。ワルラスによれば、地方名士たちは彼に好意的だったが、四名の教授のうち三名はワルラスの任命に明確に反対していた。ところが、「四人目の教授、ジュネーヴのダメト教授は、他の教授達同様に私の考え方に賛成ではないが、このような見解は明らかに率直で真摯《しんし》なものであり、それが教授されることが科学の利益に適《かな》うものと考えるので、私に一票を投じると言明した」(9)という。ワルラスの任命は、こうして決まったのである。そして、まもなく普仏戦争が終わったので、ワルラスに動員令が降りることもなかった。

ワルラスは、ローザンヌ・アカデミー（後にローザンヌ大学となる）において、「純粋経済学」（「交換価値の理論」）・「応用経済学」（「社会的富の経済的生産の理論」）または「分業を基礎とする産業組織の理論」）・「社会経済学」（「社会的富の分配の理論」）という三つの分野での講義を担当したが、言うまでもなく、ワルラスが現代の経済学者に尊敬されているのは、純粋経済学における業績（一般均衡理論の確立）があるからである。もちろん、ワルラス体系を解明するには、純粋経済学ばかりでなく残りの二つも併せて考慮に入れなければならないが、シュンペーターが明言したように、「ワルラスの名を不朽にするものは経済均衡の理論、すなわち、その結晶のように透明な論旨が純経済関係の構造を一個の根本原理をもって照明する、あの偉大な理論である」[10]と言って差し支えないだろう。ワルラスの純粋経済学の仕事は、有名な『純粋経済学要論』（*Élements d'économie politique pure*, 1874–77）に結実することになるが、彼は、その後も、その本の内容を詳細に再検討し、結局、第四版（一九〇〇年）まで改訂を続けた。

ただし、残念なことに、ワルラスが所属したのは、ローザンヌの法学部なので（序《つい》でに言うと、当時のヨーロッパでは、普通は法学部で経済学が講じられていた）、法律を学ぶ学生たちのなかから経済学に志す者を得るのは難しかったという。孤独なワルラスは、そこで、世界中の経済学者たちとの書簡のやりとりを通じて気を紛らわせていたようだが、[11]それでも、ポール・ピカールやヘルマン・アムシュタインのような数学者の同僚をもったおかげで、彼の苦手な数学上の助言を受けることができた。とくに、アムシュタインは、一八七七年という早い時期に、すでにラグランジュの未定乗数法を用いてワルラスに数学的な説明をしていたらしいが、当然ながら、それはワルラスの理解の範囲をはるかに超えるものであった。(12)

一八九二年、ワルラスは、二十年あまり務めた教授職をパレート（Vilfredo Pareto）に譲って引退したが、その後すぐにローザンヌ大学名誉教授に任命されるという栄誉に恵まれた。ワルラスの仕事は、引退数年前から、次第に世界にも認められるようになっていた。例えば、彼は、ローマに本部のある国際統計学研究所の準会員（一八八七年）、リエージュ王立科学協会の通信会員（一八八七年）、そして、アメリカ経済学会の名誉会員（一八九二年）にもなっている。だが、彼にとっての心残りは、自分が生涯を賭けて取り組んだ純粋経済学の仕事が祖国フランスではいまだに正当な評価を受けていなかったことであった。「私の理論はスイス、イタリア、ベルギー、アメリカに広まり、好意的に受け入れられてきたのだが、フランスではそうではなかった(13)」と。

もちろん、ワルラスも、数理的な表現方法をとった純粋経済学の意義をなんとかフランスの学界にも認めてもらうためにあらゆる努力を払った。しかし、それは、ことごとく、「世襲の特権的知識人たちの途方もない影響力と隠された激しい敵意(14)」に直面して挫折した。彼の嘆きは続く。「一八九二年の終わりに、私はつくづく思った――私の人生は、祖国を間違えた人間の人生だ。文学的でかつ数学的、哲学的でかつ経済的という二重の教養を必要とする革新的な仕事を、専修学校と官製の科学の国で成し遂げたいと考えている人間の人生なのだ。もし、総合的な大学と自由な科学の国に生まれていれば、哲学の学部で私に必要な総ての学科が見つかっていただろうに。二十〜二十二歳で博士号をとり、二十五〜三十歳で教授になっていただろうに。そうであったなら、私は今頃、私がまだ概略さえ示すことが出来ていない政治社会経済学の体系を発表し終わっているだろうに[15]」と。

さて、すでに触れたように、ワルラス体系は、純粋経済学の他に社会経済学と応用経済学から成り立っていたが、ワルラスは、あとの二つについては、結局、体系的な著作を残すことができなかった。そこで、彼は、それに代わるものとして、以前に発表した諸論文に加筆・修正を施して、一八九六年に『社会経済学研究』(*Études d'économie sociale*)、一八九八年に『応用経済学研究』(*Études d'économie politique appliquée*) と題する著作を出版した。それは次善の策であったが、それでも、晩年のワルラスは、「『純粋経済学要論』の第四版に『社会経済学研究』と『応用経済学研究』とを加えると、それで私の経済社会原理に関する十分な理解が得られる[16]」と信じていたようである。

一九〇〇年七月以降、二度目の細君にも先立たれたワルラスは、娘アリーヌとともにモントルーにほど近いクララン (Clarens) のアパートに移り住むようになった。最晩年のワルラスをことのほか喜ばせたのは、ついに、アルベール・オプティ (Albert Aupetit) という最初のフランス人の弟子をもったことだろう。オプティは、パリで最初の数理経済学の講義を依頼された人物だが、ワルラスは、一九〇三年六月二日の夜、そのことを伝えるオプティからの書簡を受け取った。ワルラスの自伝ノートには、次のような感激の言葉が綴られている。「その夜、私は開いた窓の前に座って、月光が湖とダン・デュ・ミディの影に頂を覆われた山々とを照らすのを見ながら、ついに私の総ての理論がフランスに向けて発射されるのを見る思いがした[17]」と。

晩年のワルラスは、自伝ノートにもあるように、脳と神経の健康状態が思わしくなく、ほとんど仕事らしい仕事はできなかったようである[18]。

一九〇九年、ワルラスは人生最高の栄誉に浴することになった。その年の六月十日、ローザンヌ大学がワルラスの生誕七十五周年および研究生活五十周年を慶賀する式典をリュミーヌ宮の講堂において執り行なったのだ。ワルラスは、そこで、「リュショネと科学的社会主義」と題する講演を行ない、彼独自の社会主義の思想に純粋経済学による基礎を与える道を開いてくれたリュショネに改めて感謝の意を表したという。

式典の後、旧アカデミーの中庭には、ワルラスのために青銅の記念碑が設けられたが、その碑には、次のような銘文が刻まれたという。すなわち、「一八三四年、エヴルーに生まれ、ローザンヌ・アカデミーおよびローザンヌ大学の教授にして、初めて経済均衡の一般的条件を樹立し、かくして、ローザンヌ学派を創設したレオン・ワルラスへ。無私なる研究の五十年に敬意を表するために」（À Léon Walras, né à Evreux en 1838, professeur à l'Université de Lausanne, qui le premier, à établi les conditions générales de l'équilibre économique, fondant ainsi : "l'École de Lausanne". Pour honorer cinquante ans de travail désintéressé.)[19] と。

その式典から半年ほど経過した一九一〇年一月五日、ワルラスは、この世を去った。

2 『純粋経済学要論』

ワルラスは、前に触れたように、一九〇〇年、『純粋経済学要論』の第四版（いわゆる決定版と呼ばれているもの）を出版したが、その序文には、「純粋経済学」が次のように明確に定義されている。すなわち、「純粋経済学は本質的には絶対的な自由競争という仮説的な制度の下における価格決定の理論である。稀少であるために、いい換えれば効用をもつとともに量が限られているために価格をもつことができる物質的、非物質的なすべての物の総体は、社会的富を形成する。純粋経済学が同時に社会的富の理論でもあるのはこのゆえにである」[20]と。

「社会的富」は、ワルラスによれば、さらに、耐久性のある「資本」と、一回しか使用することのできない「収入」に分けられる。「資本」のなかには、固定資本を意味する「狭義の資本」、「土地」、および「人的能力」が含まれるが、「収入」は、これらの資本の継続的使用を意味する「資本用役」、「土地用役」、「人的用役」の他、消費財および原料を含んでいるという。

用役の所有者たち（資本家・地主・労働者）は、自己の用役を、個人的消費に充てる部分と企業者に売却する部分に分割することによって、用役の個人的消費から得られる効用と、用役を企業者に売却した対価で購入した生産物から得られる効用の総和を極大化しようとする。他方、企業者は、提供された用役をさまざまな生産的用途に充てることによって利潤を極大化しようとする。

かくして、経済体系には、売手としての用役の所有者たち（資本家・地主・労働者）と買手としての企業者が出会う生産用役の市場と、売手としての企業者と買手としての用役の所有者たち（資本家・地主・労働者）が出会う生産物の市場が成立することになる。生産の一般均衡は、この二つの市場の均衡を通じて達成されるが、ワルラスによれば、そのための条件は、①生産用役の需給の均等、②生産物の需給の均等、③生産物の価格と生産費の均等、の三つであるという。

ワルラスは、以上を数学的に明確に定式化しようとする。

いま、生産用役の種類がn個、生産物の種類がm個ある生産方程式を考えよう。すなわち、生産用役（n個）——土地用役T、T'、T''、…、労働用役P、P'、P''、…、資本用役K、K'、K''、…と生産物（m個）——A、B、C、…。

効用関数を$r=\phi(q)$の形で表わし、ある人が、(T)のq_t、(P)のq_p、(K)のq_k、…を処分しうる量として所有しているものとする。生産物（A）を価値尺度財に選び（すなわち、$p_a=1$）、それで測られた生産物および生産用役の価格をp_b、p_c、…、および、p_t、p_p、p_k、…とおく。また、それらの価格における生産用役の供給量をo_t、o_p、o_k、…、生産物の需要量をd_a、d_b、d_c、…で表わすものとする。

ワルラスは、個人にとっての一般均衡の条件として、まず、収入と支出の均等を表わす方程式を提示し、次に、極大満足式（生産用役と生産物について、その限界効用——ワルラス

の言葉では、「稀少性」――が価格に比例することを示す式）を提示する。すなわち、

$$o_t p_t + o_p p_p + o_k p_k + \cdots = d_a + d_b p_b + d_c p_c + \cdots \quad \text{（収支均等式）}$$

$$\left.\begin{array}{l} \phi_t(q_t - o_t) = p_t \phi_a(d_a) \\ \phi_p(q_p - o_p) = p_p \phi_a(d_a) \\ \cdots\cdots \\ \phi_b(d_b) = p_b \phi_a(d_a) \\ \phi_c(d_c) = p_c \phi_a(d_a) \\ \cdots\cdots \end{array}\right\} \quad \text{（極大満足式）}$$

以上から、各個人の生産用役の供給量がすべての価格の関数であることを示す生産用役の供給方程式 n 個と、各個人の生産物の需要量がすべての価格の関数であることを示す生産物の需要方程式 m 個が得られる。すなわち、

$$o_t = f_t(p_t, p_p, p_k, \cdots, p_b, p_c, p_d, \cdots)$$
$$o_p = f_p(p_t, p_p, p_k, \cdots, p_b, p_c, p_d, \cdots)$$
$$o_k = f_k(p_t, p_p, p_k, \cdots, p_b, p_c, p_d, \cdots)$$
$$\cdots\cdots$$
$$d_b = f_b(p_t, p_p, p_k, \cdots, p_b, p_c, p_d, \cdots)$$
$$d_c = f_c(p_t, p_p, p_k, \cdots, p_b, p_c, p_d, \cdots)$$
$$\cdots\cdots$$

$$d_a = o_t p_t + o_p p_p + o_k p_k + \cdots$$
$$-(d_b p_b + d_c p_c + d_d p_d + \cdots)$$

そして、以上を集計した形で表わしたものが、各生産用役の総供給量O_t、O_p、O_k、…がすべての価格の関数であることを示す生産用役の供給方程式n個と、各生産物の総需要D_a、D_b、D_c、…がすべての価格の関数であることを示す生産物の需要方程式m個である。すなわち、

$$\begin{aligned} O_t &= F_t(p_t, p_p, p_k, \cdots, p_b, p_c, p_d, \cdots) \\ O_p &= F_p(p_t, p_p, p_k, \cdots, p_b, p_c, p_d, \cdots) \\ O_k &= F_k(p_t, p_p, p_k, \cdots, p_b, p_c, p_d, \cdots) \\ &\cdots\cdots \end{aligned} \tag{1}$$

$$\begin{aligned} D_b &= F_b(p_t, p_p, p_k, \cdots, p_b, p_c, p_d, \cdots) \\ D_c &= F_c(p_t, p_p, p_k, \cdots, p_b, p_c, p_d, \cdots) \\ &\cdots\cdots \\ D_a &= O_t p_t + O_p p_p + O_k p_k + \cdots \\ &\quad -(D_b p_b + D_c p_c + D_d p_d + \cdots) \end{aligned} \tag{2}$$

さてここで、生産係数（生産物A、B、C、…の一単位を生産するために必要な生産用役T、P、K、…の量のこと）をa_t、a_p、a_k、…、b_t、b_p、b_k、…、c_t、c_p、c_k、…で表わすと、次のような各生産用役の需給均等式n個が得られる（なお、ワルラスは、この段階で

は、生産係数をひとまず固定的なものと置いている)。すなわち、

$$a_t D_a + b_t D_b + c_t D_c + d_t D_d + \cdots = O_t$$
$$a_p D_a + b_p D_b + c_p D_c + d_p D_d + \cdots = O_p \qquad (3)$$
$$a_k D_a + b_k D_b + c_k D_c + d_k D_d + \cdots = O_k$$
……

最後に、生産物の価格と生産費の均等式m個がある。すなわち、

$$a_t p_t + a_p p_p + a_k p_k + \cdots = 1$$
$$b_t p_t + b_p p_p + b_k p_k + \cdots = p_b$$
$$c_t p_t + c_p p_p + c_k p_k + \cdots = p_c \qquad (4)$$
$$d_t p_t + d_p p_p + d_k p_k + \cdots = p_d$$
……

(1)〜(4)の方程式体系のなかには、合計$2m+2n$個の方程式があるが、そのうちの一つは他から導かれるので、結局、($2m+2n-1$)個の独立の方程式があることになる。他方、未知数の数は、生産用役の総供給量n個、生産用役の価格n個、生産物の総需要量m個、そして生産物の価格$m-1$個の合計($2m+2n-1$)個である。かくして、方程式の数と未知数の数が一致するので、この体系は解をもちうる。以上が、一般均衡問題に関するワルラスの「数学的解法」であった。

ところで、ワルラスは、数学的解法とは別に、「市場における解法」も提示している。こ

れは、数学的解法によって得られた均衡価格が市場メカニズムによっても実際に達成される過程――「摸索過程」と呼ばれる――を明らかにするものだが、もともとは、ワルラスがパリの証券取引所をモデルに構想したものだと言われている。摸索過程は、かい摘《つま》んで説明するならば、次のようになる。すなわち、最初に「競売人」がある価格を叫ぶ。その価格で需要と供給が一致しないならば、彼は価格を改訂する（需要>供給の場合には価格を引き上げ、需要<供給の場合には価格を引き下げる）。彼は、需要と供給が一致するまで、これを繰り返す。そして、ついに需要と供給が一致したとき、初めて現実の取引が行なわれる、というものである。

以上は、商品の量に変化がない交換における最も単純な摸索過程の描写だが、生産においては、生産用役の生産物への変形が生じるので、新たに問題が発生する。すなわち、「諸用役のある価格が叫ばれ諸生産物のある量が製造せられても、これらの価格とこれらの量が均衡価格や均衡量でないときは、単に他の価格を叫ばなければならないだけでなく、諸生産物の製造量も変更しなければならない」[21]と。

そこで、ワルラスは、生産物や生産用役の価格と数量が均衡に到達するまでの暫定的契約書ともいうべき「（条件付き）取引証書」という概念を導入する。すなわち、「企業者が初めに偶然に定めた生産物の量を、売価が生産費を超えれば増加し、反対の場合には減少し、売価が生産費に等しくなるまで次々に成立する量を取引証書で表わすと仮定すればよい。また、地主、労働者、資本家は、同様に取引証書によって、最初に偶然に叫ばれた価格における用役の量、次にこの需要が供給を超えるときは上昇し、供給に不足するときは下落し、需要と供給とが均等になるまで次々に成立する用役の量を表わすものと仮定すればよい」(22)というのである。もっとも、それでもまだ、生産には時間がかかるという問題は残る。だが、ワルラスは、この問題に関して、「われわれはこの遅れを純粋に単純に捨象《しやしよう》することによって、この第二の困難を解決しようと思う」(23)と述べるに留まっている。私たちは、ここに、ワルラスの均衡概念における「時間」の不在という特徴を指摘することができるだろう(24)。

以上は、生産の理論を例にとったワルラスの一般均衡理論の大要だが、『純粋経済学要論』を一読すればわかるように、ワルラスは、理論の展開に当たって一歩一歩問題の範囲を広げていくという構成をとっている。例えば、第二編「二商品の間の交換の理論」→第三編「多数の商品の間の交換の理論」→第四編「生産の理論」→第五編「資本形成および信用の理論」→第六編「流通および貨幣の理論」というように。だが、「数学的解法」に例示されているような方程式の数と未知数の数の一致を確認するという方法論はすべてに共通しているものである。もちろん、現代経済学の眼から回顧するならば、方程式の数と未知数の数の一致だけでは経済的に意味のある均衡解が得られる保証はないということが判明しているのだが、それでも、ワルラスの時代にあっては、その解法こそが、真の経済学者をそうでない経済学者から区別するメルクマールだった事実を押さえておく必要がある。ワルラスは、次のように言っている。

「数学を知らず、数学とは何であるかということさえ正確に知らないで、数学は経済学の解明に役立たないと決め込んでいる経済学者についていえば、『人間の自由は方程式で表わすことはできない』とか、『数学は精神科学においてはすべてである摩擦を捨象する』とか、その他同様の力しかない他愛もないことを繰り返しいっているだけである。彼らは自由競争における価格の決定の理論が数学的理論でないと主張することはできない。だから彼らは、数学を避けて純粋経済学の基礎なくして応用経済学を構成するか、または必要な武器をもたないで純粋経済学を構成しその結果ははなはだ悪い純粋経済学とははなはだ悪い数学とを同時に作り上げるか、のいずれか一つを選ばなければならない。私は本書の第四十章に私の理論と同様に数学的でありながら、私の理論とただ一つの点で相違している理論の見本を掲げた。その相違点とは、私が私の問題において未知数と同数の方程式を得ることを常に厳守したのに対して、これらの学者は一つの未知数を二つの方程式によって決定しようとしたり、あるいは一つの方程式を用いて二個、三個または四個の未知数を決定しようとしたことである。このような方法は純粋経済学を精密科学として構成する方法に全く相反するものと考えられるであろうことを私は希望する。(25)」

ワルラスの数学への思い込みは、数学者として出発しながらも経済理論の過度の数理化への傾斜には警戒的だったマーシャルの次のような態度とは極めて対照的である。すなわち、「経済問題における純粋数学の主な用途は、自らの思想のある部分を自らの利用のために迅速に、簡潔に、かつ正確に書き下すことを助けることと、また結論に対して十分な、そしてちょうど十分なだけの前提を持つこと（すなわち方程式の数が未知数の数よりも多くもなければ少なくもないこと）を確かめることにあるように思われる。しかし非常に多数の記号を用いなければならないときには、記号は筆者自身を除いてすべての読者にとってきわめて退屈なものになる。クールノーの天才は、彼の手腕の見事さを経験したすべての人々に対して、新たな知的活動を刺激せずにはおかない。またクールノーに劣らない才幹を持った数学者が、これまでにわずかに外辺に触れられたに過ぎない経済理論上の困難な問題のあるものの中心に近づく道を準備するため、彼らのお気に入りの武器を用いようとするかも知れない。しかし自分自身で書いたものでない経済学説の数学への長たらしい翻訳を読むことが、時間のよい利用法であるかどうかは疑わしいように思われる」[26]と。

数学がそれほど得意でなかったワルラスの方が、もともと数学者であったマーシャル以上に数理経済学に期待をかけるというのは、とても興味深い現象だが、私たちはこの問題にはこれ以上深入りせずに、ワルラス自身に次のような夢を語ってもらうに留めたい。

「ケプラーの天文学、ガリレオの力学がニュートンの天文学となり、ダランベールとラグランジュの力学となるには百年から百五十年または二百年を要したのである。ところが、アダム・スミスの著書の公刊とクールノー、ゴッセン、ジェヴォンズや私自身の研究との間には一世紀も経過していない。われわれはその持場にあってその責務を果したのである。この新しい科学を生み出した十九世紀のフランスがこれに全く無関心であるとすれば、それはブルジョアの狭い見解に基づいて知的教養を二つの部門に分割する考え方に因《よ》るものである。すなわち、一つは倫理学、歴史学、経済学その他の知識のない計算者を作り出す部門、一つは数学的知識のない文字の世界の部門である。近い将来の二十世紀においては、フランスにおいても、社会科学を、一般教養があって帰納と演繹、推理と経験とを同時に駆使することに馴れた人々の手に任せる必要を感ずるであろう。そのとき数理経済学は天文学や数理力学と並んでその地位を占めるであろう。その日にこそわれわれがした仕事が正しく評価されるだろう。(27)」

3　ワルラス体系とは何か

ワルラスの『純粋経済学要論』は、今日では、数理経済学の新たな可能性を切り開いた古典として広く認められているが、留意しなければならないのは、彼が単なる純粋経済学者ではなかったことである。それどころか、彼は、初期の社会正義への関心を壮年になっても保持し続け、独自の社会主義の思想を純粋経済学による科学的基礎をもって提示したことを誇りにしていたくらいである。ワルラスは、それを「科学的社会主義」と呼んでいた（もちろん、その意味はマルクス主義のそれとは異なる）。

当時のフランスでは、ルイ・ブラン（Jean Joseph Louis Blanc）やプルードン（Pierre

Joseph Proudhon）などが社会主義者として知られていたが、ワルラスの眼には、彼らは純粋経済学の素養を欠いているがゆえに「経験的社会主義者」（マルクス主義者なら「ユートピア社会主義者」と呼ぶかもしれない）に過ぎなかった。

では、ワルラスの「科学的社会主義」とは、いったい、いかなる内容をもつものなのか。

ワルラスの純粋経済学は、すでに触れたように、「本質的には絶対的な自由競争という仮説的な制度の下における価格決定の理論」であった。ここで、「絶対的な自由競争」とは、現代経済学でいう「完全競争」を指している。生産を例にとった一般均衡理論では、完全競争の仮定の下で、主体的均衡（効用極大化と利潤極大化）と市場均衡が同時に達成されることが証明されたが、念のために、ワルラス自身にその結論を要約してもらうと次のようになる。すなわち、「自由競争によって支配せられる市場における生産は、用役が欲望の可能な最大満足を生ぜしめるのに適当な性質と量の生産物に変形せられるために結合せられる操作である。ただし、この結合は、各生産物と各用役が市場においてそれぞれの供給と需要とを等しからしめるただ一つの価格しかもたないということと、生産物の販売価格が用役から成る生産費に等しいということの二つの条件に従う[28]」と。

だが、完全競争の仮定は、純粋経済学の前提に留まるものではない。なぜなら、いったん、完全競争の仮定の下、一定の制約に従って主体的均衡と市場均衡が同時に達成されることが証明されるならば、その事実は有益な原理または準則となり、それを具体的な産業に適用することを可能にするからである。ワルラスは、「このようにして、純粋経済学の結論はわれわれを応用経済学の入口に立たせる」[29]と言っている。すなわち、応用経済学は、完全競争の機能が十分に達成される条件は何か、そして、もしそれが達成されないとすれば国家はいかにして介入すべきかを明らかにする学問なのである。[30]ワルラスは、具体的には、ある種の貨幣管理、広告の規制、公共サーヴィスの国家による供給、自然独占や公益企業の国家統制、株式取引における投機の規制、労働者保護のための法的規制など多くの例を挙げている。[31]

ワルラスは、自己の応用経済学が、純粋経済学という科学の証明に裏づけられている点において、当時のフランスの経済学界を牛耳っていたバスティア（F. Bastiat）派の自由放任論とは明確に区別されると信じていた。彼は次のように言っている。

「今日までの経済学者は彼らの自由放任を証明することをしないで、ただ国家の干渉をこれまた証明することなく主張した新旧の社会主義者に対抗して、これを主張するだけであった。このようにいえば、あの気短な人達に逆らうことになると思われよう。しかし私に問うことを許されたい。経済学が自由競争の結果がどのようなものであるかということを知らないとしたら、自由競争の結果が有益で有利であることをどうして証明することができようかと。そしてまた、定義も与えず、このことを証明するのに関係のある法則を形成することもしないで、どうして上のことを証明することができようかと。これが私の主張の先験的な理由である。その外に次のような経験的理由がある。一つの原理が科学的に確立せられたとき、その結果としてなし得る最初のことは、この原理が適用される場合と、適用されない場合とを見分けることである。そして逆にいえば、経済学者がしばしば自由競争をその正しい領域を超えて拡張しているのは、この自由競争の原理が証明せられていないことのよい証明であることは疑いを容れない。[32]」

ところで、完全競争に関するワルラスの証明は、「効用」の観点から行なわれたので、いまだ「公正」の観点には考慮が払われていなかった。すなわち、ワルラスによれば、「それは用役のある配分から生産物のどのような分配が生ずるかということに限られており、用役の配分の問題には全く触れていない[33]」という。そこで、「用役の配分」の問題、すなわち、所有権の問題を取り扱う経済学の部門が求められるわけだが、それがまさにワルラスの社会経済学なのである。

ワルラスによれば、分配されるべき社会的富は「土地」と「人格的能力」の二つだが、自然権によって、人格的能力は個人、土地は国家に属するという。それはつまりこういうことである。[34]人間は理性的で自由な被造物だから、自分自身の責任で自分の目的を追求し、また自分の運命を切り開いていく権利と義務をもっている。すなわち、人間の人格的能力は、個人に所属する。それゆえ、ここでは、「各人がその努力に比例して享受することを望む地位の不平等の原則が適用される[35]」と。これに対して、土地は自然の賜物であり、本来、国家に所属する。それゆえ、ここでは、「条件の平等」の原則が適用されるというのである。

ワルラスによる土地の国有化の提案は、以上のような考え方から必然的に導かれる。ワルラスによれば、土地の国有化は、土地から得られる収入（地代、小作料など）を国家財政にもたらすが、それゆえ、国家は租税を徴収する必要がなくなり、個人はその人格的能力の成果をすべて自己に帰属させることができるようになるという。

ワルラスは、かねてから、労働者の所得に課税することに伴う悪影響に心を痛めていた。『社会経済学研究』にも、「私は、自分自身を社会主義的民主主義者と呼んでいる。というのも、私は、奴隷状態、隷属、そしてプロレタリアのなかに、全く同一の問題を見ているからである。すなわち、それは、所有権と課税、あるいは、社会の人々の間への社会的富の分配の問題なのである」[36]という言葉が見られる。もし労働所得への課税が撤廃されるならば、労働者には貯蓄を投資に回すことによって小さいながらも財産所有者になれる道が開かれるに違いない。そのためにも土地の国有化が必要だというのがワルラスの考えであった。

前に、純粋経済学の結論が応用経済学を導くという趣旨のワルラスの言葉を引用したが、実は、その二つの経済学を根本から支えていたのは、「条件の平等と地位の不平等」という正義の原理に立脚した社会経済学なのである。

以上が、ワルラスの「科学的社会主義」の大要である。

もっとも、ワルラスの「科学的社会主義」のプログラムが成功するかどうかについては、多くの疑問がある。[37]また、ワルラス研究家のジャッフェでさえ、ワルラスの理論は、資本主義の歴史的発展——大株式会社の成長——を説明する分析装置としてはあまり現実的ではな

いという趣旨の発言をしたことがある。(38)

だが、ワルラス自身は、最後まで「科学的社会主義」への信念を捨てなかった。ここに、自らの「理念」にあまりにも忠実であったワルラスの魅力と限界の両方があったと言えるかもしれない。

注

(1) 安井琢磨の一連のワルラス研究は、いまでは、『安井琢磨著作集』第一巻（創文社、一九七〇年）に収められている。

(2) 以下、ワルラスの生涯の記述に当たっては、次の文献を参考にした。御崎加代子「レオン・ワルラス自伝資料」、『一橋大学社会科学古典資料センター Study Series. No.25』（一九九一年三月三十日発行）、ウィリアム・ジャッフェ『ワルラス経済学の誕生』安井琢磨・福岡正夫編訳（日本経済新聞社、一九七七年）、Donald A. Walker, "Léon Walras (1834–1910)", in *The New Palgrave : A Dictionary of Economics*, vol.4, Macmillan, 1987, pp.852–863.

(3) ウィリアム・ジャッフェ『ワルラス経済学の誕生』、前掲、三ページ。ただし、訳文中にある「工科大学」は、「理工科学校」に置き換えた。

(4) 御崎加代子「レオン・ワルラス自伝資料」、前掲、七ページ。

(5) 前同、七―八ページ。

(6) Léon Walras, *L'économie politique et la justice*, 1860, p.37. なお、ワルラスとプルードンの関係については、佐藤茂行『プルードン研究』（木鐸社、一九七五年）が優れた考察を提示している。以下の叙述においても、それを参考にさせていただいた。

（7）ワルラスは、この正義の原理を父親のオーギュストから学んでいる。また、『経済学と正義』には、経済学の三分割の示唆（真理の原理から交換価値の自然法則を研究する部門、効率の原理から産業による富の生産の技術を研究する部門、正義の原理から富の分配を研究する部門）が見られるが、これもオーギュストの見解（『社会的富の理論』一八四九年）に沿うものであった。

（8）ワルラス自身の回想によれば、『経済学と正義』を準備しているときに、「私は、人口と富が増大するにつれて地代と地価が上昇する事実と、農業、工業および商業生産に関して自由競争の制度を採用することによって最大の効用が得られるという事実を、数学的に証明すべき二つの事実として認識し、数学の形式で創設すべき純粋および応用経済学を直感したのである」（御崎加代子「レオン・ワルラス自伝資料」、前掲、八ページ）という。「人口と富が増大するにつれて地代と地価が上昇する事実」は、リカード経済学の結論に類似している箇所として森嶋通夫（例えば、『思想としての近代経済学』［岩波新書、一九九四年］を見よ）によって注目されているが、その解釈に対しては、ワルラス研究家の批判がある。御崎加代子「ワルラス分配理論の社会ビジョン――イギリス古典派の批判（ワルラスの経済思想⑤）」、『経済セミナー』（No. 494、一九九六年）、および「ワルラスと進歩」、『彦根論叢』（第三〇八号、一九九七年七月）を参照のこと。

（9）御崎加代子「レオン・ワルラス自伝資料」、前掲、一一ページ。

（10）J・A・シュムペーター『十大経済学者』中山伊知郎・東畑精一監修（日本評論社、一九五二年）一一二ページ。

（11）ワルラスが書いた書簡の数々は、いまでは、*Correspondence of Léon Walras and Related Papers*, 3 vols., edited by William Jaffé, North-Holland, 1965. に収録されている。

（12）ウィリアム・ジャッフェ『ワルラス経済学の誕生』、前掲、一一ページ参照。

（13）御崎加代子「レオン・ワルラス自伝資料」、前掲、一三ページ。

(14) 前同、一三ページ。
(15) 前同、一四ページ。
(16) 前同、一六ページ。
(17) 前同、一七ページ。
(18) 晩年のワルラスらしいご愛敬というべきか、政治家でも社会運動家でもない彼が、ノーベル平和賞をとることを真剣に目指したことがある。彼によれば、「直接税であれ間接税であれ、総ての税を廃止することが自由貿易の絶対的条件であり、自由貿易そのものが平和の絶対的条件であるということに心を捕らえられていた」（御崎加代子「ワルラス自伝資料」、前掲、一九ページ）ということだが、もちろん、彼のもくろみは失敗に終わった。なお、彼の見解は、「社会的正義と自由貿易による平和」と題する論説（一九〇六年）にまとめられたことを付言しておく。
(19) 御崎加代子「レオン・ワルラス自伝資料」、前掲、二二一ページ参照。
(20) L・ワルラス『純粋経済学要論』久武雅夫訳（岩波書店、一九八三年）第四版への序文、xページ。
(21) 前同、二三二ページ。
(22) 前同、二三二―二三三ページ。
(23) 前同、二三三ページ。
(24) ワルラスは、『純粋経済学要論』の第六編「流通および貨幣の理論」において、「もし欲するならばとことわって、静学から動学への移行についてごく簡単に述べている。すなわち、「そのためには、問題の与件である所有量、効用曲線すなわち欲望曲線が時間の関数として変化すると仮定すればよい。固定した均衡は可変的すなわち移動的な均衡に変化するが、それに攪乱されても自然に均衡を回復する」（『純粋経済学要論』久武雅夫訳、前掲、三二五ページ）と。経済学者のなかには、ワルラス経済学における動学的要素を高く評価し、むしろメイン・ディッシュはそこにあると主張する森嶋通夫のような人もいるが（『ワルラスの経済学』西村和雄訳、東洋経済新報社、一九八三年）、通説は、ワルラスが時間の問題に気づいていたことを認めるものの、それを明示的に自らの体系のなかに取り入れることには成功しなかったというふうに要約することができると思われる。

(25) L・ワルラス『純粋経済学要論』久武雅夫訳、前掲、第四版への序文、xixページ。ただし、煩雑さを避けるため、原文にある傍点は外してある。なお、現代の一般均衡理論については、二階堂副包『現代経済学の数学的方法』（岩波書店、一九六一年）を参照のこと。

(26) A・マーシャル『経済学原理』I、永澤越郎訳（岩波ブックセンター信山社、一九八五年）初版序文、七―八ページ。

(27) L・ワルラス『純粋経済学要論』久武雅夫訳、前掲、第四版への序文、xix-xxページ。ただし、煩雑さを避けるため、原文にある傍点は外した。

(28) L・ワルラス『純粋経済学要論』久武雅夫訳、前掲、二五〇―二五一ページ。

(29) 前同、二五一ページ。

(30) ワルラスは、次のように言っている。「レッセ・フェールとは何もしないという意味であってはならず、自由競争を作用させるという意味でなければならない。したがって、自由競争が作用することができないところには、国家がそれを補完するために干渉すべき理由があり、そして、自由競争が作用することができるところには、国家がその機能の条件と環境を組織し、確保するために干渉して当然なのである。」（L. Walras, *Études d'économie politique appliquée*, 1898, deuxième édition, 1936, p.430）

(31) 大野忠男『経済学史』（岩波書店、一九八八年）二二四―二二五ページ参照。

(32) L・ワルラス『純粋経済学要論』久武雅夫訳、前掲、二五二ページ。

(33) 前同、二五三ページ。

(34) 以下、ワルラスの社会経済学の説明に当たっては、岡田純一『フランス経済学史研究』（御茶の水書房、一九八二年）を参照した（とくに、三〇九―三一〇ページ）。

（35） L. Walras, *Études d'économie sociale*, 1896, deuxième édition, 1936, p.214.

（36） *Ibid.*, p.144.

（37） 安藤金男「レオン・ワルラスの土地国有化論」、稲毛満春・木村吉男・竹内信二編『現代財政金融の基本問題』（有斐閣、一九八四年）所収、を参照のこと。この論文のなかで、安藤氏は、ワルラスのプログラムが成功するにはどのような条件が必要かを数学的に明らかにしている。

（38） Cf., William Jaffé, "Reflections on the Importance of Léon Walras (1971)", in *William Jaffé's Essays on Walras*, edited by Donald A. Walker, 1983, p.281.

※ワルラスの「科学的社会主義」については、御崎加代子『ワルラスの経済思想』（名古屋大学出版会、一九九八年）にまとめられた諸論文を参照して欲しい。

第八章　アルフレッド・マーシャル　「自然は飛躍せず」

アルフレッド・マーシャル（Alfred Marshall）は、スミスからリカードを経てミルへと受け継がれてきた古典派経済学と、ジェヴォンズ＝ワルラス＝メンガーに代表される限界革命の経済学を統合し、ケインズ革命に至るまで英米の経済学界の主流を押さえた「大物」である。もっとも、第二次世界大戦後は、経済学の最先進国がアメリカに移り、そこでは、マーシャルというよりはワルラスの一般均衡理論が主流派に組み込まれたので、いまの学生たちがケインズ以前にマーシャルがどれほど権威をもっていたかを想像するのは難しいかもしれない。

ワルラスの一般均衡理論は、数理的指向の強い経済学者たちには美しい体系をなすものとして好まれてきたが、それと比較すると、マーシャル経済学は曖昧模糊《あいまいもこ》でその真価を理解するには時間がかかるように思える。それゆえ、一般均衡理論の立場に固執する経済学者のなかには、理論家としてのマーシャルをあからさまに過小評価する向きも少なくない。例えば、戦後のアメリカ経済学の興隆を担ったサムエルソン（Paul A. Samuelson）は、次のように言っている。「もし科学上の活動がゼロ和ゲームをなしているとするなら、誰かが過小評価されている場合には、かならずほかの誰かが過大評価されているのでなくてはならない。

私が経済学で、もっとも過大評価されている通貨の候補にしたいのは、アルフレッド・マーシャルである。彼がクールノー、マンゴルト、そしてデュピュイから意識して得たものをその業績から差し引くならば、私が経済学の勉強を始めたときに彼が得ていた第一級の地位は失われるだろう」(1)と。

たしかに、数学的明快さだけを基準にするならば、マーシャル経済学の評価は決して高くないかもしれない。しかし、私には、マーシャルの偉大さは、多様な経済思想から学ぶべきものはすべて吸収することによって、古典派と限界革命派の対立、そして歴史主義の台頭などによってまさに分裂しかけていた十九世紀末のイギリス経済学界を再び統一したことにあるように思える。マーシャル経済学に投げかけられた曖昧模糊とか折衷《せっちゅう》主義とかの非難は、その大事を達成するための代償であったと考えた方がより建設的ではなかろうか。

1 マーシャル小伝

アルフレッド・マーシャルは、一八四二年七月二十六日、ロンドン郊外のバーモンジイ(Bermondsey)に、イングランド銀行の事務員である父親ウィリアムと母親レベッカとの間の子供として生まれた。(2)父親は息子を牧師にしたかったようだが、マーシャルは、マーチャント・テイラーズ・スクール(Merchant Taylors' School)――パブリック・スクールの名門校の一つ――に学ぶ頃から数学に関心をもち始め、一八六一年、数学を学ぶためにケンブリッジ大学セント・ジョーンズ・カレッジに入学した。一八六五年、彼は、数学のトライポス（ケンブリッジの優等卒業試験）において優秀な成績を収めたので、ただちに、同カレッジのフェロー（特別研究員）に採用された。

だが、それほど数学の才能に恵まれていたにもかかわらず、マーシャルは、結局、単なる優秀な数学者として生涯を終えることはできなかった。彼は、早い時期から、倫理学や心理学などに関心をもっていたが、最終的には、社会問題に対する関心に導かれて経済学に辿り着いた。マーシャルの晩年における回想によれば、[3] 友人の勧めでミルを読んだ後、幾つかの都市の貧民街を訪れたが、そのときヴィクトリア朝の繁栄の陰に隠れた貧困の実態を目の当たりにしたことが、経済学の研究に一生を捧げる決意を固めさせるきっかけとなったという。

マーシャルという人物は、初学者にはなかなか捉えにくい性格の持ち主だったようだ。それでも、ケインズ（J. M. Keynes）ほどの弟子になると、さすがにマーシャルの本質を実に的確に摑んでいる。ケインズは、マーシャルのなかに潜む「科学者」と「説教者」という二つの本性の葛藤《かっとう》を次のように指摘している。すなわち、「十九世紀の最後の十年間、ケンブリッジにおける道徳学の講座を担当していた二人の同僚、ヘンリー・シジウィックとジェームズ・ウォードと同様に、アルフレッド・マーシャルは賢者や牧師の種族に属していた。しかもまた彼らと同様に、二重の本性を授けられていて、科学者でもあった。説教者としてまた人間の牧師として、彼はほかの同様な人物よりも格別すぐれていたわけではない。しかし科学者としては、彼はその専門の分野において、百年間を通じて世界中で最も偉大な学者であった。にもかかわらず、彼自身好んで優位を与えようとしたのは、彼の本性の第一の側面であった。この自我こそ主人であり、第二の自我はしもべでなければならぬ、と彼は考えた。第二の自我は知識のために知識を求めた。第一の自我は抽象的な目的を実際的な進歩の必要に従属させた。鷲のような鋭いまなこと天翔ける翼とは、道を説く人の言付けに従うためにしばしば地上に呼び返された」(4)と。

経済学に関心が移ったとはいっても、当時のケンブリッジには、経済学のトライポスはなかったので、マーシャルは、道徳科学（moral science の訳語だが、今日の社会科学に重なり合う部分が多い）のトライポスにかかわる教育に従事することになった。ところが、一八七七年、以前の教え子メアリー・ペイリーと結婚したことに伴い、フェローの地位を失うことになったので（当時のオックスブリッジでは、結婚するとフェローを辞める規則になっていた）、マーシャルは、ブリストルに創立されたばかりのユニヴァーシティ・カレッジの学長職を引き受けて、その地に赴任して行った。

ブリストル時代の仕事としては、まず、夫人との共著『産業経済学』（*The Economics of Industry*, 1879）を挙げなければならない。この本は、経済学入門書として、内外の経済学者たちに広く読まれた名著だったが、それにもかかわらず、後に、マーシャルは、幾つかの理論的な不備を理由にこの本を嫌うようになったと言われている。(5)次に、同じ頃に書かれた二つの論文（「外国貿易の純粋理論」と「国内価値の純粋理論」）があるが、どちらも、シャープな理論家としてのマーシャルを今に伝える貴重な資料である（その二つは、ヘンリー・シジウィックが、マーシャルの学説史上の優先権が失われるのを恐れて、一八七九年、私的に回覧するために印刷に回したものだという）。

一八八三年、マーシャルは、アーノルド・トインビーの後任として、オックスフォード大学ベリオル・カレッジに招聘《しょうへい》された。だが、二年後には、ヘンリー・フォーセットの後任として、ケンブリッジ大学経済学教授として古巣に呼び戻されたので、オックスフォード時代は比較的短かった。

ケンブリッジ時代の最大の仕事は、何と言っても、やはり『経済学原理』（*Principles of Economics*, 1890）の完成である。マーシャルは、経済学研究の初期に、スミス、リカード、ミルなどの古典派経済学の伝統を吸収することに努める一方で、クールノーやチューネン（J. H. von Thünen）などから数学的方法を学び、自らも一八七〇年以前に限界革命に沿った仕事を手がけていた。それらの研究の成果が、『経済学原理』において提示された需要・供給均衡理論につながっていくわけだが、留意すべきは、マーシャル体系が単なる均衡理論では割り切れない部分を含んでいたことである。

例えば、彼は、チャールズ・ダーウィンの進化論やハーバート・スペンサーの社会進化論から大きな影響を受けたが、意外なことに、さらには、G・W・F・ヘーゲルの有機的社会観を学ぶためにドイツにまで渡ったという（ケインズは、「ヘーゲルの『歴史哲学』が彼に甚大な影響を与えた」(6)と書いているが、しかし、表面的なものを除いて、ヘーゲルのマーシャルへの影響はまだ明確に論証されているわけではない)。マーシャルは、しばしば、「経済学者にとってのメッカは経済動学であるよりはむしろ経済生物学である」と強調していたが、彼独自の「経済生物学」の展開は、残念ながら、断片的なものに限定されている。ただし、それがワルラスにはないマーシャルの特徴だということは、正確に押さえておかなければならない。

一九〇三年、マーシャルは、政治には関与しないという信条に珍しく反して、ジョゼフ・チェンバレン(Joseph Chamberlain)による帝国特恵関税制度の提案が巻き起こした関税改革論争に加わったが、彼は、決してチェンバレンの提案には与《くみ》しなかった。なぜなら、イギリス経済の停滞の主因は技術革新の欠如にあり、その傾向を助長するような保護政策の類はかえって害をもたらすからである。ただし、イギリスの産業的主導権が脅かされつつあるという認識はマーシャルにも等しく見られるものであり、それゆえ、彼は、後に、多くの歴史を引きながら『産業と商業』(*Industry and Trade*, 1919)という本まで書いている。

一九〇八年、マーシャルは、著作活動に専念するために、弟子のピグー(A. C. Pigou)に教授職を譲って、ケンブリッジ大学を退職した。しかし、最晩年の仕事としては、『貨幣・信用・貿易』(*Money, Credit and Commerce*, 1923)があるくらいで、あまり実り多いとは言えなかったようだ。

一九二四年七月十三日、マーシャルは、この世を去った。享年八十一歳であった。

2　需要と供給のシンメトリー

マーシャル経済学の特徴としてまず第一に挙げなければならないのは、やはり「マーシャリアン・クロス」の名で経済学徒に親しまれてきた需給均衡のアイデアである。マーシャルは、すでに指摘したように、早くから限界革命に沿った仕事を自分でも手がけていたが、慎重な彼は、それを早急に出版しようとはしなかった。だが、そうしなかったのには、正当な経済学上の理由がある。それを説明するために、まず、イギリスにおける限界革命の先導者ジェヴォンズの新理論を紹介し、それに対するマーシャルの反応を見ていく必要があるだろう。

ジェヴォンズの仕事は、メンガーやワルラスと同じように、「限界効用逓減《ていげん》の法則」や「限界効用均等の法則」の提示を含んでいる点において、限界革命の典型と言ってもよいものだが、彼らと違うのは、自らを育んだベンサム流の功利主義的基礎を少しも隠さなかったことである。彼は、主著の『経済学の理論』を特徴づけて、「快楽および苦痛の微積分学(7)」とさえ呼んでいる。

ジェヴォンズ理論の核心は、「交換の全理論および経済学主要問題の要石(8)」と彼が呼んだ命題――「任意の二商品の交換比率は、交換完了後に消費に利用できるそれら二商品の量の最終効用度の比率の逆数である」――に尽きている。

いま、Aが当初に保有している穀物の量をa、Bが当初に保有している牛肉の量をb、そしてxを牛肉のy量と交換される穀物の量としよう。ここで、$\phi_1(a-x)$と$\phi_2(x)$を、それぞれ、AとBにとっての穀物の「最終効用度」（ジェヴォンズの用語で、限界効用の意）、$\psi_1(y)$と$\psi_2(b-y)$を、それぞれ、AとBにとっての牛肉の最終効用度だとすれば、Aは、均衡において、手元に残った穀物の最終効用度と獲得した牛肉の最終効用度を均等にするはずなので、次の式が成り立つだろう。

$$\phi_1(a-x) \cdot dx = \psi_1(y) \cdot dy$$

これを変形すると、

$$\frac{\phi_1(a-x)}{\psi_1(y)} = \frac{dy}{dx} \qquad (1)$$

同じように、Bも、均衡において、二つの商品の最終効用度を均等にするはずだから、

$$\phi_2(x) \cdot dx = \psi_2(b-y) \cdot dy$$

これを変形すると、

$$\frac{\phi_2(x)}{\psi_2(b-y)} = \frac{dy}{dx} \qquad (2)$$

(1)式と(2)式をまとめると、次の式が得られる。

$$\frac{\phi_1(a-x)}{\psi_1(y)}=\frac{dy}{dx}=\frac{\phi_2(x)}{\psi_2(b-y)} \quad (3)$$

ここで、ジェヴォンズは、「無差別の法則」（一物一価の法則）を仮定しているので、$\frac{dy}{dx}=\frac{y}{x}$（すなわち、交換行為における限界量はつねに全交換量と同一の比率で交換される）となり、(3)式は次のようになる。

$$\frac{\phi_1(a-x)}{\psi_1(y)}=\frac{y}{x}=\frac{\phi_2(x)}{\psi_2(b-y)} \quad (4)$$

(4)式は、二つの方程式から成り立っているので、未知数（xとy）に関して解くことができる。

ジェヴォンズの『経済学の理論』は、古典派経済学の支配下にあった当時の経済学界のなかに「限界主義」という新鮮な分析手法を導入した革命的な著作であった。かつて、ケインズは、『経済学の理論』の魅力を次のように語ったことがある。すなわち、「『経済学に関する最初の近代的な書物として、それは新たにこの学科に取り組もうとしているすべての聡明な人たちに、異常に魅力のあるものとなった。――単純で、明快で、断固としており、マーシャルが真綿でくるむような言い方をしたのに対して、それは石に刻んだように輪郭が鮮明であった」[9]と。

しかし、マーシャルは、ジェヴォンズの『経済学の理論』に対する匿名の書評（『アカデミー』誌、一八七二年四月一日号）において、ジェヴォンズ理論の革新性をほぼ全面否定した。マーシャルは、さらに、「もし本書から数学を取り除き、図形はそのままに残しておいたならば改善されるであろう」(10)というような極めて辛辣な論評まで加えているが、しかし、なぜ彼はジェヴォンズに対してそれほど反発したのだろうか。

前に説明したジェヴォンズの交換理論では、最初に所与の商品の存在が仮定されていた。では、そもそも、商品の供給量はいかにして決定されるのか。この問に対して、ジェヴォンズは、価値はただ限界効用のみに依存するという自らの立場を貫くために、次のような「因果の連鎖」を持ち出した。

「価値は全く最終効用度によってきまる。そうであるならばいかにしてこの最終効用度を変化せしめうるかといえば、消費すべき財を増減することによってである。それならばいかにしてそれを増減しうるかといえば、供給を得るために投ずる労働を増減することによってである。すなわちこの見解に従えば、労働と価値との間には二歩の段階がある。労働が供給を動かし、供給が最終効用度を動かし、これが価値すなわち交換比率を支配するのである。このたぐいなき重要な一連の関係について些少《さしよう》の誤解をもないようにするために、私は次のような表の形をかりてこれを再記したい。

生産費は供給を決定する。

供給は最終効用度を決定する。

最終効用度は価値を決定する。[11]」

マーシャルは、このような「因果の連鎖」に疑問を呈している。すなわち、「このような因果の連鎖が実際に存在するとすれば、中間の段階を除いて、生産費は価値を決定すると言っても、重大な弊害は発生しないであろう。なぜならAはBの原因であり、BはCの原因であり、CはDの原因であるとすれば、AはDの原因であるからである。しかし現実にはそのような連鎖は存在しない[12]」と。

さらに、彼は、こうまで言っている。

「ジェヴォンズの言うところに対する答えとして、彼の言うところの順序を変更してつぎのように言うことによって、彼の言う連鎖よりも、真実に近い連鎖が得られる。――

効用は供給されるべき量を決定し、

供給されるべき量は生産費を決定し、

生産費は価値を決定すると。

なぜならば、生産費は生産者が仕事をつづけてゆくために必要な供給価格を決定するからである。[13]」

なぜマーシャルがこんなことを言うのかといえば、価値は効用によって決定されるとか、あるいは生産費によって決定されるとか、一方的に主張することは無意味であり、「供給価格・需要価格・生産量」の相互的決定、すなわち、「需要と供給のシンメトリー」こそが真理だという確信があるからである。

一見相対立する効用学説と生産費説も、「需要と供給のシンメトリー」という共通の枠組のなかに包摂することができる。その場合に重要なのは、仮定された時間の長さを明確にすることである。このような考えから、マーシャルの名を有名にした需要・供給均衡理論が生まれた。ただし、需給均衡理論といっても、マーシャルのそれは、ワルラスの一般均衡理論と区別するために「部分均衡理論」と呼ばれる。すなわち、一般均衡理論がすべての市場の均衡を同時に考えるという意味で「一般」的なのに対して、部分均衡理論は、ある特定の財の市場のみを取り上げて、「他の事情にして等しければ」という条件の下でその財の市場の均衡を考えるという意味で「部分」的なのである[14]。

マーシャルの部分均衡理論は、時間の長さに応じて、大きくは三つに分けられる。以下、順に説明していきたい。

(1) 一時的均衡――これは、資本量や生産物の量が一定というごく短い時間を仮定した場合に成立する均衡のことである。例えば、ある日の築地の魚市場に魚が供給される場合を考えてみる。その場合の供給量は、目前にある限られた一定量に過ぎないので、供給曲線は横軸に垂直になる。したがって、魚の価格は、主に需要側の要因によって決まるだろう。このような一時的均衡は、ジェヴォンズの主張(価値は限界効用――すなわち、需要側の要因――によって決まるというもの）をマーシャルの論理で再構成したものである。

(2)　短期正常均衡――これは、資本量には変化はないものの、現存する所与のプラントの操業度を変化させることによって生産量を調節することができるような時間（すなわち、短期）を仮定した場合に成立する均衡のことである。短期における供給曲線は、一般に右上がり（費用逓《ていぞう》増または収穫逓《ていげん》減のケース）なので、それと右下がりの需要曲線の交点において均衡が成立する。これが短期正常均衡と呼ばれる。

(3)　長期正常均衡――これは、プラントの操業度ばかりでなく、資本量までも変化させることによって生産量を調整できるような時間（すなわち、長期）を仮定した場合に成立する均衡のことである。長期における典型的な供給曲線は、横軸に水平になるが、これは、その商品が一定の単位当たり生産費でいくらでも生産できる（費用一定または収穫一定のケース）ことを意味している。もちろん、この場合でも、水平の供給曲線と右下がりの需要曲線の交点において均衡が成立するというマーシャルの論理は生きているが、商品の価格は所与の生産費によって決まっているので、交点で決まるのは均衡数量のみである（それは、ちょうど、数量が一定で交点で決まるのは均衡価格のみである一時的均衡の正反対のケースに当たるものである）。また、長期正常均衡が、古典派の主張（価値は生産費――供給側の要因――によって決まるというもの）をマーシャルの論理で再構成したものであることは言うまでもない。

かくして、マーシャル価値論の結論は、時間を短くとればとるほど需要の要因を、反対に時間を長くとればとるほど供給の要因を重視しなければならないというふうにまとめられるのである。彼の言葉を聞いてみよう。

「価値は生産費によって支配されるか効用によって支配されるかを問うことは、紙を切るのが鋏の上刃であるか下刃であるかを問うのと、同じ程度の合理性しか持たないといってもよいかもしれない。一方の刃を固定しておいて、他方の刃だけを動かして紙を切った時には、紙を切ったのは動かした方の刃であると、不注意な簡略法としては言ってよいかもしれない。しかしそのような言い方は厳密には正しくない。起こったことの単に通俗的で、厳密に科学的でない説明として主張されるかぎり、許されるにすぎない。……一般原則としては、われわれの考察している期間が短いほど、価値に対する需要の影響に対して注意が払われる部分は大でなければならない。また期間が長くなるにつれて、価値に対する生産費の影響がより重要となるであろう。なぜなら生産費の変化の影響は、原則として、需要の変化の影響よりもその実現に長い時間がかかるからである。任意の時期における現実の価格は、持続的に作用する出来事よりも、一時的な出来事や気紛れで短命な作用しか持たない出来事によって、しばしばより多く影響される。しかし長期においては、これらの気紛れで不規則な原因は、相互の作用を大幅に打ち消し合う。それゆえに結局においては持続的な原因が価値を完全に支配する。しかし、もっとも持続的な原因でさえ変化に曝《さら》されている。生産構造全体が世代から世代にかけて変化し、さまざまな財の相対的な生産費は永久に変化する。(15)」

マーシャルの部分均衡理論は、現代経済学の貴重な財産の一つとなっているが、想起すべきは、彼がそれを一般均衡理論へのワン・ステップとしてではなく、彼独自の動学的分配理論への準備段階として位置づけたことである。マーシャルは、「経済学者にとってのメッカは経済動学であるよりはむしろ経済生物学である」と語るのを常としたが、彼の「経済生物学」の構想は、あまり数学的に明快とは言い難いものの、「有機的成長の理論」のなかに見出すことができる。そこで、私たちは、次に、有機的成長の理論へと進まなければならない。

3　有機的成長の理論

マーシャルの有機的成長の理論は、需給均衡理論と違って、体系的に提示されているわけではない。私たちにできるのは、せいぜい、彼があちこちに書いた文章のなかからその輪郭を浮かび上がらせることに過ぎないかもしれない。これは、生前のマーシャルが、需給均衡理論を展開した『経済学原理』の第五編は予備的なものであり、有機的成長の理論が主題の第六編から構成は始まるのだと強調していた事実に鑑《かんが》みて、誠に残念なことである。(16)以下では、彼の賃金基金説批判を手がかりに、有機的成長理論のアイデアを探っていくことにしよう。

さて、いわゆる賃金基金説とは、一定期間に労働者の雇用に充てることができる資本額は限られているので、一人当たりの賃金は、資本額／労働人口に等しいという古典派の学説のことを指している。もしこの学説が正しいならば、たとえ一部の労働者が賃金基金説で決まった賃金を超える額を要求したとしても、それは必然的に他の労働者の犠牲を伴うので、労働組合の賃上げ運動は一般に失敗するだろうという推論が成り立つ。それゆえ、この学説は、低賃金を正当化するための理論的根拠として利用される傾向があった。実際、マンチェスター学派（イギリスのマンチェスター商工会議所を本拠に自由放任と自由貿易を支援した人々）は、自由貿易における勝利は低賃金にかかっているという信念から、低賃金→利潤の増大→経済進歩という路線を強力に推進したのである。

だが、もともと、ヴィクトリア期という黄金時代の陰に隠れた貧困の問題への関心から経済学研究を始めたマーシャルにとって、労働者の苦しみをさらに増すような低賃金政策などは支持できるものではなかった。また、彼の眼には、賃金基金説が「経済の循環」という視点を忘れているように思えた。[17] というのは、資本額が一定であるという賃金基金説の想定は、あまりにも短期に視野を限定しており、もっと長期に視野を定めるならば、資金支払額の増大→生産物への需要の増大→産業活動への刺激→資本額の増大という側面がより重要になるかもしれないからだ。

同様の批判は、マンチェスター学派に対しても当てはまる。すなわち、彼らはあまりにも短期に視野を限定しているがゆえに資本所得と労働所得の間の対抗関係を強調し過ぎるようになったのだと。だが、それでは、経済の「有機的成長」は捉えられない、とマーシャルは言う[18]。では、マーシャルの言う有機的成長とは何なのか。実は、それを説明するには、まず、マーシャルの欲望進化論にまで遡《さかのぼ》ってみる必要がある。

マーシャルの欲望進化論とは、おおよそ、次のようなものである。——未開人の欲求はごく少数である。しかし、文明の進歩とともに、人間は「多様性」を求めるようになる。多様性に対する欲求が満たされると、次には、「差別」に対する欲求が生まれる。だが、それも満たされると、最後には、「卓越」に対する欲求が支配的になる、と。ここで、卓越に対する欲求とは、自分の仕事の卓越性を純粋に追求するような生活態度を指している。マーシャルの理想は、もちろん、欲望が卓越という最高段階にまで進化していくことだが、彼によれば、卓越に対応した生産活動が優位を占めるようになって初めて「生活水準」の向上が実現されるという（反対に、卓越よりも下位の欲求がいくら強くても、「安楽水準」しか上昇しないというのがマーシャルの考えである）。

ところで、マーシャルの時代は、シドニー・ウェッブ夫妻によって指導された労働組合運動が活発になっていく時期と重なっているが、マーシャルは、組合運動のなかで社会教育を施された労働者たちが、その所得を単に安楽のためにではなく、自己の教養と能率を高めるために使うような生活態度を身につけることを期待していた。また、企業家たちにも、生産活動において卓越に対する願望を純粋に追求し、蓄積した富を進んで公益のために提供するような精神（いわゆる「経済騎士道」）の必要を説いた。このような労資双方の努力に支えられてこそ、生活水準の向上や「国民分配分」（今日の言葉では、「国民所得」）の増大が達成される。これがマーシャルの考えであった。

まとめてみよう。マンチェスター学派は、前に触れたように、視点をあまりに短期に定めたがゆえに、労働所得と資本所得の間の対抗関係を強調し過ぎる嫌いがあった。しかし、もう少し時間を長くとるならば、労資双方の生活水準向上への努力を通じて国民分配分が増大し、労働所得と資本所得の間にも調和の関係が見られるようになるだろう。これが、数学的に明快とは言い難いが、マーシャル流の動学的分配理論（彼の言葉では、「有機的成長理論」）の大要なのである。

もちろん、マーシャルの有機的成長理論は、正直なところ、需給均衡理論とは違って、現代経済学の共有財産にはなっていない。だが、マーシャル自身は、ニュートンから学んだ静学的均衡の概念を駆使しながらも、経済学の本来の課題はダーウィン流の動学的進化を解明することだと考えていたのである。彼の言葉を聞いてみよう。

「正常な需要と供給の安定均衡の理論は、われわれの構想に明確さを与える助けとなることは事実である。またその初歩的な段階では、経済諸力のもっとも強力で、永続的な一群のものの作用の仕方の主要な部分について、かなり信頼できる図式を与えることに失敗するほど、実人生の事実から離れることはない。しかし、それをさらに遠くまで、さらに複雑な論理的帰結までに押し進めていく時には、実人生の事実から遊離してしまう。この問題においてわれわれは、実は経済進歩の高度の問題に入り込んでいるのであって、経済問題を静学的な均衡として取り扱い、有機的な成長の問題として取り扱うことをしない場合には、不完全にしか提示できないことを、とくに記憶してとどめておく必要がある。なぜなら、静学的な取り扱いのみがわれわれに思考の明確さと正確さを与えることができ、またそれゆえに有機体としての社会のより哲学的な取り扱いにとって必要とされる導入ではあるとしても、しかしそれは序論にすぎないからである。(19)」

4　ケンブリッジ学派の人々

マーシャルは、一流の学者であったばかりでなく、教育者としても優れていた。ケンブリッジ大学在職中に育て上げた研究者のなかには、ピグー (A. C. Pigou)、ケインズ (J. M. Keynes)、ロバートソン (D. H. Robertson) などのように、経済学の歴史に大きな足跡を残した人物が含まれている。マーシャルが創設した学派は、その所属した大学に因《ちな》んで、「ケンブリッジ学派」と呼ばれるようになったが、これは、一九三〇年代の「ケインズ革命」に至るまで、イギリスにおける正統派経済学の地位を保持した極めて強力な学派であった。以下、その特徴を幾つか挙げてみたい。

第一に、ケンブリッジ学派の人々は、マーシャル以来、自由放任主義には明白な限界があることを率直に認めていた。このことは、ケインズ革命が創り出した神話によって、ケインズ以前の経済学者はすべて「自由放任主義者」であったという誤解が巷《ちまた》に広がっているがゆえに、ここに強調しておく必要があるだろう。

マーシャルは、市場における「自利心の自由な作用」によって成立する需給均衡点が一般に最大の満足をもたらす点であるという学説を「最大満足説」と呼んだが、これは次の二つの理由から修正されなければならないことを認めていた。

その一つは、最大満足説が、すべての当事者にとって貨幣の限界効用が同じだ（一ポンドの貨幣は、買手にとっても売手にとっても同じ効用をもたらすということ）と仮定していることである。しかし、もしこの仮定が満たされなければ、話は違ってくる。例えば、いま、富裕な売手と貧乏な買手が存在し、貨幣の限界効用は豊かになればなるほど小さくなると仮定してみよう。この場合、貧乏な買手にとっての一ポンドの効用は富裕な売手にとってのそれよりも大きいので、需給均衡点を超えて生産を拡大した方が総効用は増大するかもしれない。すなわち、貨幣の限界効用がすべての当事者にとって同じだという仮定は、富の分布の不平等を考慮していないのである。

もう一つは、最大満足説が、問題となる商品の生産に収穫逓減《ていげん》または収穫逓増《ていぞう》の作用が働くならば必ずしも妥当しないことである。というのは、その場合、収穫逓減の作用が著しい商品の生産に課税し、その生産量を需給均衡点以下に減少させる一方で、その租税収入を収穫逓増の作用が著しい商品の生産に補助金として給付し、その生産量を需給均衡点以上に拡大した方が総効用は増大するかもしれないからである。

マーシャルの最大満足説批判は、愛弟子ピグーの『厚生経済学』(*The Economics of Welfare*, 1920)へと受け継がれていったが、ピグーは、師の問題提起を、「社会的限界純生産物」と「私的限界純生産物」の乖離《かいり》として再定式化した。ここで、社会的限界純生産物とは、「任意の与えられた用途または場所における資源の限界的増分に基づいて生じる物理的なものまたは客観的な用役の純生産物の全体であり、この生産物の任意の部分が誰に帰属するかは問わない[20]」ようなものであり、また、私的限界純生産物とは、「任意の与えられた用途または場所における資源の限界的増分に基づいて生じる物理的なものまたは客観的な用役の純生産物の全体の内、そこに資源を投ずることに対して責任のある人にまず第一に帰属する部分[21]」のことを意味している。

だが、資本主義経済における事業者は、普通、彼らの仕事の私的限界純生産物にしか関心がなく、社会的限界純生産物のことは考慮外なので、両者の乖離という問題が発生する可能性がある。例えば、植林が洪水を防止し、周囲の美観を保つという場合、マーシャルの「外部経済」(特定の企業や産業の活動が外部の環境に及ぼすプラスの効果のこと)が生じるので、社会的限界純生産物の価値が私的限界純生産物の価値よりも大となるだろう。逆に、煤煙によって工場の隣接地域の空気が汚染される場合は、「外部不経済」(特定の企業や産業の活動が外部の環境に及ぼすマイナスの効果のこと)が生じるので、社会的限界純生産物の価値は私的限界純生産物の価値よりも小となるだろう。ピグーは、前者のケースには補助金、後者のケースには課税という政府の干渉によって資源配分の歪みを是正しようとしたが、以上の説明からもわかるように、ケインズ以前の経済学者がすべて自由放任主義者であったというのは学説史上の「神話」なのである。[22]

第二に、マーシャルは、「現金残高数量説」と呼ばれる貨幣数量説の一種をケンブリッジ経済学の遺産として残した。

現金残高数量説とは、次のような考え方を指している。いま、最終生産物の価格をP、その実質産出量をOとおくと、貨幣所得$Y \equiv PO$となるが、人々はその貨幣所得の内の一定割合kを現金残高として保有するとしよう（ここで、kは、しばしば、「マーシャルのk」と呼ばれる）。他方、貨幣数量をMで表わすと、次の式が成り立つだろう。すなわち、

$$M \equiv kPO$$

これが現金残高方程式と呼ばれるものだが、もちろん、これだけでは、単に貨幣需給の恒等式を意味するに過ぎない。だが、もしkとOが一定であると仮定することができるならば、PはMに比例するという命題が導かれる。普通に現金残高数量説と呼ばれるときは、ほぼ以上のような考え方を指している。もちろん、マーシャルの考えは、いまの説明ほど単純ではない。なぜなら、彼は、あるところで、Mの増加（減少）がPの上昇（下落）の予想を生み出し、それが現時点での買い急ぎ（買い控え）を促すので、Mの増加率（減少率）をPの増加率（減少率）が上回る可能性について言及しているからである。[23]だが、彼も、長期的

には、現金残高数量説が成り立つと考えていたと言ってよいだろう。そして、このような考え方が、ピグーや『貨幣改革論』（一九二三年）の段階までのケインズに受け継がれていくのである。

ところが、長い間、現金残高数量説の伝統のなかにあったケンブリッジ経済学も、ロバートソンの『銀行政策と価格水準』（一九二六年）の登場によって新たな可能性が切り開かれていった。ロバートソンの新機軸は、大陸における経済学の展開にも十分な考慮を払いながら、物価問題に対する投資―貯蓄アプローチ（投資と貯蓄の関係を中心に、前者が後者を上回れば物価が上昇するという考え方）を提示したことだが、それが『貨幣論』（一九三〇年）を執筆中のケインズに大きな刺激を与えたことは間違いない。

もちろん、ケインズは、やがて『貨幣論』の思考法からも離れて、『雇用・利子および貨幣の一般理論』（一九三六年）に結実した「有効需要の原理」の方向に進んでいくわけだが、この話の詳細は、第九章に譲ることにしよう。

第三に、マーシャルは、経済学を「果実を求める学問」として捉える伝統を残した。この点は、ライオネル・ロビンズ（Lionel Robbins）の『経済学の本質と意義』（一九三二年）以来、「である」を含む命題（存在命題）と「べき」を含む命題（当為命題）の峻別という方法論が確立している現代経済学とは対照的であるかもしれない。もっとも、マーシャルの同時代人のなかにも、J・N・ケインズ（ケインズの父親）のように、「存在」と「当為」を峻別する方法論を説いていた者がなかったわけではない（例えば、『経済学の範囲と方法』

一八九一年)。だが、ケンブリッジ学派の人々は、一般に、両者は現実には離れ難く結びついていると考えていた。その源流は、もちろん、マーシャルにあると見るべきだろう。すなわち、「強き人間の偉大なる母ケンブリッジが世界に送り出すものは、冷静な頭脳と温かい心をもって、自己の周囲の社会的苦悩と闘おうとするためには、自己の最善の力の少なくとも幾分でも喜んで捧げようとし、かつ教養のある高尚な生活のために物質的手段をすべての人に与えるのはいかなる程度まで可能かを明らかにするまでは安心して満足せずと決心しているものであるが、これらの人々を増加させるために、私の貧しい才能と限られた力を挙げてできるだけのことをするというのが、私の胸中深く秘められた念願であり、かつ最高の努力である」(24)と。

以上の三つは、ケンブリッジ学派の伝統と深いつながりがあるものばかりだが、最後に、マーシャル経済学の重要な要素であるにもかかわらず後世に十分に伝えられたとは言い難いものについて触れてみたい。それは、「経済学と人間」という問題である。

欲望進化論のところで説明したように、マーシャルは人間性の進歩につねに関心をもっていたが、それは彼が具体的な経済問題を見る視点にも明瞭に現われている。

例えば、若い頃のマーシャルは、社会主義者たちの「社会福祉に対する骨の折れる私心ない献身」を深く尊敬し、経済学研究の初期にマルクスやラサール (F. Lassalle) などの著作を読んだと言われているが、結局のところ、彼は社会主義の教義に与することができなかった。というのは、社会主義の理想を実現するには「経済騎士道」の精神が必要なのだが、現時点では、いまだにそれが人々の血肉とはなっていないからである。それゆえ、彼は、次のように述べたのである。

「自由企業の下にある世界は、経済騎士道が発展するまでは、完全な理想から程遠いだろう。しかし、それが発展するまでは、集産主義の方向へのどんな大きなステップも、現代の程よい進歩率の維持にとってさえ由々しい脅威である。[25]」

経済学は、現在では、ロビンズの有名な定義[26]にあるように、「希少資源の配分」を取り扱う学問と考えられているが、マーシャルは、そのような定義では決して満足しなかった。すなわち、彼によれば、「政治経済学または経済学は人生の日常の実務における人間の研究であり、人間の個人的、社会的行為のうちで、福祉の物的条件の獲得と利用にもっとも密接に結びついた部分を考察の対象にする[27]」と。マーシャルにとっては、経済学が「人間の研究」でもあることが大事だったのである。

注

(1) ポール・A・サムエルソン『経済学と現代』福岡正夫訳(日本経済新聞社、一九七二年)八二ページ。

(2) 以下、マーシャルの生涯の記述に当たっては、次の文献を参照した。John K. Whitaker, "Alfred

Marshall (1842–1924)", in *The Social Science Encyclopedia*, edited by Adam Kuper and Jessica Kuper, Routledge & Kegan Paul, 1985, pp.490–491 ; P. D. Groenewegen, *A Soaring Eagle : Alfred Marshall 1842–1923*, Edward Elgar, 1995.

（3）この有名なエピソードは、J・M・ケインズの有名なマーシャル伝（『人物評伝』大野忠男訳、東洋経済新報社、一九八〇年、二二九ページ参照）をはじめ、いろいろなところで紹介されている。

（4）J・M・ケインズ『人物評伝』大野忠男訳、前掲、二三二ページ。

（5）マーシャルは、『経済学原理』（一八九〇年）の刊行以後、『産業経済学』を絶版にしたが、私は、かつて、その理由を探った研究論文を書いたことがある。詳しくは、拙著『二十世紀の経済学』（講談社学術文庫、一九九五年）第I部第二章「マーシャル経済学の形成」を参照のこと。

（6）J・M・ケインズ『人物評伝』大野忠男訳、前掲、二三〇ページ。

（7）W・S・ジェヴォンズ『経済学の理論』小泉信三・寺尾琢磨・永田清訳／寺尾琢磨改訳（日本経済評論社、一九八一年）第一版への序文、xiiページ。詳しくは、井上琢智『ジェヴォンズの思想と経済学』（日本評論社、一九八七年）を参照のこと。

（8）前同、七三ページ。

（9）J・M・ケインズ『人物評伝』大野忠男訳、前掲、一七六ページ。

（10）A. Marshall, "Mr. Jevons' Theory of Political Economy (1872)", in *Memorials of Alfred Marshall*, edited by A. C. Pigou, 1925, p.99.

（11）W・S・ジェヴォンズ『経済学の理論』、前掲、一二二―一二三ページ。ただし、煩雑さを避けるために訳文中の傍点は外してある。また、訳文中の「貨物」は「財」によって置き換えたことをおことわりしたい。

（12）A・マーシャル『経済学原理』永澤越郎訳、第三巻（岩波ブックセンター信山社、一九八五年）三〇七ページ。

(13) 前同、三〇九ページ。

(14) ただし、マーシャルは、ワルラスと違って、部分均衡理論を一般均衡理論へのワン・ステップだとは考えていなかった。それは、後に見るように、マーシャルの究極的な目標が彼独自の動学的マクロ分配理論を確立することだったからである。

(15) A・マーシャル『経済学原理』永澤越郎訳、第三巻、三七―三九ページ。

(16) A. Marshall, "Distribution and Exchange", *Economic Journal*, vol.8, 1898, p.52.

(17) 馬場啓之助『マーシャル』(勁草書房、一九六一年)一二七ページ参照。

(18) マーシャルの有機的成長理論については、杉本栄一『近代経済学の解明』上・下(岩波文庫、一九八一年)に明快な紹介がある。以下でも、それを十分に参考にした。

(19) A・マーシャル『経済学原理』永澤越郎訳、第三巻、一九五―一九六ページ。

(20) A. C. Pigou, *The Economics of Welfare*, 1920, 4th edition, 1932, pp.134-135.

(21) *Ibid.*

(22) ケンブリッジ学派の伝統のなかで教育されたケインズは、マーシャル＝ピグーの自由放任主義批判について熟知していた。それゆえ、タイトルのみが有名であまり精読されることの少ないパンフレット『自由放任の終焉』(一九二六年)において、次のように述べたのである。すなわち、「例を挙げれば、アルフレッド・マーシャルは、最大の著作の一つの中で、私的利害と社会の利害とが必ずしも調和しない主な事例の解明を意図した。それにもかかわらず、個人主義的自由放任こそが経済学者の教えるべきことであり、また、現に教えていることであるという一般的見解が支配的であったために、最良の経済学者の慎重で教条的でない態度は、世の中に広まるには至らなかった」と(宮崎義一・伊東光晴責任編集『ケインズ／ハロッド』中公バックス、一九八〇年、一四四ページ)。

(23) 例えば、A. Marshall, *Official Papers by Alfred Marshall*, 1926. を参照のこと。

(24) A. Marshall, "The Present State of Economics (1895)", in *Memorials of Alfred Marshall*, edited by A. C. Pigou, 1925, p.174. 一九二一年にケンブリッジ大学に入学したジョーン・ロビンソンは、当時の知的雰囲気を次のように回想しているが、それもマーシャル以来の伝統であったと言うべきだろう。すなわち、「ケンブリッジでは、経済学は価値から自由（wertfrei）でなければならないとか、あるいは実証的なものと規範的なものとははっきり区別することができるといったことを一度も教えられなかった。探求されているものは、果実であると同時に光でもあることをわれわれは知っていた」と（『経済学の考え方』宮崎義一訳、岩波書店、一九六六年、一二三ページ）。

(25) A. Marshall, "Social Possibilities of Economic Chivalry (1907)", in *Memorials of Alfred Marshall, op. cit.*, p.342.

(26) L・ロビンズは、次のように言う。「経済学は、諸目的と代替的用途をもつ希少な諸手段との間の関係としての人間行動を研究する科学である」と（『経済学の本質と意義』辻六兵衛訳、東洋経済新報社、一九五七年、二五ページ）。

(27) A・マーシャル『経済学原理』永澤越郎訳、第一巻、二ページ。

※マーシャル理解を深めるための文献をいくつか推薦しておきたい。

菱山泉『近代経済学の歴史』（講談社学術文庫、一九九七年）

橋本昭一編著『マーシャル経済学』（ミネルヴァ書房、一九九〇年）

第九章　ジョン・メイナード・ケインズ　有効需要の原理

　二十世紀最大の経済学者ジョン・メイナード・ケインズ（John Maynard Keynes）について語るべきことは極めて多い。そのことは、現在でも、ケインズの名を冠した啓蒙書や研究書が次から次へと出版され続けている事実からも推察されるだろう。私自身も、過去に何度かケインズ経済学を論じる機会があったが、(1)それでも、まだ言い残したことがあるのではないかという思いが心のどこかに残っているかのようだ。

　ケインズその人は幅広い教養人であったが、経済学史に関心をもつ私たちがまず取り組まなければならないのは、やはり「ケインズ革命」と呼ばれるほどの経済学の一大変革をいかにして彼が成し遂げたかを解明することだろう。最近では、『貨幣改革論』（*A Tract on Monetary Reform*, 1923）から、『貨幣論』（*A Treatise on Money*, 1930）を経て、『雇用・利子および貨幣の一般理論』（*The General Theory of Employment, Interest and Money*, 1936）に至るケインズの経済思想の発展を詳細に跡づけた研究が数多く発表されているが、(2)この章では、それらの成果を取り入れながらも、ケインズ革命を経済学の長い歴史のなかに適切に位置づけるという作業をつねに念頭に置いておきたい。

　こんなことを言うのも、巷では、いまだに、ケインズの名を不況時の減税政策や土建業を潤す公共事業政策と即むすびつけて大衆民主主義の弊害（とくに、財政赤字の累積）を説くような議論が横行しているからである。ケインズ経済学にそのような要素が全くないわけではない。だが、ケインズ経済学のエッセンスに触れるには、彼が一生を通じて「貨幣経済」に固有の経済問題と格闘した事実を知らなければならないと思う。もちろん、わずかなスペースのなかにケインズの貨幣経済論をすべて盛り込むことは不可能に近い。しかし、以下では、ケインズの貨幣経済観を伝えるできる限りの努力を試みることにしたい。

1　ケインズ小伝

ケインズは、一八八三年六月五日、イギリスのケンブリッジ（ハーヴェイ通り六番地）に生まれた。(3) パブリック・スクールの名門イートン校を経て、一九〇二年十月、ケンブリッジ大学キングズ・カレッジに入学したが、その段階での彼の主な専攻は数学であった。しかし、学生時代のケインズは、数学以外の活動（哲学や文学への関心、政治問題の討論、等々）に多くの時間を奪われて、肝心の数学の勉強が疎《おろそ》かになりがちだったという。そのせいか、一九〇五年六月に行なわれた数学科の優等卒業試験（ケンブリッジでは、「トライポス」と呼ばれた）では、第十二位というあまり芳しくない成績に終わっている。

だが、たとえケインズが数学を本当の意味で愛せなかったとしても、ケンブリッジの学生生活は、彼が「ザ・ソサイエティー」と呼ばれる伝統ある秘密学生団体の会員になったことによって極めて実り多いものになった。ケインズをその団体に誘ったのは、リットン・ストレイチーとレナード・ウルフの二人だが、留意すべきは、彼らがみな当時出版されたばかりのムーア（G. E. Moore）の『倫理学原理』（一九〇三年）から大きな影響を受けたことである。ムーアの『倫理学原理』は、次の二つの点で、ケインズの思想形成に大きな影響を及ぼした。

第一に、ムーアは、「善」とは「直覚」（Intuition）によってのみ識別することができるものであり、そもそも定義不可能な属性の一つだと主張したが、この考え方は、ケインズの初期の著作『確率論』（*A Treatise on Probability*, 1921）における独自の「確率」観に受け継がれていった。すなわち、ケインズによれば、確率とは直覚によって理解される概念であり、そもそも定義することはできないものだが、そこには明らかにムーアの影響が見て取れる。

第二に、ムーアは、全体は部分の単なる合計ではないという「有機的統一」の原理」を提示したが、これは『一般理論』における方法論的個人主義批判に受け継がれた。すなわち、『一般理論』のケインズは、個々の場合に妥当することが即全体についても妥当すると考えることの誤り――いわゆる「合成の誤謬《ごびゅう》」――を指摘したが、これもムーアの「有機的統一の原理」から学んだものであった。

最近のケインズ研究は、『確率論』に代表されるケインズ初期の思想の解明に著しく傾斜しているように見えるが、ここでは、以上の二点を指摘するに留めたい[4]。

さて、ケインズのトライポスでの成績があまり芳しいものではなかったことはすでに触れた通りだが、結局、彼は数学で身を立てる道を放棄し、文官試験に挑戦する決意を固めた。一九〇六年六月に行なわれた文官試験において、ケインズは第二位（六〇〇〇点満点中三四九八点）の成績を収めたが、第一位の者が大蔵省を選んだので、彼はやむなくインド省に入ることになった。だが、才気煥発な彼にとっては、インド省での仕事は退屈そのもので、早くも一九〇八年六月にはそこを退職してしまった。

実は、ケインズは、インド省を辞める前から、ケンブリッジでの学究生活に戻るための準備をしていた。その第一歩が、キングズ・カレッジのフェロー（特別研究員）の地位を得ることだったが、残念ながら、同カレッジに提出した「確率論研究」は、審査官に彼の斬新な主張がよく伝わらなかったせいか、不合格となった。しかし、彼は諦めずに自分の研究を続け、翌年、再び「確率論研究」を提出し、今度は見事に合格となった。彼の「確率論研究」は、第一次世界大戦の混乱が収まった頃（一九二一年）、ようやく出版の運びとなった。それが前に触れた『確率論』である。だが、その大部分は、第一次世界大戦前に完成されていたことに注目すべきだろう。

第一次世界大戦の勃発後、ケインズは、大蔵大臣ロイド・ジョージの助言者ジョージ・ペイシュの補助者として大蔵省に勤務することになった。かつてのインド省勤務の経験から、ケインズは、「官僚気質」を毛嫌いしていたはずだが、幸いなことに、大蔵省は、インド省と違って、ケインズにとってその才能を十分に発揮できる職場だったようだ。その証拠に、彼は、直ちに金融問題を取り扱う第一課から分かれた「A」課の責任者（国際金融問題担当）となり、その後、急速に昇進していった。そして、戦争終了後のパリ平和会議には、なんと大蔵省首席代表として参加するまでの地位に上り詰めたのである。

だが、ケインズらしいことに、平和条約案が敗戦国ドイツに過酷な賠償金を課そうとしたことに賛成できず、途中で惜しげもなくその地位を擲《なげう》ってしまった。さらに、彼は、パリ平和条約を痛烈に批判した『平和の経済的帰結』(*The Economic Consequences of the Peace*, 1919) を公刊したが、たちまちベストセラーとなったその本の成功によって、ケインズは一流のジャーナリストとしての名声を確立したのである。

大蔵省を去ったケインズは、再びケンブリッジでの生活に戻ったが、普通の学者と違うのは、アカデミックな活動以外の仕事が彼にとって重要なウェイトを占めていたことである。彼が関係した仕事は、少し数えただけでも、例えば、キングズ・カレッジの会計官、ナショナル相互生命保険会社の社長、自由党の週刊機関誌『ネーション』の取締役会長、世界的な経済学専門誌『エコノミック・ジャーナル』の編集者などが思い浮かぶが、これら決して楽ではない仕事を一人の人間が一生涯の内に手がけたというのはほとんど奇跡と言うべきである。

一九二三年、ケインズは、『貨幣改革論』を出版した。これは、ケインズがまだマーシャル経済学に代表される正統派経済学の忠実な弟子であった頃の著作だが、その証拠に、当時の彼は、長期的命題としての貨幣数量説には疑問がないものと考えていた。(5) だが、ケインズの見解は、その後、二度にわたって重要な変化を遂げていく。

まず、第一の変化は、一九三〇年に出版された『貨幣論』において生じている。この本は、スウェーデンの経済学者ヴィクセル（Knut Wicksell）の理論に学びながら、「自然利子率」（投資と貯蓄の均等をもたらすような利子率）と「市場利子率」（銀行組織が設定する利子率）の乖離が投資と貯蓄の開きを生み出し、それを通じて物価が変化するという物価問題に対する投資—貯蓄アプローチを採用したところに特徴があるが、ケインズの思考法の変化には、すでに『銀行政策と価格水準』（*Banking Policy and the Price Level*, 1926）において同様のアプローチを採用していたロバートソン（D. H. Robertson）との直接の対話も大きく与《あずか》っていたかもしれない(6)。

だが、ケインズは、さらに前進していく。というのは、投資—貯蓄アプローチにおいて物価の変動を説明するとき、暗に「産出量一定」が仮定されているのではないかというケンブリッジの若手経済学者たち（『貨幣論』を検討するために組織された、いわゆる「ケンブリッジ・サーカス」のメンバーたち）の批判に直面したからである。その批判に答えるためには、そもそも産出量がいかにして決定されるかを解明しなければならないが、実際、この認識が『貨幣論』から『一般理論』への飛躍という第二の変化をもたらした根本的な要因であったと言ってよいだろう。『一般理論』への道は、見方を変えれば、ケインズにとっての中心的な課題が物価水準から雇用量や産出量にシフトしていったプロセスということもできるが、言うまでもなく、そのような変化は、失業者の蔓延《まんえん》という現実世界の出来事を反映するものであった。『一般理論』のメッセージは、かい摘《つま》んでいえば、失業は、賃金率が均衡水準よりも高いからではなく、「有効需要」（実際の貨幣の支出に裏づけられた需要）の不足によって生じるというものだが、その具体的な内容については、後に詳しく見ていくことにしたい。

さて、第二次世界大戦が勃発すると、ケインズは、経済政策の作成にかかわる様々な実践活動に従事するようになった。主なものを挙げれば、「大蔵大臣諮問会議」のメンバー（一九四〇年六月）、『戦費調達論』（*How to Pay for the War*, 1940）における「強制貯蓄」の提案、そして、国際通貨制度改革のためのプラン作り――いわゆる「ケインズ案」として知られる「国際清算同盟案」（一九四三年）――などである。(7)

一九四二年六月、ケインズは、男爵位（Baron Keynes of Tilton）を賜り、ケインズ卿（Lord Keynes）と呼ばれるようになった。だが、あまりにも多忙で過労が重なったせいか、この頃から時々心臓発作に襲われ始めた。そして、ついに、一九四六年四月二十一日早朝、最後の心臓発作が彼の生涯を終わらせたのである。享年六十二歳であった。

2　乗数理論と流動性選好説

ケインズの『一般理論』は、経済学の歴史において初めて「有効需要の原理」を樹立した革命的な著作である。有効需要の原理は、乗数理論と流動性選《せん》好《こう》説という二つの柱によって支えられているが、そのどちらも今ではマクロ経済学の基本的な分析装置として受容されているものである。以下、それらの考え方を丁寧に解説していきたい。

乗数理論

『一般理論』におけるケインズの主要課題は、人口・技術・資本設備などが所与であるようなマーシャルの意味での「短期」において、何が国民所得（ないし産出量）を決定するかを解明することだったが、ケインズは、その問題を次のように解いてみせた。すなわち、政府の活動と外国貿易の存在が捨象《しゃしょう》された「封鎖経済」の下では、国民所得は、供給面では国民生産物の供給を、需要面では消費需要と投資需要の合計を表わしているが、国民所得の均衡水準は、その両者が等しくなるところで決定される、と（ただし、封鎖経済の仮定は、理論上の単純化のために置かれたものであり、後に、政府の活動や外国貿易の存在をモデルに導入することは容易にできる）。

いま、国民所得をY、国民所得の関数としての消費を$C=f(Y)$、投資をIで表わすとしよう。ケインズは、Cについて、次のような仮定を置く。すなわち、CはYの増加とともに増加するが、Cの増加はYの増加には及ばない（数学的に表現すると、$0<\frac{\Delta C}{\Delta Y}<1$、ここで、$\frac{\Delta C}{\Delta Y}$は、「限界消費性向」と呼ばれる）と。また、$I$については、ひとまず一定額が$Y$から独立に与えられている（すなわち、$I=\bar{I}$）と仮定する。以上から、財市場の均衡条件は、

$$Y=C(Y)+\bar{I} \qquad (1)$$

によって示されるが、ケインズは、貯蓄$S = Y - C$と定義しているので、(1)式は次のように書き換えることもできる。

$$S(Y) = \bar{I} \qquad (2)$$

(1)式または(2)式が、ケインズの国民所得決定の理論のエッセンスを示したものに他ならないが、留意すべきは、このようにして決まったYが必ずしも完全雇用に対応した国民所得Y_fに一致するとは限らないことである。すなわち、YがY_fに足りない場合、労働者が現行の賃金率で働く意欲がありながら職にありつけないという「非自発的失業」が発生する可能性があるというわけだ。

以上を今度は図を使って説明しよう。

まず、図9・1(a)を見ていただきたい。ここでは、縦軸に$C + I$（消費需要プラス投資需要）、横軸にY（国民所得）が測られているが、図に45度線が描かれているのは、その直線上のどの点も縦軸と横軸からの距離が等しいという特性を利用して、$Y \equiv C + I$という

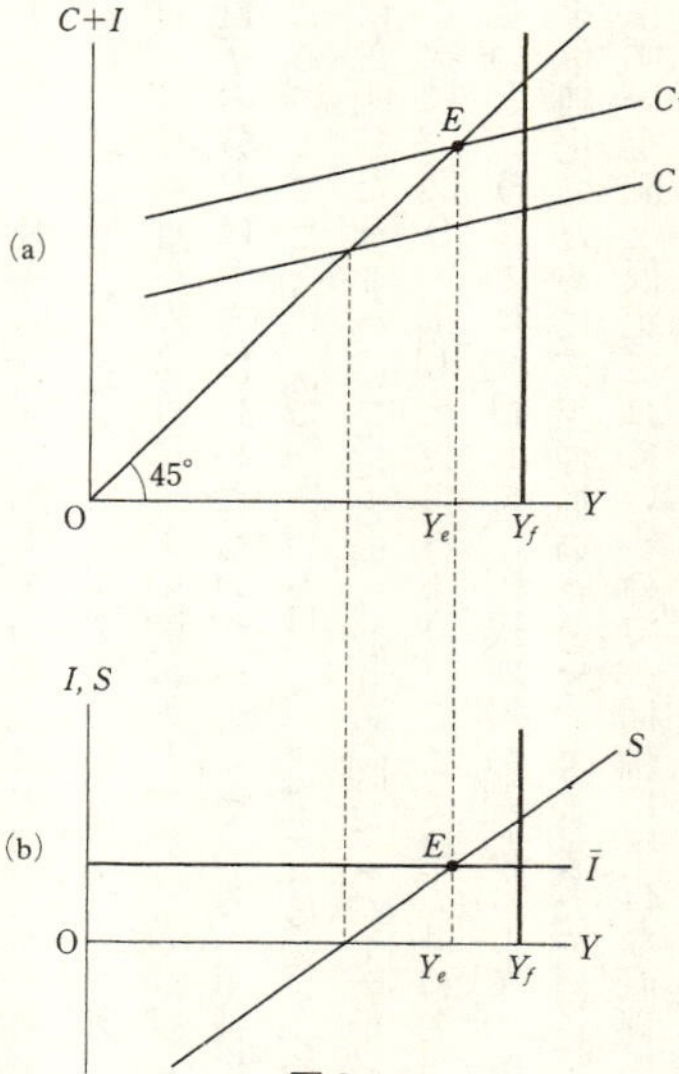

図9.1

事後的には必ず成り立つ関係を図の上に表現するためである（だが、45度線上のどの点にYが決まるかをみるためには、CとIの意図された大きさを重ね合わせる必要がある）。Cは、すでに述べたように、Yの関数としての消費曲線を表わしているが、それを一定額の投資$\bar{I}$の分だけ上方に高めたものが$C+\bar{I}$である（単純化のため、Cは直線によって表わしてある）。ここでは、均衡所得Y_eは、$C+\bar{I}$と45度線の交点Eにおいて決まるが、それは、前に説明した$Y=C(Y)+\bar{I}$という数式を図によって表現し直したものに過ぎない。

次に、図9・1(b)を見てみよう。ここでは、(a)における45度線とCの間の距離が貯蓄に等しいということに注目して、国民所得の関数としての貯蓄曲線Sが描かれている（前に、Cを単純化のために直線で描いたので、Sもまた直線によって描かれる）。他方、投資はひとまず一定額と仮定されているので、横軸に平行な直線となる。ここでは、均衡所得Y_eは、Sと$\bar{I}$の交点Eにおいて決まるが、これも、前に説明した$S(Y)=\bar{I}$という数式を図によって表現し直したものに過ぎない。

だが、こうして決まった国民所得は、完全雇用に対応した国民所得Y_fに等しいとは限らない。例えば、図9・1では、Y_eはY_fよりも低い水準に決まっているが、その場合には、政府が積極的に減税や財政支出の増加などの諸対策を講じることによって、$C+I$を上方にシフトさせなければならないだろう。反対に、総需要が過剰でY_eがY_fを超えるようなときには、増税や財政支出の削減などの諸対策を講じなければならない。このように、ケインズ政策を財政政策主導と捉える解釈は、アメリカのケインジアンとして知られたハンセン（Alvin H.

Hansen）を中心に普及したものだが、後に説明するように、ケインズ政策が単に財政政策だけには還元されないことも念頭に置いておくべきである。(8)

　さて、『一般理論』は世界的な大不況の産物だったが、不況対策としての公共投資にいかなる理論的根拠があるのか、長い間、解明されてこなかった。しかし、一九三一年になって、ケインズの愛弟子カーン（R. F. Kahn）が、それを見事に解き明かした論文を発表した。(9)それが、いまや経済学の初学者でも知っている「乗数理論」である。

　乗数理論は、国民所得決定のモデルから簡単に導き出すことができる。すなわち、$Y=C+I$から、

$$\Delta Y=\Delta C+\Delta I$$

$$\left(1-\frac{\Delta C}{\Delta Y}\right)\Delta Y=\Delta I$$

ここで、$\frac{\Delta C}{\Delta Y}$（限界消費性向）を$\alpha$とおくと、

$$\Delta Y=\frac{1}{1-\alpha}\Delta I$$

すなわち、投資の増加ΔIは、その$\frac{1}{1-\alpha}$倍の国民所得の増加ΔYをもたらすのである。ここで、$\frac{1}{1-\alpha}$が「乗数」と呼ばれているものである。

　同じことを数値例を使って説明してみよう。いま、投資が1億円だけ増加したとすると、それによって、社会全体として1億円の所得が生み出されるだろう。しかし、その追加所得

を受け取った人々は、それを消費のために使おうとするので、話はここでは終わらない。

いま、その社会の人々の限界消費性向が$2/3$であると仮定すると、1億円$\times\frac{2}{3}$だけの第二次的な所得の増加が生じるだろう。ところが、さらにそのなかから$2/3$が消費に使われるので、1億円$\times\frac{2}{3}\times\frac{2}{3}$だけの第三次的な所得の増加が生み出される。このような波及効果が無限に続いていくわけだが、結局、最初の投資の増加がどれだけの所得の増加を生み出すかは、無限等比級数を使って次のように求めることができる。

$$1+1\times\frac{2}{3}+1\times\frac{2}{3}\times\frac{2}{3}+\cdots\cdots$$
$$=1\times\left[1+\frac{2}{3}+\left(\frac{2}{3}\right)^2+\cdots\cdots\right]$$
$$=1\times\frac{1}{1-\frac{2}{3}}$$
$$=1\times3$$
$$=3$$

すなわち、この数値例でも、1億円の投資の増加は、その［1／(1－限界消費性向)］倍(ここでは、三倍)の所得の増加を生み出していることがわかるだろう。[10]

『一般理論』が出版された頃のイギリスでは、公共投資は利子率を引き上げ民間投資を抑制するので雇用量増大にはつながらないとする「大蔵省見解」(現代経済学の言葉を使えば、公共投資が民間投資を「クラウド・アウト」するという考え方)なるものが影響力をもっていたが、乗数理論を武器にしたケインズは、いまや、大蔵省見解を完全に粉砕することができるようになった。『一般理論』には、些《いささ》か誤解を招く恐れはあるが、大蔵省に対する完全勝利を誇るかのごとき次のような文章が見られるので、引用してみよう。

「もし大蔵省が古い壺に銀行券をつめ、それを廃炭坑の適当な深さのところへ埋め、次に都会のごみで表面まで一杯にしておき、幾多の試練を経た自由放任の原理に基づいて民間企業にその銀行券を再び掘り起こさせる(もちろん、この権利は銀行券の埋められている地域の借地料の入札によって得られるものとする)ことにすれば、もはや失業の存在する必要はなくなり、その影響のおかげで、社会の実質所得や資本資産もおそらく現実にあるよりもはるかに大きくなるであろう。もちろん、住宅やそれに類するものを建てる方がいっそう賢明であろう。しかし、もしそうすることに政治的・実際的困難があるとすれば、上述のことはなにもしないよりはまさっているであろう。(11)」

投資の決定

45度線によるケインズ理論の解釈では、投資がひとまず一定額として仮定されていた。だが、もちろん、現実に近づくためには、投資の決定について何らかの理論をもたなければならない。

ケインズの投資決定論は、簡単に言えば、企業は「資本の限界効率」（予想利潤率）と利子率を比較しながら両者が均等になるまで投資を行なうというふうに要約することができる。では、資本の限界効率とは、厳密にはどんなものか。

企業は資本設備を購入しようと決意するとき、ふつう、その設備を用いて生産される産出物の予想売上金額から生産に必要な予想費用を差し引いた残額（すなわち、「予想収益」）の系列（$Q_1, Q_2, Q_3, \cdots\cdots, Q_n$）と、その設備を現時点で生産するのに必要な費用（すなわち、「資本設備の供給価格」—R）の関係を考慮するだろう。だが、予想収益の系列（$Q_1, Q_2, Q_3, \cdots\cdots, Q_n$）は、それぞれ、第一年末、第二年末、第三年末、……、第n年末の予想収益なので、それを現時点での価値で表わすには、一定の割引率が必要である。資本の限界効率とは、それを用いて計算された予想収益の系列の現在価値が資本設備の供給価格に等しくなるような割引率のことである。すなわち、

$$R=\frac{Q_1}{1+m}+\frac{Q_2}{(1+m)^2}+\frac{Q_3}{(1+m)^3}+\cdots\cdots+\frac{Q_n}{(1+m)^n}$$

におけるmの値がそれに当たるものである。

資本の限界効率は、次の二つの理由によって、投資が増加するにつれて逓減《ていげん》していく傾向が見られる。第一に、企業が資本設備の購入を増やすにつれて、投資財産業において収穫逓

減の法則の作用が強まり、これが投資財生産に要する限界費用の増加（ということは、投資財の供給価格Rの上昇）をもたらす。第二に、同一産業内に資本設備が増加すると、企業間の販売競争が激化し、予想収益の系列（$Q_1, Q_2, Q_3, \cdots\cdots, Q_n$）が低下していく。

以上の準備をもとに、図9・2を見てみよう。この図では、資本の限界効率mの逓減を反映して、右下がりの資本の限界効率表が描かれているが、企業はそれと資金の借入コストを意味する利子率rとの比較から投資行動を決定する。すなわち、mがrよりも高い場合には投資を拡大し、反対にmがrよりも低い場合には投資を縮小し、結局、両者が等しくなるところまで投資を行なうのである。

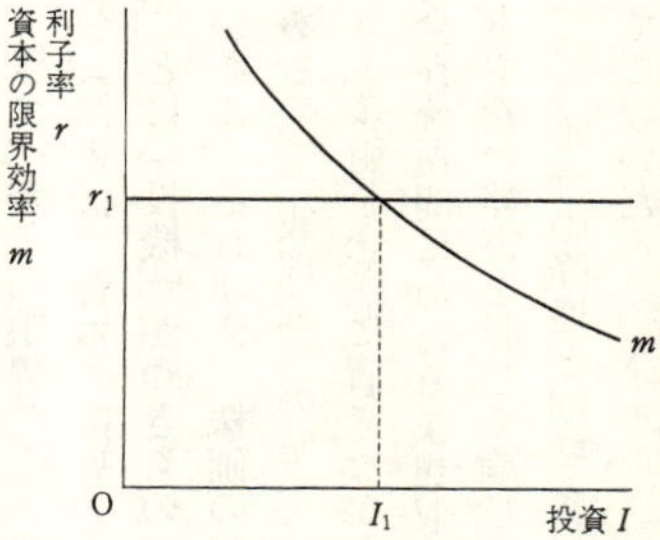

図9．2

図9・2では、利子率がr_1の水準に与えられているので、投資はI_1まで行なわれることになるだろう。

だが、いまのような投資決定は、企業が外部から資金を借り入れる場合にしか当てはまらないのではないかという疑問が生じるかもしれない。ところが、たとえ企業が自己資金によって投資を行なう場合でも、利子率という比較の基準があるおかげで、企業は資金を最も有利な方向に投じることができるのである。なぜなら、もし資本の限界効率が利子率よりも低いと予想されるならば、企業は自己資金を貸し付けるという、より有利な選択をすることができるからだ。

さて、資本の限界効率の動きは、現在の株式会社制度の下では、株価の変化に反映されるが（例えば、資本の限界効率の上昇が株価を吊り上げるというように）、株式市場は厄介なことに「投機」がつきものであり、大衆心理の不安定な動きの影響を受けやすいという特徴がある。それゆえ、株価の動きは、必ずしも経済の実体を反映したものではなくなる恐れがある。『一般理論』の第十二章「長期期待の状態」には、ケインズが主にニューヨークのウォール街を念頭に置きながら、「投機」（「市場の心理を予測する活動」）が「企業」（「資産の全存続期間にわたる予想収益を予測する活動」）に対して優位を占めるようになった現代資本主義の弊害を詳しく論じている件《くだり》があるが、とくに次の文章などは、つい最近、いわゆる「バブル」の隆盛と崩壊を目の当たりにしてきた私たち日本人にも他人事のようには聞こえてこないだろう。

「投機家は、企業の着実な流れに浮かぶ泡沫としてならば、なんの害も与えないであろう。しかし、企業が投機の渦巻きのなかの泡沫となるならば、事態は重大である。一国の資本発展が賭博場の活動の副産物となった場合には、仕事はうまくいきそうにない。新投資を将来収益から見て最も利潤を生む方向に向けることを本来の社会的目的とする機関として眺めた場合、ウォール街の達成した成功の度合は、自由放任の資本主義の顕著な勝利の一つであると主張することはできない——もし私のように、ウォール街の最もすぐれた頭脳は実際にはそれとは異なった目的に向けられてきたと考えることが正しいならば、このことは驚くべきことではない。[12]」

流動性選好説

投資の決定を説明したとき、利子率はr_1の水準に与えられていた。しかし、もっと現実に近づくには、利子率が何によって決定されるのかについての理論がなければならない。

ケインズは、「流動性選好説」と呼ばれる利子論を提示したが、その基本的な考え方は、利子率は「流動性」に対する需要と供給の関係によって決まるというものである。流動性とは、「交換の容易性」（必要に応じていつでも他の財に代えることができること）や「安全性」（他の財と比較して元本の価値が安定していること）の総称だが、他の財と比較して最も高い流動性をもっているのは貨幣なので、以下では、ほぼ貨幣と同じ意味に使うことにしたい。

まず、貨幣需要を考えてみよう。いま、全体としての貨幣需要をLとおくと、それは「取引動機」（日常の取引を行なうために現金を手元に置こうとする動機）および「予備的動機」（将来の不測の事態に備えて現金を手元に置こうとする動機）に基づく貨幣需要L_1と、「投機的動機」（債券価格またはそれと反対の方向に動く利子率の動向を市場よりも早く読み取ることから利益を得るために一時貨幣を手元に置こうとする動機）に基づく貨幣需要L_2に分けることができるが、ケインズによれば、L_1はほぼ国民所得Yの関数であり、L_2は利子率rの関数なので、流動性選好関数は次のように書くことができる。すなわち、

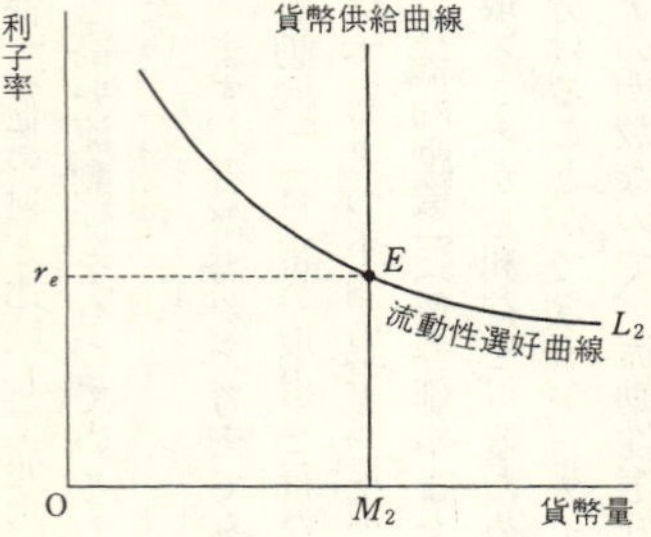

図９.３

$$L=L_1+L_2=L_1(Y)+L_2(r)$$

次に、貨幣供給Mだが、ケインズは、それを基本的に中央銀行の政策によって外生的に決まるものと考える。そこで、これを$\overline{M}$と書くことにしよう。$\overline{M}$は、取引動機および予備的動機を満たすための貨幣量M_1と投機的動機を満たすための貨幣量M_2に分けられるので、次のように書くことができる。すなわち、

$$\overline{M}=M_1+M_2$$

以上から、流動性選好説は、形式的には、次のような形で表わすことができる。

$$\overline{M}=M_1+M_2=L_1(Y)+L_2(r)$$

だが、この式は二つの未知数を含んでいるので、ひとまず、Yしたがって$L_1(Y)$が確定しているものと仮定してみよう。その場合、$\overline{M}-L_1(Y)=M_2$なので、次の式が得られる。すなわち、

$$M_2=L_2(r)$$

この式は、一つの未知数rしか含んでいない（方程式の数と未知数の数は一致している）ので、いまや、rの決定を論じることができる。すなわち、利子率は、投機的動機に基づく貨幣需要とそれを満たすための貨幣供給の関係で決まるというのである（図９・３を参照の

こと。そこでは、利子率はr_eの水準に決まっている)。

図9・3において、流動性選好曲線が右下がりに描かれているのはなぜか。ケインズは、その理由を次のように説明する。すなわち、利子率には、市場の大多数の人々がその時々の状況において「正常」であると見なす水準がある。もし現実の利子率がその「正常」水準よりも高ければ、将来、利子率はさらに上昇する(債券価格がさらに下落する)と予想するよりは、むしろ利子率は下落する(債券価格は上昇する)と予想する人々の方が多くなり、社会全体としては、債券需要が増加する(貨幣需要が減少する)だろう。反対に、現実の利子率が「正常」水準よりも低ければ、将来、利子率は上昇する(債券価格は下落する)と予想する人々の方が多くなるので、社会全体としては、債券需要が減少する(貨幣需要が増加する)だろう。かくして、流動性選好曲線は右下がりになるのだ、と。[13]

ケインズの有効需要の原理を支える二つの柱(乗数理論と流動性選好説)の大要は、以上に説明した通りである。あとは、この二つをいかに統一的に捉えるかという課題が残されたことになる。

3　ケインズ体系とは何か

有効需要の原理を支える二つの柱(乗数理論と流動性選好説)を統一的に捉えた最も初期の試みの一つは、ヒックス(J. R. Hicks)のIS/LMである。[14] これは、かい摘んでいえば、国民所得と利子率がIS曲線とLM曲線の交点において同時に決定されることを示す分析装置のことだが、それは発表当時から現在に至るまで最も標準的なケインズ解釈として受け入れられてきた仕事である。以下、簡単にそれを説明していきたい。

まず、IS曲線とは、（資本の限界効率表を所与とすると）利子率rの減少関数となる投資Iが、国民所得Yの増加関数としての貯蓄Sに等しいという条件 $I(r) = S(Y)$ から導かれる曲線を指している（図９・４を参照のこと）。

次に、LM曲線とは、国民所得の増加関数としてのL_1（取引動機および予備的動機に基づく貨幣需要）と利子率の減少関数としてのL_2（投機的動機に基づく貨幣需要）の合計が中央銀行によって外生的に決定された貨幣供給量$\overline{M}$に等しいという条件 $L_1(Y) + L_2(r) = \overline{M}$ から導かれる曲線を指している（図９・５を参照のこと）。

かくして、国民所得と利子率は、IS曲線とLM曲線の交点Eにおいて同時に決定されるのである（図９・６を参照のこと）。これがヒックスのIS／LMである。

だが、IS／LMは、唯一のケインズ解釈というわけではない。[15] ケインズ自身は、同時決定というよりは戦略的変数間の因果関係の吟味を重視していたが、その事実を受けて、パシネッティ（L. L. Pasinetti）は、『一般理論』を次のような「［原因から結果への］因果順序がはっきりしている型」（causal type）の連立方程式体系として提示している。すなわち、

$$\psi(L, \overline{M}) \rightarrow r \rightarrow \phi(E, r) \rightarrow I \begin{array}{l} \nearrow Y \\ \searrow C \end{array} \left\{ \begin{array}{l} Y = C + I \\ C = f(Y) \end{array} \right\}$$

ここでは、もちろん、各記号の意味は次の通りである。すなわち、L：流動性選好、M：貨幣供給量、r：利子率、E：資本の限界効率表の位置を示すパラメーター、I：投資、Y：国民所得、C：消費。

パシネッティは、このモデルに添えて次のように言っている。「関数ψは、利子率rを他

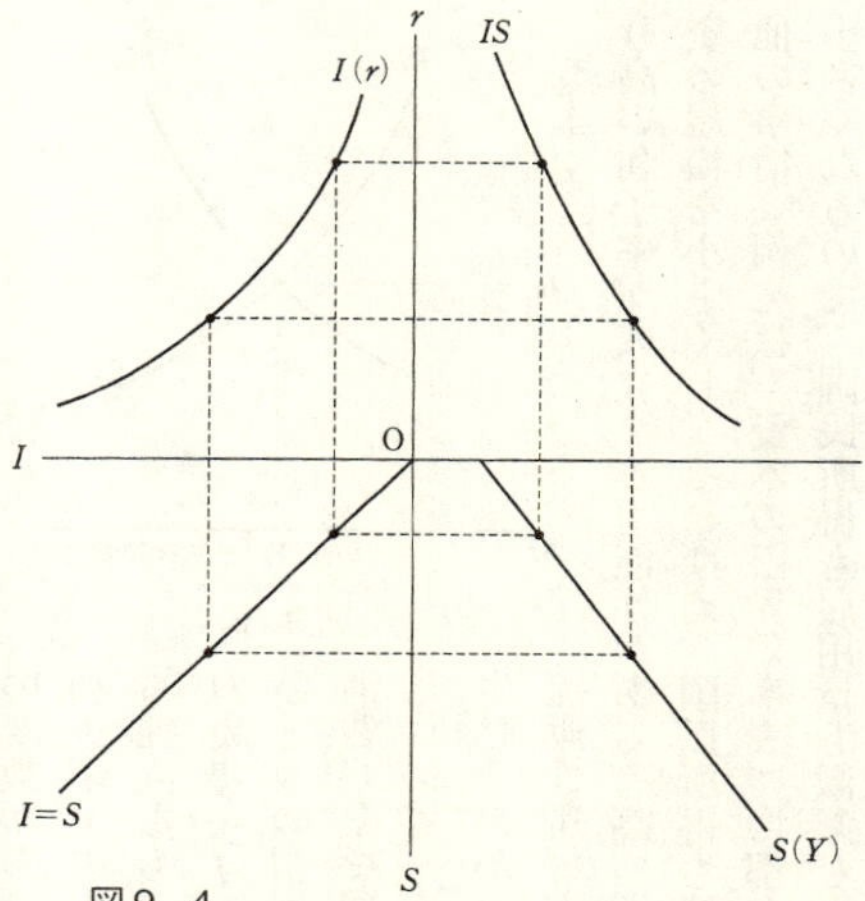

図9．4

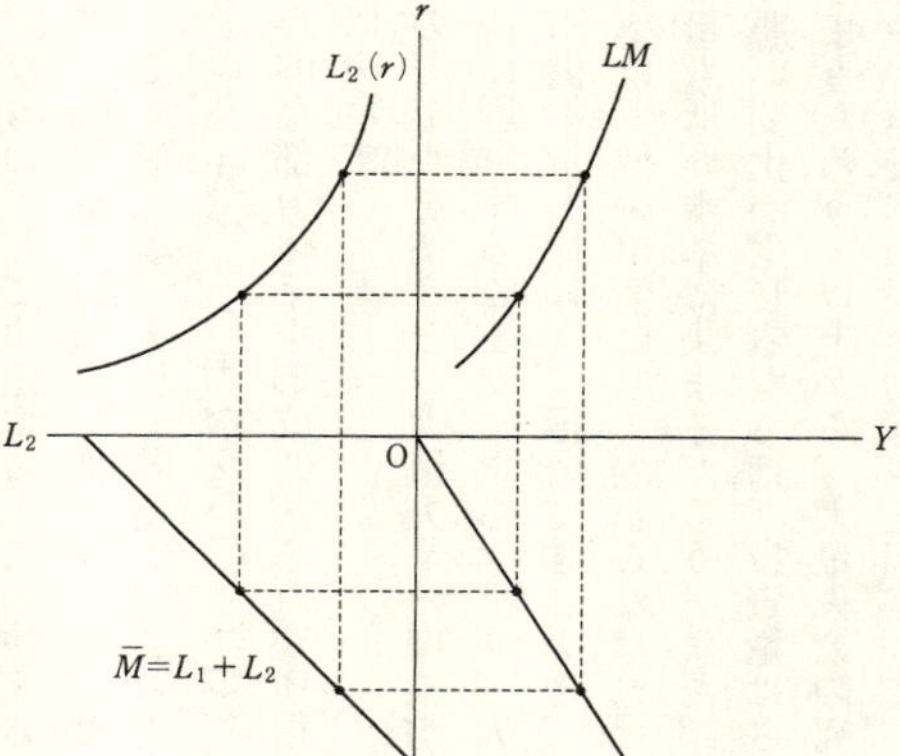

図9．5

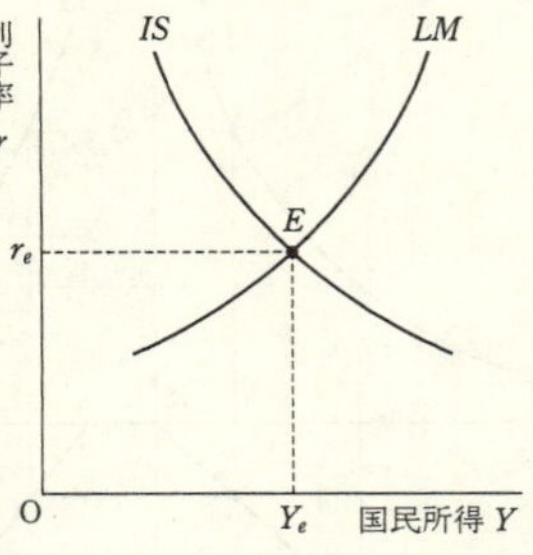

図9.6

の変数からは独立なものとして決定する。この決定された利子率rのもとで、関数ϕは投資を、他のすべての変数から独立なものとして決定する。そして最後に、この決定された投資Iのもとで、式$Y = C + I$と式$C = f(Y)$が、ひとつの相互依存的な部分体系を形成し、それが所得Yと消費Cとを同時に決定する」(16)と。

パシネッティのモデルを使うと、大量失業の現象がなぜ生じるのかを明快に理解することができる。まず、人々の流動性選好が貨幣供給量と比較して極めて強い場合、かなり高い利子率が成立する可能性がある。高い利子率は、他の事情にして変わらなければ、投資の規模を小さくし、それゆえ、国民所得も雇用量も低い水準に決まるだろう。また、もし他の事情（例えば、資本の限界効率表）に都合の悪い変化が生じるならば、投資量はさらに小さくなるので、国民所得も雇用量も激減してしまうだろう。以上から、大量失業の究極的原因は、人々の「貨幣愛」であり、それが移ろいやすい資本の限界効率表と相俟《あいま》って、国民所得や雇用量に大きな変動をもたらすということがわかる。

ケインズは、このように、戦略的変数間の因果関係の吟味を重視していたわけだが、『一般理論』を読むと、それを含蓄のある言葉で表現している件にぶつかるので、引用してみよう。

「われわれの分析の目的は、間違いのない答を出してくれる機械、あるいは盲目的操作の方法を提供することではなく、個々の問題を考察するための組織化された秩序立った方法を用意することであって、錯綜要因を順次に遊離化することによって一応の結論に到達した後は、われわれは改めて熟慮をめぐらし、できるかぎりよく要因間の相互作用の可能性を考慮しなければならない。これが経済学的思考の性質である。[17]」

ケインズは、単に大量失業の原因を解明したばかりでなく、それに対する明確な処方箋も用意している。まず、流動性選好が強くてかなり高い利子率が成立している場合、貨幣供給量を増やして利子率を引き下げることを第一に考えなければならない。具体的には、中央銀行が金融市場から積極的に債券を買い入れることによって貨幣を金融市場に供給することだが、これは債券の時価を引き上げることによって利回りで表現された利子率を引き下げることを意味している。

だが、利子率は下がっても、その効果が資本の限界効率表の下方シフトによって打ち消されてしまうならば、投資は期待したほど増えないかもしれない。その場合は、政府自らが、たとえ財政を一時的に赤字にしてでも公共投資を行なわなければならないだろう。

このようなケインズ政策を実行に移すには、第一に、中央銀行が貨幣をいくらでも金融市場に供給することができること、第二に、政府が赤字公債を発行してでも公共投資を行なうことができることの二つの条件が満たされなければならない。しかし、第一の要件は、一国の貨幣量が中央銀行のもっている金の量によって制限される金本位制度の下では満たされない。それゆえ、ケインズは、政府が必要に応じて自由に貨幣を供給することができるような管理通貨制度を早い時期から提唱した。また、第二の要件は、古典派の均衡財政主義に固執するかぎり、やはり満たされない。それゆえ、ケインズは、厳格な均衡財政の原則からの脱却を主張したのである。

以上がケインズの理論から導き出された政策の大要である。

4 ケインズ経済学の栄枯盛衰

ケインズ経済学の「栄枯盛衰」を最も印象深く語るには、まず、舞台をアメリカに設定する必要がある。というのは、第二次世界大戦後、経済学の最先進国がイギリスからアメリカに移ったことに伴い、世界の経済学界に最も影響を及ぼしたケインジアンも、例外を除いて、圧倒的にアメリカ人が多くなったからである。

さて、アメリカのケインジアンの代表として、まず、サムエルソン（Paul A. Samuelson）に登場してもらおう。サムエルソンは、理論経済学の基礎を高度な数学によって明快に綴った『経済分析の基礎』（*Foundations of Economic Analysis*, 1947）や『経済学——入門的分析』（*Economics: An Introductory Analysis*, 1948）などを通じて世界的に有名になった経済学者だが、若き日の彼は、アメリカにおけるケインズ革命の震源地というべきハーヴァードにおいて『一般理論』に出会い、熱烈なケインジアンになった一人である。

だが、留意すべきは、サムエルソンが、単にケインズ革命を吸収したばかりでなく、それを伝統的な経済学（新古典派経済学）と「平和共存」させる道を開いたことである。「新古典派総合」（Neo-classical synthesis）と呼ばれる考え方がそれである。

では、ケインズ経済学と新古典派経済学をどのように「総合」させるというのか。『一般理論』によって明らかになったのは、自由放任主義の下では、経済体系が場合によっては大量失業を伴いながら均衡してしまう（「不完全雇用均衡」）可能性があるということであった。そこで、ケインズ経済学が教えるように、完全雇用を実現するには、財政・金融政策その他を駆使して総需要を慎重に管理しなければならない。しかし、それによっていったん完全雇用が実現された暁には、価格の自動調整機能に信頼を置いた新古典派経済学が再び有効性を取り戻すだろう。これが、新古典派総合の構想であった。サムエルソンの言葉を聞いてみよう。

「財政金融政策を適当に補強することにより、われわれの混合企業制度はブームやスランプのゆき過ぎを避けることができ、また健全な前進的成長の展望をもつことができる。この基本的な点が理解されれば、小規模の『ミクロ経済学』を扱った古い古典派の原理からその関連性と妥当性の多くを奪ったパラドックスも、いまやその効力を失う。要するに、

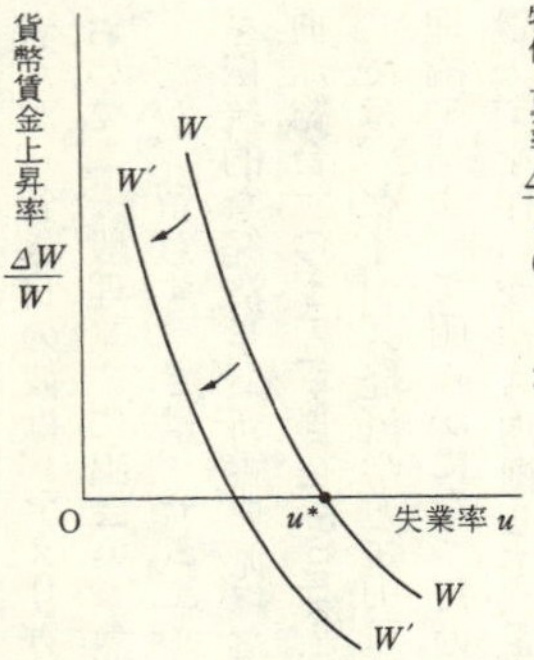

図9.7

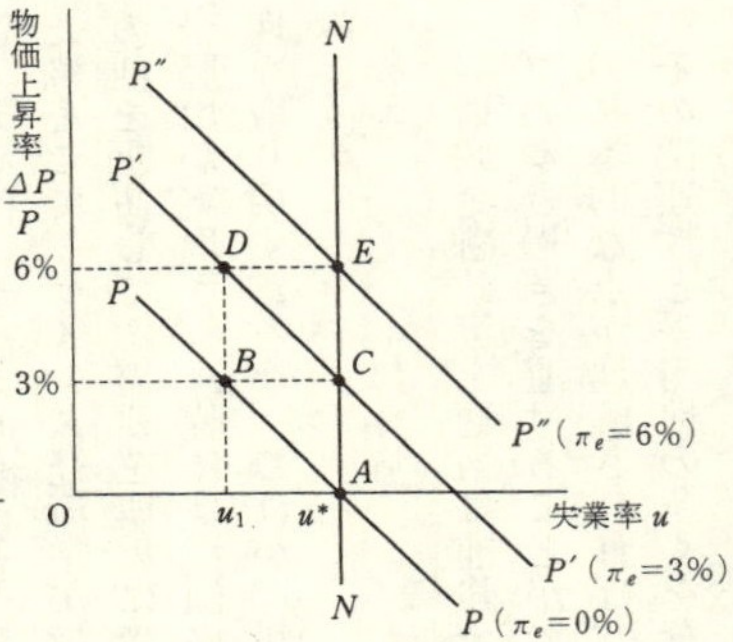

図9.8

所得決定の近代分析をものにすれば、基礎的な古典派の価格付け原理の正しさも、ほんものとして確認されるのであって、経済学者はいまや、ミクロ経済学とマクロ経済学のあいだの大きな溝は埋められた、ということができるのである。[18]」

だが、現実にケインズ政策を採用して雇用量を拡大していくと、「しのびよるインフレ」という新たな問題が発生してきた。そこで、登場したのが、「フィリップス曲線」と呼ばれる分析装置である。フィリップス曲線とは、貨幣賃金上昇率（または、物価上昇率）と失業率の間の逆比例の関係（失業率が低いときには貨幣賃金上昇率が高く、逆に失業率が高いときには貨幣賃金上昇率が低いということ）を曲線にしたものだが（図9・7のWWを参照のこと）、貨幣賃金上昇率と失業率をともにゼロにすることは不可能なので、その両者を社会的に許容される範囲内に収めるように、フィリップス曲線をより良好な内側の方へとシフトさせるような政策（図9・7の矢印を参照のこと）を考案しなければならないということになる。そして、新古典派総合によれば、何らかの形の「所得政策」（たとえば、貨幣賃金上昇率を生産性上昇率内に収めること）こそが、そのための最も有効な政策手段だというのである。

新古典派総合は、ケネディ政権からジョンソン政権のある時期まで、見事な成功を収めた。すなわち、経済成長率が四パーセント台になり、失業率が六パーセントから三パーセントにまで下がったにもかかわらず、物価上昇率は一〜二パーセント程度にとどまったというのだから、まさに現代経済学の「黄金時代」であったと言ってよいだろう。だが、アメリカがまもなくヴェトナム戦争に深入りするようになったことが、ジョンソン政権の経済運営の誤りと相俟って、アメリカ経済の順調な発展を阻んでいくのである。

戦争には当然ながら莫大な経費がかかるが、もしそれを増税なしで賄おうとすれば総需要が膨れ上がり、激しいインフレが発生する可能性がある。そこで、アメリカのケインジアンたち（新古典派総合論者と言い換えてもよい）は、インフレ回避のために、ある段階で総需要を抑制する増税を決意すべきだとジョンソン大統領に勧告した。しかし、大統領は、その勧告になかなか耳を貸さなかった。というのは、かつてニューディーラーとして活躍したこともある大統領は、アメリカを社会保障の面でも世界に誇れるようにするための「偉大な社会」計画を抱いていたが、もし戦争経費の問題が表沙汰になれば、戦争の継続か「偉大な社会」計画の撤回かという二者択一を迫られる可能性があったからだ。その真偽はともかく、大統領の判断の誤りによって、その後のアメリカが加速的なインフレに見舞われることになったことだけは間違いない。例えば、一九五〇年代には高々二パーセント程度に過ぎなかったインフレ率は、六〇年代の後半には四パーセント台、七〇年代前半には六パーセント台、そして七〇年代後半には九パーセント台となっていったのである。

インフレの加速化は、新古典派総合の権威を著しく損なったが、それに対応するかのように、経済学界には、左右両派からそれに批判的な経済学者の影響力が強まってきた。

まず最初に、右派からの批判は、フリードマン（Milton Friedman）のフィリップス曲線批判となって現われた。フリードマンの批判の要旨は、いまやインフレの加速化によって人々の「インフレ期待」が膨らんでしまったので、フィリップス曲線のような安定的な関係は崩壊したというものだったが、それを論証する過程で彼が提示したのが、有名な「自然失業率仮説」である。

「自然失業率」とは、かい摘んでいえば、自発的失業者と摩擦的失業者の合計が全労働人口に占める割合のことだが、図9・7や図9・8では、u^*に当たる失業率が自然失業率を表わしている。[19]

さて、図9・8には、異なった期待インフレ率π_eに応じてフィリップス曲線が三本描かれている（ここでは、わかりやすくするために、フィリップス曲線を直線に描いてある。また、縦軸には、貨幣賃金上昇率ではなく物価上昇率が測ってあることをお断りしておく）が、フリードマンの議論は点Aの自然失業率のところから始まる。

点Aには、期待インフレ率〇パーセントのフィリップス曲線PPが通っているが、それは人々が物価は安定していると期待していることを意味している。ここで、政策当局が失業率を自然失業率以下の例えば u_1 まで下げようとして総需要拡大を図ったとしよう。この場合は、期待インフレ率は〇パーセントなので、フィリップス曲線 PP に沿って、点 A から点 B に移ることができる。だが、これは一時的な効果に過ぎない。なぜなら、点 B では、現実のインフレ率が三パーセントなので、やがて人々はその事実に気づき、期待を修正しようとするからである。もし人々が三パーセントのインフレ率を期待に織り込むようになれば、経済は点 B から点 C に移るだろう。

だが、点 C からさらに u_1 の失業率を達成しようとして、政策当局が総需要拡大を図ったならばどうなるのか。この場合も、一時的には、フィリップス曲線 $P'P'$ に沿って、点 C から点 D に移ることができる。しかし、点 D では、現実のインフレ率が六パーセントなので、やがてまた人々はその事実に気づき、期待を修正するだろう。もし人々が六パーセントのインフレ率を期待に織り込むようになれば、前と同じように、経済は点 D から点 E に移っていくだろう。

かくして、フリードマンは、フィリップス曲線が右下がりになるのは短期的な現象で、長期的には、それは自然失業率 u^* を通る垂直線 NN となると主張するのである。ということは、容易に予想がつくように、失業率を自然失業率以下に引き下げようとするどんな試みも、加速的なインフレを招くだけだということであり、フリードマンは、明らかに、そんな無謀なことを試みて失敗したのがアメリカのケインジアンだと言いたいのである。

フリードマン以降、ケインジアンへの批判はさらに急進的になり、やがて「合理的期待形成仮説」と呼ばれる考え方が経済学界を席巻するようになった。その代表的な論客ルーカス(Robert E. Lucas, Jr.)は、次のように主張した。すなわち、図9・8の点Aからu_1という失業率を達成しようとして政策当局が総需要拡大を図ったとしても、人々が合理的に期待を形成するならば(言い換えれば、三パーセントの物価上昇を正確に予見するならば)、経済は点Aから点Cへとただちに移行するので、短期的にも、フィリップス曲線は垂直となる(政策の効果はない)というのである。

それでは、フリードマンは、いったい、どのような政策を提言するのか。彼の政策提言は、貨幣量を実質経済成長率と歩調を合わせて増加させることによってインフレを抑制するというものだが(これを「k%ルール」という)、これは古くからある貨幣数量説の現代版と考えることができる。すなわち、貨幣量の変化は、短期的には、産出量や雇用量に影響を及ぼすものの、長期的には、(産出量は自然失業率に対応した水準に決まるので)すべて物価の変化となって現われる、と。

フリードマンの学説は、「貨幣」(Money)を重視しているがゆえに、「マネタリズム」(Monetarism)と呼ばれるようになったが、それがインフレの加速化とともに彼が本拠としたシカゴ大学を超えて全米そして世界へと広がっていったことは、まだ私たちの記憶に新しい。[20]

新古典派総合は、右派から批判されただけではない。左派も右派と同様にそれには批判的であった。なかでも、ケインズの愛弟子であり、後には「左派ケインジアン」として知られるようになったジョーン・ロビンソン（Joan Robinson）は、サムエルソンやハンセンなどアメリカのケインジアンたちのことを「私生児のケインジアン」（Bastard Keynesians）と軽蔑的に呼んでいたくらいである。J・ロビンソンの批判は次のようにまとめることができるだろう[21]。

アメリカのケインジアンたちは、たしかに、新古典派総合の政策原理に基づいて総需要を管理し、「雇用の水準」をかなり高いところに維持することに成功したが、その雇用の決して小さくない部分は、政府と軍需産業が結びつき、「軍産複合体」（military-industrial complex）と俗に呼ばれるものを創り上げることによって維持されてきた。だが、雇用が国民の福祉とは何の関係もなく肥大化した軍需産業によって維持されるような状態は健全ではない。それゆえ、J・ロビンソンは、いまこそ、「雇用の水準」ではなく、「雇用の内容」を厳しく問わなければならないと主張したのである。

J・ロビンソンのように、ケインズ経済学を新古典派経済学と妥協させる道（すなわち、新古典派総合の立場）を拒否し、あくまでケインズ経済学本来の可能性を追求していこうとする人たちのことを「ポスト・ケインジアン」（Post Keynesian）と呼んでいるが、彼らの仕事の詳細については、別の文献を参照して欲しい[22]。

かくして、新古典派総合は、左右両派の批判にさらされたことによって、一九七〇年代後半にはほぼ瓦解《がかい》してしまったと言ってよいだろう。そして、一九八〇年代になると、ルーカスの流れを汲む「新しい古典派経済学」が学界を席巻し、ケインジアンたちを完全に守勢に立たせることになった。

もっとも、いまでも「ケインジアン」と自称する人々は、決して消滅したわけではない。「新しい古典派」の衝撃に触発される形でアメリカには「ニュー・ケインジアン」(New Keynesian) を標榜する人々が登場したが、しかし、彼らの方法論は、マクロ経済学のミクロ的基礎を重視した「新しい古典派」の影響をたぶんに受けており、とくに「ケインジアン」と呼ぶべき特徴はないと言わざるを得ない。

例えば、マンキュー (N. Gregory Mankiw) というニュー・ケインジアンのホープは、「メニュー・コスト」(新しいメニューと価格のリストを作るための費用) がかかるために企業が頻繁に価格を改定することには経済合理性がないのだというような説明をするのだが、価格の硬直性を経済合理的に説明するというのは、ルーカスの方法論を不完全競争のケースに適用したに過ぎないものである。(23)

だが、最後に留意すべきは、ケインズの経済思想が一つの「学派」や数理モデルのなかにおさまりきれない要素を多く含んでいたことである。そもそも、彼は、経済学を「疑似自然科学」のように考えている現代の経済学者と違って、それを一つの「モラル・サイエンス」(moral science) であるとつねに強調していた人であった。(24) モラル・サイエンスとは、アダム・スミスやデイヴィッド・ヒュームの時代の道徳哲学の系譜に連なるもので、社会の一員としての人間を取り扱う学問を指しているが、それゆえ、経済学が一つのモラル・サイエンスであるとは、人間社会の現象を経済的側面から研究する学問であるという意味なのである。[25] だが、ケインズ流のモラル・サイエンスとしての経済学を凡人が受け継ぐことはほとんど不可能に近いかもしれない。なぜなら、彼は、次のようなことを述べているからである。

「私は、前に、経済学は内省と価値判断を取り扱うものだと述べましたが、私はさらに、それは動機、期待、心理的不確実性を取り扱うものだと付け加えてもよかったと思います。人はつねに素材を不変で同質的なものとして取り扱うことに対して警戒していなければなりません。経済学は、あたかも大地へのリンゴの落下が、大地に落下することに価値があるかどうかというリンゴの動機に依存したり、または大地がリンゴに落下して欲しいと願ったかどうかということに依存したり、さらにまた地球の中心からどれだけ離れているかについてのリンゴの側の誤算に依存したりしているかのように考えるものなのです。[26]」

それゆえ、ケインズのような天才的直観力を欠いた後世の人々が、教科書のなかの幾つかの代表的なモデルによってケインズ理論を理解するようになったのも無理からぬことであった。もしかしたら、ケインズは、そのような「制度化された経済学」の環境からは独立に経済学の偉大なる変革を成し遂げた最後の経済学者になるのかもしれない。

注

(1) 拙著『「ケインズ革命」の群像』（中公新書、一九九一年）、および『ケインズを学ぶ』（講談社現代新書、一九九六年）を参照のこと。

(2) 例えば、浅野栄一『ケインズ「一般理論」形成史』（日本評論社、一九八七年）、R・カーン『ケインズ「一般理論」の形成』浅野栄一・地主重美訳（岩波書店、一九八七年）など。

(3) 以下、ケインズの生涯の記述に当たっては、次の文献を参照した。R・F・ハロッド『ケインズ伝』上・下、塩野谷九十九訳（東洋経済新報社、一九六七年）、D. E. Moggridge, *Maynard Keynes: An Economist's Biography*, Routledge, 1992.

(4) このテーマに関連する文献は数多いが、専門家以外にはほとんど近づけないものばかりである。比較的読みやすい論文集としては、Bradley W. Bateman and John B. Davis, eds., *Keynes and Philosophy: Essays on the Origin of Keynes's Thought*, Edward Elgar, 1991. が薦められる。

(5) ただし、『貨幣改革論』は、「長期」に至るまでの過渡期について幾つかの興味深い考察を残している。しばしば誤解を招いてきたケインズの言葉——「長期的にみると、われわれはみな死んでしまう。嵐の最中にあって、経済学者に言えることが、ただ、嵐が過ぎれば波はまた静まるであろう、ということだけならば、彼らの仕事は他愛なく無用である」（宮崎義一訳）——も、もともと、長期的命題としての貨幣数量説を限定づける文脈で出てきたものである（訳文は、宮崎義一・伊東光晴責任編集『ケインズ／ハロッド』世界の名著69［中公バックス、一九八〇年］一二一ページより）。

(6) 『貨幣論』の基本的な考え方については、浅野栄一『ケインズ「一般理論」形成史』を参照のこと。

(7) 「ケインズ案」は、アメリカ側の「連合国国際安定基金案」——いわゆる「ホワイト案」——に対して多くの譲歩を強いられていくが、それは、言うまでもなく、国際政治における覇権国がイギリスからアメリカに移ったことに伴う必然的な結果であった。後に、「ホワイト案」を基調に、「ケインズ案」の若干を加味した上で、国際通貨基金（International Monetary Fund, IMF）と国際復興開発銀行（International Bank for Reconstruction and Development, IBRD）が創設されたが、それらの機関が戦後における世界各国の経済復興と経済発展に重要な役割を果たしたことは言うまでもない。

（8）ケインジアンとしてのハンセンの仕事は、*A Guide to Keynes* (1953), *Monetary Theory and Fiscal Policy* (1949) などに代表されるが、簡単な説明については、拙著『現代アメリカ経済学』（岩波書店、一九九二年）第二章を参照のこと。

（9）R. F. Kahn, "The Relation of Home Investment to Unemployment", *Economic Journal*, June 1931. カーンの乗数は、「雇用乗数」として提示されたが、後に、ケインズが、それを私たちがふだん馴染んでいるような「投資乗数」の形に変換した。しかし、基本的な考え方は同じである。なお、カーンの雇用乗数については、拙著『現代経済学講義』（筑摩書房、一九九四年）第三章を参照のこと。

（10）乗数については、実は、「波及論的乗数」と「即時的乗数」の二通りの理解があるが、以上は前者に則った説明をしてある。厳密には、カーンは前者を、ケインズは後者を採用していると言わなければならないが、その含意については、宮崎義一・伊東光晴『コンメンタール ケインズ／一般理論』（日本評論社、一九六一年）第七講を参照のこと。

（11）J・M・ケインズ『雇用・利子および貨幣の一般理論』塩野谷祐一訳（東洋経済新報社、一九八三年）一二八ページ。

（12）前同、一五七ページ。

（13）このような説明には、かつてロバートソンが鋭く批判したように、利子率の「正常」水準が何によって決まるのかについて何も触れていないとか、将来の利子率の上昇または下落の予想が現在の利子率を決めるという循環論法に陥っているとか、幾つかの重大な問題点が含まれている。詳しくは、D. H. Robertson, *Essays in Monetary Theory*, 1940, p.25. を参照のこと。

(14) J.R. Hicks, "Mr. Keynes and the 'Classics'", *Econometrica*, April 1937.

(15) *IS*／*LM*の問題点については、拙著『現代経済学講義』(筑摩書房、一九九四年)第五章を参照のこと。

(16) L・L・パシネッティ『経済成長と所得分配』宮崎耕一訳(岩波書店、一九八五年)四九ページ。ただし、訳文中の記号には少し修正を加えてある。

(17) J・M・ケインズ『雇用・利子および貨幣の一般理論』塩野谷祐一訳、二九七ページ。

(18) P・A・サムエルソン『経済学』第六版、都留重人訳(岩波書店、一九六六年)上巻、五〇〇ページ。

(19) ケインズの『一般理論』は、自発的失業者と摩擦的失業者を除いた「非自発的失業者」がなぜ生まれるのかを解明した名著だったが、とすれば、自然失業率とはほぼ完全雇用に対応した失業率と言ってもよいかもしれない。というのは、経済学における「完全雇用」とは、文字通り、すべての労働者が雇用された状態を指すのではなく、一部の失業者――自発的失業者と摩擦的失業者――の存在は容認されているからである。

(20) 反ケインズ経済学の流れについては、拙著『現代アメリカ経済学』第五章を参照のこと。

(21) 詳しくは、J・ロビンソン『資本理論とケインズ経済学』山田克巳訳(日本経済評論社、一九八八年)を参照のこと。

(22) ポスト・ケインジアンの代表的なメンバーは、J・ロビンソンの他、R・カーン、N・カルドア、M・カレツキなどだが、彼らの仕事については、拙著『現代イギリス経済学の群像』新版(岩波書店、一九九五年)および『異端の経済学』(筑摩書房、一九九五年)を参照のこと。

(23) マンキューについては、とりあえず、『マクロ経済学』I・II、足立英之ほか訳(東洋経済新報社、一九九六年)を参照のこと。

（24）例えば、ケインズは、次のように言っている。「経済学は、現代世界に適したモデルの選択技術と結びついたモデルによって思考する科学です。それがそうならざるを得ないのは、典型的な自然科学とは違って、経済学が適用される素材が多くの点で時間を通じて同質的ではないからです。モデルの目的は、半永久的ないし相対的に不変の要因を一時的ないし変動的要因から分離することによって、後者について思考し、またそれが特定の場合において惹起する時間的継起の理解についての論理的方法を開発することなのです。優れた経済学者が稀なのは、よいモデルを選択するための『用心深い観察力』を用いる才能が、高度に専門化された知的技術を必要としないものの、とても稀なもののように思われるからです。」（*The Collected Writings of John Maynard Keynes*, vol. 14, 1973, pp.296–297）

（25）モラル・サイエンスとしてのケインズ経済学に注目した研究書には、例えば、三上隆三『ケインズ経済学の原像』（日本評論社、一九八六年）や間宮陽介『モラル・サイエンスとしての経済学』（ミネルヴァ書房、一九八六年）などがある。

（26）*The Collected Writings of John Maynard Keynes*, vol. 14, *op. cit.*, p.300.

第十章　ヨゼフ・アロイス・シュンペーター「創造的破壊」の世界

ヨゼフ・アロイス・シュンペーター（Joseph Alois Schumpeter）という名前は、わが国では、ケインズと並ぶ二十世紀経済学の天才として多くの人々の心にしっかりと記憶されている。シュンペーターの著書や論文を読んだことのない人でも、「イノヴェーション」とか「企業者精神」といったシュンペーター経済学のキーワードだけはどこかで聞いたことがあるはずである。

だが、別の機会にも述べたように、[1] キーワードというのはとかく誤解を招きやすいものである。シュンペーターの人物については謎が多いが、同じように、彼の経済学についても、いまだに決定版と言えるような解釈が提示されているわけではない。[2] このような状況は、新たに新鮮な解釈を打ち出すには好都合なのかもしれないが、だからといって、経済学史の常識を大きく外れた勝手な読み方が許されるわけではないだろう。そこで、以下では、月並みなことだが、シュンペーターのテキストを丹念に読み解き、そこから自然に湧き出てくる解釈を私なりに提示していくことにしたい。

1　シュンペーター小伝

シュンペーターは、一八八三年二月八日、オーストリア領モラヴィア地方のトリーシュに、織物繊維業者の父親アロイスと母親ヨハンナの間の一人息子として生まれた。(3)だが、彼が四歳のとき、父親は不幸にも死去した。その後、母親はオーストリア＝ハンガリー軍の陸軍中将ジギスムント・フォン・ケラーと再婚したが、ケラーはウィーン駐屯の司令官でもあったので、一家はウィーンに移り住むようになった。シュンペーターは、そこで、貴族の子弟のための名門校テレジアヌムに学んだが、それは、もちろん、母親の再婚相手の社会的地位のおかげで初めて可能になったことである。

テレジアヌムでは、古典語（ギリシャ語・ラテン語）を中心にした教育を受けたが、シュンペーターは、さらに現代語（英語・フランス語・イタリア語）や人文科学（哲学や社会学など）を幅広く学んだという。

一九〇一年、テレジアヌムを優秀な成績で卒業し、ウィーン大学法学部に進学した。ウィーン大学は、第六章で述べたように、カール・メンガーがオーストリア学派の本拠地にしたところだが、しかし、留意すべきは、シュンペーターが決してオーストリア学派の経済学者で終わらなかったことである。

初期のシュンペーターは、経済体系の相互依存関係を数学的に提示したレオン・ワルラスの一般均衡理論に特別の関心をもったが、ワルラスに対する尊敬の念は、彼が終生抱き続けたものであった。遺作となった『経済分析の歴史』(*History of Economic Analysis*, 1954)にも、次のようなワルラス賛美の文章が見られるので、引用してみよう。

「……経済理論に関する限りでは、ワルラスが私の意見ではあらゆる経済学者のなかでの最も偉大なものであろう。彼の経済均衡の体系は、現に見られるように、『革命的』な独創の性質と古典的な綜合の性質とを結びつけているものであって、経済学者による著作のなかでは、理論物理学の成果とよく比較されるのに堪える唯一のものである。これと比較すると、この期間の中での――およびこれを越えての――大多数の経済学的著述は、たとえそれ自体として価値多く又主観的には独創的なものであるとしても、外洋船の傍《かたわ》らにおけるボートに較べられ、ワルラスの真理の若干の特殊側面〈のみ〉を捕えんとする不適切な試みに等しいものがある。それは厳格、ないし厳密科学に達しようとする経済学の旅程において聳《そび》え立つ一里塚であり、今日では流行に遅れたものとなったとはいえ、なお現代の最良の理論的著作の多くのものの背後に立っているのである。(4)」

ワルラスの一般均衡理論は、現代の用語を使えば、「日付」(時間の要素)を考慮していないという意味で「静学」理論に分類されるが(これに対して、「日付」を明示する理論は「動学」と呼ばれる)、シュンペーターによれば、静学の適用範囲は、生産・交換・消費などの経済数量がつねに同じ規模で循環している状態としての「静態」に限られるという。だが、もし資本蓄積や技術革新などが発生する「動態」こそが資本主義の本質であるならば、ワルラス経済学は資本主義の経済理論としては明白な限界をもっていることになるだろう。シュンペーターは、いち早くこの事実に気づいたが、その辺の事情は、『経済発展の理論』(*Theorie der wirtschaftlichen Entwicklung*, 1912, 2 Aufl., 1926) の日本語版への序文において次のように綴られている。

「ワルラスは、次のように言ったに違いない(事実、たった一度、私は彼と話をする機会があったが、そのとき、彼は私にそう言った)。すなわち、もちろん、経済生活は本質的に受動的であり、それに働きかけているかもしれない自然的および社会的影響に対して、単にそれ自身を適応させるに過ぎないので、静態的過程の理論が、事実上、理論経済学の全体を構成するものであり、経済理論家として、われわれは歴史的変化を説明する要因については多くを語ることができず、単にそれらを記録しなければならないだけであると。古典派と同じように、彼も人口の増加や貯蓄の増加については例外を認めただろう。しかし、これは体系の与件の変化を導入するに過ぎず、新しい現象を何も付け加えるものではないだろう。私は、これは間違っており、経済体系のなかには、達成されるかもしれない均衡をそれ自身で攪乱《かくらん》するエネルギーの源泉があると強く感じた。(5)」

だが、そもそも、シュンペーターは、なぜ単に外部的要因に依存することなく、経済体系の内部から生じた均衡攪乱のエネルギーによって引き起こされた動態的過程に関心をもつようになったのか。それは、おそらく、彼が学生時代を通じてマルクスの経済学から大きな影響を受けたからに違いないだろう。実際、学生時代の彼は、ベーム＝バヴェルクのゼミナールにおいて、優れたマルクス主義者たち（オットー・バウアー、ルドルフ・ヒルファーディング、エミール・レーデラーなど）と交流し、マルクス主義の文献にも通暁《つうぎよう》していたという。マルクスの『資本論』は、たしかに、利潤獲得に駆り立てられた資本家階級が不断の技術革新とさらなる資本蓄積に励みながら資本主義経済をダイナミックに進行させる過程を分析していたので、シュンペーターがそのような動態的ヴィジョンから大きな影響を受けたことは想像に難くない。

もちろん、シュンペーターは、マルクスの経済理論をすべて受け入れたわけではない。例えば、ワルラスの一般均衡理論を摂取した彼にとって、労働価値説は非科学的なものに過ぎなかった。また、マルクスにおいては、「資本家」と「企業者」が概念的に区別されていないことにも批判的であった。しかし、それにもかかわらず、シュンペーターが、その思想形成の初期において、無意識の内にマルクスのヴィジョンから多くを学んだ事実は決して無視してはならないだろう。彼の言葉を聞いてみよう。

「本書［『経済発展の理論』］の読者にとってはおそらく直ちに明白なこと、すなわち、このアイデアとこの目的がカール・マルクスの経済学の教えの根底にあるアイデアと目的とちょうど同じものであることが、最初、私には明確ではなかった。実際、マルクスを彼自身の時代の経済学者と彼に先行する人々から区別するものは、まさしく、経済発展を経済体系それ自身によって生み出された独自の過程として捉えるヴィジョンであった。他のすべての点では、彼はリカード経済学の概念と命題を使用かつ適用したのみであったが、彼が非本質的なヘーゲル的舞台装置に注入した経済発展の概念は全く彼自身のものである。各世代の経済学者たちが、マルクスのなかに批判すべき多くのことを見出すにもかかわらず、再びマルクスへと帰ってくるのは、おそらく、この事実に基づくものであろう。(6)」

さて、一九〇六年、シュンペーターは、ローマ法と教会法に関する研究で法学博士の学位を取得し、ウィーン大学を卒業した。その後、イギリスに渡り、オックスフォードのエッジワース（Francis Ysidro Edgeworth）やケンブリッジのマーシャルなどを訪問したが、イギリス社会の貴族的側面に惹かれていた彼は、その地でイングランド教会の大僧正の娘グレイディス・リカルド・シーヴァーと恋に落ちて、早くも一九〇七年の秋には、ハンス・ケルゼンの立ち会いの下で結婚式を挙げることになった。この結婚は、いろいろな事情からすぐに破綻したが、宗教上の理由で正式に離婚が成立したのは一九二〇年になってからのことであった。(7)

結婚したシュンペーターは、グレイディスを連れて、エジプト王妃の財政顧問や国際混合裁判所の弁護士の仕事をするためにカイロに渡ったが、もちろん、彼にはその地で長居をする気は毛頭なかった。学界復帰を狙っていた彼は、法律家として働く傍《かたわ》らで、後に『理論経済学の本質と主要内容』(*Das Wesen und der Hauptinhalt der theoretischen Nationalökonomie*, 1908)と題して出版されることになる著書の執筆に没頭したのである。一九〇八年、処女作を完成した弱冠二十五歳のシュンペーターは、それを尊敬するワルラスに贈呈し、さらに翌年には、老大家に会うためにローザンヌにまで出かけている。だが、シュンペーターがあまりに若かったせいか、ワルラスの口からは次のような言葉が飛び出したということだ。すなわち、「あなたのお父さまの本をありがとうございました」と。

一九〇九年、処女作の成功によって、シュンペーターは、チェルノヴィッツ大学の准教授になった。チェルノヴィッツは、オーストリアの東の端にあるブコヴィナ地方の首府だったが、この小さな都市の大学には、彼以外に経済学者がいなかったので、経済原論・財政学・政治経済学は言うに及ばず、社会科学の歴史や社会階級論のような講義まで一人で受け持たされたという。だが、その要求に応えられたのは、彼が若くして人一倍博学であったからに他ならない。

一九一一年十一月、シュンペーターは、グラーツ大学法学部教授に任命された。グラーツは、スティリア地方の首府だが、その大学は当初シュンペーター以外の人物を教授として招《しょう》聘《へい》しようとしていたので、彼がグラーツに赴任するまでには多少の紆余曲折があった。(8) 最終的な決着をみるには、皇帝による「勅命」まで必要としたほどだが、シュンペーターの教授任命に尽力したのが、ウィーン大学時代の恩師ベーム＝バヴェルクであったことは記憶されてよいだろう(9)。

だが、そのような事情でグラーツに着任したせいか、周囲の目は冷たく、彼はしばしば汽車で三時間かけてウィーンまで出かけていったという。さらに、彼は、一九一三年から翌年にかけて、アメリカのコロンビア大学の客員教授を務めるために海を渡っていったが、それもやはりグラーツの雰囲気から逃れたかったからだろう。

グラーツ時代の仕事として特筆すべきは、『経済発展の理論』（一九一二年）の完成だが、この著書のなかで明確に提示された経済発展のヴィジョンは、終生、シュンペーターの経済思想の中心に位置することになった。すなわち、「企業者」による「新結合」（のちに、彼は、「イノヴェーション」という言葉を使うようになった）の遂行――新商品の生産・新方法による旧商品の生産・原材料の新供給源の獲得・生産物の新販路の開拓・産業の再組織――こそが経済発展をもたらす原動力だというのである(10)。

ところで、新結合の遂行のためには資金が必要だが、静態においては、貯蓄や資本蓄積はいっさい行なわれないので、それをファイナンスするだけの資金の源泉が存在しない。そこで、シュンペーターは、ここに唯一の資本家としての「銀行家」を登場させるのだが、見逃してはならないのは、銀行家という経済主体がシュンペーターが出発点としたワルラス経済学には登場しなかったことである。銀行家の信用創造が新結合をファイナンスするという考え方は、ヒルファーディング（Rudolf Hilferding）の『金融資本論』（一九一〇年）を彷彿《ほうふつ》させるかもしれないが、シュンペーターの銀行家は、ヒルファーディングのそれと違って、産業を支配するというよりは企業者の新結合を支援する経済主体と言った方が正確だろう。[11]

ともあれ、企業者と銀行家が経済発展の過程において極めて重要な役割を演じることを強調したのが、『経済発展の理論』の一つの重要な特徴であったことだけは間違いない。だが、シュンペーターの経済発展の理論の全体像を提示するのは、次の節に譲ることにしたい。

一九一四年、欧州を震撼させた第一次世界大戦が勃発した。大戦中、シュンペーターは、反ドイツの立場から、オーストリアを西欧諸列強との単独講和に導こうとする密議に加わったというが、それが結果的には失敗に終わったことは言うまでもない。

戦争終結後、学生時代のマルクス主義者の友人に誘われて、ベルリンの「社会化審議会」のメンバーとなったが、社会主義者でない彼がなぜ「社会化」を標榜する審議会に参加したのか。その理由は、彼によれば、次の通りである。すなわち、「もし自殺しようとする人があるとき、その側に医師が居合わせればなお申し分ない」と。

この頃のシュンペーターは、学究生活に没頭した晩年と違って、決して「象牙の塔」の経済学者ではなかった。彼は、もしかしたら、「政治家」としても一流の手腕を発揮しうると自ら信じていたふしがある。その証拠に、大戦後のオーストリアには、社会主義者とキリスト教社会党との連立内閣（首班はカール・レンナー博士）が誕生（一九一九年二月十六日）したのだが、同年三月十五日には、その内閣の外務大臣オットー・バウアーの推薦によって大蔵大臣に就任したのである。

だが、戦後の困難な財政事情が災いして、政治家シュンペーターの行く手にはつねに障害がつきまとった。また、他の閣僚との間の見解のくい違いが、閣内での彼の立場を微妙なものにした。例えば、「資本課税」という政策一つをとっても、それを経済の広範な社会化のための手段と見なしたバウアーや社会主義者たちと、通貨改革のためのやむを得ない措置と考えたシュンペーターの間には根本的な見解の相違があった。さらに、バウアーがオーストリアとドイツの合併を熱心に支持していたのに対して、シュンペーターはそれをいたく警戒していたというように、両者の溝は深まるばかりであった。そして、一九一九年十月十七日、彼はとうとう大蔵大臣を解任されたのである。

政治家としての挫折の経験は、シュンペーターに深い傷跡を残した。彼は、後のハーヴァード時代の弟子である都留重人にこんなことを語ったらしい。すなわち、「私は今までいくつもの誤った認識をした。人間であるかぎり、これは避けられない。が、ただ一つ私が私にゆるすことのできない誤信がある。私はかつて、社会主義者は政治家としても他の政治家とは異なり、一段高い人格と教養をそなえ、その政治にも文化人の政治として、はずかしくない洗練さがありうると思っていた。ところが現実の体験は、私のこの期待を裏切り、私の誤信をゆるすべからざるものにしてしまった」[12]と。

政界を去ったシュンペーターは、今度は、ビーダーマン銀行という商業銀行の頭取になったが、運悪く、この銀行も戦後インフレの後に訪れた安定恐慌に堪え切れず、三年後には倒産した。彼自身も、当時すでに認められていた破産法を利用しなかったせいで、巨額の負債を抱え込んだという。このような苦難の日々を送っていたとき、彼のところには、思いもかけず、ヨーロッパに滞在中の河合栄治郎から東京帝国大学の客員教授になって欲しいという要請が舞い込んできた。彼はこの申し出を有り難く受けるつもりだったが、後にボン大学が彼を正教授に招聘したので、結局、東大行きは実現しなかった。しかし、彼は、苦境のなかにあった当時の自分に救いの手を差し伸べてくれた日本人の親切さを生涯忘れなかったという。

一九二五年、ボンに赴任する直前のこと、彼は母親が住んでいたアパートの管理人の娘アニー・ライジンガーと再婚したが、この結婚も、彼女が最初のお産の際に不幸にも死亡してしまったので、ごく短期間に終わった。追い打ちをかけるように、同じ頃、彼は敬愛する母親まで失った(13)。

さて、シュンペーターのボン時代（一九二五―三二年）は、決して長いとはいえなかったが、それでも長らく歴史学派の支配によって軽視されてきた純粋経済学の意義をドイツの若く有能な研究者たちに伝えるには十分な期間であった。彼は形式的には公共財政の教授だったが、あらゆる機会を利用して、著名な理論経済学者たち（クールノー、ワルラス、パレート、エッジワース、ヴィクセルなど）の仕事を紹介し、学生や研究者を鼓舞したという。

ドイツそしてヨーロッパにおけるシュンペーターの名声の高まりとともに、各地の一流大学（例えば、ロンドン・スクール・オブ・エコノミックスやロッテルダム大学など）が彼を引き抜こうと動き始めた。だが、シュンペーターは、ベルリン大学の経済理論講座を望んでいたので、すべて丁重に断っている。結局、その講座は学生時代の友人エミール・レーデラーに行くことになったが、そのことに落胆したのか、彼はヨーロッパでの仕事を断念し、一九三二年、ハーヴァード大学教授として渡米することを決意したのだろう。

ハーヴァード大学というとアメリカの名門というイメージが強いが、経済学部に関するかぎり、当時のハーヴァードでは、理論経済学というよりは歴史学や社会学などを重視した伝統的ではあるものの些《いささ》か時代遅れのカリキュラムがまだ生きていた。シュンペーターが招聘されたのは、数学を用いるような現代経済学を教授し、カリキュラムの一新を図ってくれることが期待されたからだが、期待に違わず、彼は多くの優れた若手経済学者たち（そのなかには、後にノーベル経済学賞を受賞することになるP・A・サムエルソンやJ・トービンなどが含まれていた）を養成し、一九三〇年代におけるハーヴァード黄金時代の立役者となっていった。(14)

一九三七年八月、彼はアメリカ人の経済史家エリザベス・ブーディーと三度目の結婚をした。シュンペーターが滅びゆくヨーロッパの貴族的雰囲気を愛したのに対して、彼女は典型的な「コネティカット・ヤンキー」だったらしいが、夫の死後、遺された『経済分析の歴史』の原稿を整理し、出版にまで持ち込むに当たっては、彼女の尽力が大きかったと思われる。

ところで、ハーヴァード時代の仕事としては、『景気循環論』（*Business Cycles*, 2 vols.,

1939）と『資本主義・社会主義・民主主義』（*Capitalism, Socialism and Democracy*, 1942）の二つにとくに注目しなければならないが、比較的多くの読者に恵まれたのは、彼が気晴らしのために書いた後者で、『経済発展の理論』を歴史と統計によって拡充したと自信をもって世に問うた前者は、誰もがケインズ革命の衝撃に巻き込まれていたために、然るべき評価を受けずに終わった。そんなこともあって、生前、シュンペーターはケインズを「嫉妬」していたと辛辣なことを言う人がいるのだろう。

第二次世界大戦後、彼はアメリカ経済学会の会長に選出されたが、一九四九年十二月の年次大会では、「社会主義への前進」と題する有名な会長講演を行なった。その内容の要旨は、つまるところ、資本主義の成功こそが逆にそれを衰退させる諸要因を創り出すというユニークなものだったが、それに関連のあるテーマは、『資本主義・社会主義・民主主義』においてより詳しく取り扱われている。

一九五〇年一月八日早朝、シュンペーターは、睡眠中に脳溢血で死亡した。享年六十六歳であった。

2　静態から動態へ

シュンペーターの最高傑作は、彼が二十代の後半に完成した『経済発展の理論』だと思うが、その本の出発点は「静態的経済」である。彼のねらいは、「発展」を理論的に解明することにあるが、そのためには、発展のない状態から発展がいかにして生じるかを明らかにしなければならない。このような方法は、例えば、マルクスが「拡大再生産」の前に「単純再生産」の議論から開始したのと本質的に同じである。

「静態」とは、すでに触れたように、すべての経済数量が年々歳々同じ規模で循環している状態のことだが、経済学の歴史においてそれを初めて明快に叙述したのは、言うまでもなく、ケネーの『経済表』である。静態の本質は、シュンペーターによれば、「自らの起動力によって実際に変化する過程ではなく、単に時間とともに流れる実質所得の定常率を再生産する」[15]に過ぎない過程ということにあるが、これは経済主体が与件（資源・人口・技術・社会組織）に対して受動的に適応するに過ぎないという意味である。しかも、静態の世界には、本源的生産要素（労働と土地）の所有者（労働者と地主）以外に経済主体は存在しないとされる。なぜなら、「企業者」と「資本家」は動態的経済においてのみ登場するというのが、シュンペーター特有の考え方だからだ。企業者と資本家が不在なので、静態的経済では、すべての生産物価値は労働用役と土地用役の価値の合計に等しくなる。[16]

ところが、この静態の世界は、ごく一握りの天賦の才能に恵まれた人物が企業者となり、新結合を遂行することによって破壊される。シュンペーター以前の正統派経済学（彼はとくにマーシャル経済学を念頭に置いている）では、生産要素の入手可能量の変化、人口の増加、貯蓄の増加などが発展への契機を与えるとされたが、シュンペーターによれば、これらの要因によって引き起こされるのは質的に新しい現象ではなく、自然的与件の変化の場合と同様の適応過程に過ぎないという。なぜなら、「これらの年々の変化はきわめてわずかであり、したがって静態的考察方法の適用を妨げないからである。それにもかかわらず、これらの変化の発生はしばしばわれわれの意味での発展の条件となる。しかし、たとえこれらが発展を可能にすることがあるにしても、自分自身の中から発展を創造するのではない[17]」と。

年々のわずかな連続的変化が発展への契機にはなりえないとすれば、シュンペーターがどのような要因に注目するかは容易に想像がつくだろう。すなわち、彼にとっては、「非連続的で急激な変化」こそが重要なのだが、企業者による新結合の遂行こそがまさにそれに当たるのである。シュンペーターは、『経済発展の理論』英語版の脚注において、「経済体系の内部から生じた非連続的な変化」としての新結合の特徴を改めて説明し直しているので、引用してみよう。

「経済生活は変化するものであり、一部分は与件の変動のために変化し、経済はこれに対して適応する傾向がある。しかし、経済の変化はこれだけが唯一のものではない。このほかに、与件に対する経済体系外からの影響によっては説明されないで、経済体系内から生ずる変化がある。この種の変化は多くの重要な経済現象の原因であって、それについて一つの理論を樹立するに値すると思われ、そしてそのためには、この現象を他の変化の要因から孤立させるべきであろう。筆者自身が使い慣れているいっそう正確な定義を付け加えておきたい。すなわち、われわれが取り扱おうとしている変化は経済体系の内部から生ずるものであり、それはその体系の均衡点を動かすものであって、しかも新しい均衡点は古い均衡点からの微分的な歩みによっては到達しえないようなものである。郵便馬車をいくら連続的に加えても、それによってけっして鉄道をうることはできないであろう。[18]」

では、新結合とは、具体的には何なのか。シュンペーターによれば、それは次の五つの場合を含んでいるという。すなわち、

(1)　新しい財貨、あるいは新しい品質の財貨の生産
(2)　新しい生産方法の導入
(3)　新しい販路の開拓
(4)　原料あるいは半製品の新しい供給源の獲得
(5)　新しい組織の実現

シュンペーターの企業者とは、何よりもこれらの新結合の担い手であり、静態の世界で循環の軌道に従っているに過ぎない「単なる経営管理者」とは明確に区別される（静態の世界には、労働者と地主しか存在しないので、敢えていえば、単なる経営管理者は労働者に分類されることになるだろう）。しかも、彼によれば、「誰でも『新結合を遂行する』場合にのみ基本的に企業者であって、したがって彼が一度創造された企業を単に循環的に経営していくようになると、企業者としての性格を喪失する[19]」という。すなわち、ひとたび企業者となったとしても、企業者であり続けるのは極めて困難なことなのである。

さて、静態的経済では、すでに触れたように、すべての生産物価値は労働用役と土地用役の価値の合計に等しいので、それ以外の所得は存在しない。すなわち、静態における単なる経営管理者は、ワルラスが正確に描写したように、利潤も得なければ損失も被らない存在に過ぎない。しかし、企業者による新結合の成功は、いまや労働者にも地主にも帰属しない新たな所得（企業者利潤）を発生させる。シュンペーターによれば、企業者利潤は発展においてのみ生じることになるが、このような彼独自の考え方は、経済学史上「動態利潤説」に分類されている。

前に、発展において企業者を支援する役割を演じるのが資本家（すなわち、銀行家）だと述べたが、このような新結合が銀行の信用創造によってファイナンスされるという考え方が、シュンペーター理論のもう一つの特徴である。新結合は、シュンペーターによれば、原則として旧結合と並んで現われるので、それを遂行するには、必要となる生産手段を何らかの旧結合から奪い取ってこなければならない。この意味で、新結合は「生産手段ストックの転用」と定義することもできるが、残念ながら、静態的経済には、新結合をファイナンスするだけの資金の源泉が存在しない（静態の世界では、すべての経済数量が同じ規模で年々歳々循環しており、貯蓄や資本蓄積などが生じる余裕がなかったことを思い起こして欲しい）。そこで、シュンペーターは、ここに唯一の資本家としての銀行家を登場させるのである。銀行家すなわち資本家に特有の所得は利子だが、これは新結合に成功した企業者が獲得した利潤から支払われるので、利子もまた動態的現象ということになるだろう。

以上の準備をもとに、以下、シュンペーターの『経済発展の理論』の骨子を説明していくことにしよう。

『経済発展の理論』の出発点は、静態的経済である。この静態の世界は、銀行家の資金的援助を得た天才的な企業者による新結合の遂行によって破壊される。

いつの時代でも、他に先駆けて新しい可能性を発見し、実際に新結合の遂行にまでもっていくことのできる企業者はごく少数だが、いったんエリート企業者が道を切り開いてしまえば、模倣者たちはより容易に新結合を遂行することができるだろう。模倣者たちの群生は、新結合の群生につながり、その力が経済を「好況」へと導いていく。

だが、好況は永遠には続かない。やがて新結合の成果としての新しい財貨が市場に大量に出回ることになるからである。財貨の供給の増加とともに、諸価格は下落するが、さらに企業者が銀行家に債務の返済を開始するようになれば、それも価格の低下に拍車をかけるだろう。これらは、経済体系が新結合によって創造された新事態に適応しつつあるときに見られる現象だが、これがまさに「不況」に他ならない。この過程は、経済体系の適応が完了し、再び静態的経済の世界に戻るまで続く。ただし、留意すべきは、新しい静態的経済が、発展の成果が実質所得の増加という形で消費者に手渡されている点で古いものとは区別されることである。

以上が、『経済発展の理論』において提示された最も単純なシュンペーター・モデルの骨子である（後の『景気循環論』では、このモデルは「第一次接近」として分類されているが、それは、その他に、「好況」・「景気後退」・「不況」・「回復」の四局面から構成される図式——「第二次接近」——、およびコンドラチェフ波動・ジュグラー波動・キッチン波動の三波動同時存在の図式——「第三次接近」——が新たに加わったからである。しかし、詳しくは、『景気循環論』を直に参照して欲しい)。

ところで、シュンペーターの経済理論は、現代経済学の正統的な立場から見ると、幾つかの際立った特徴をもっているが、以下、それらを簡単にまとめてみよう。

第一に、シュンペーター理論では、不況は新結合によって創造された新事態に対する経済体系の正常な適応過程として捉えられているが、これは有効需要の不足によって不況が生じるというケインズ以来の現代経済学の常識と鋭く対立する見方である。晩年のシュンペーターが、ケインズ革命に対して極めて厳しい態度をとったのも、このような考え方の違いが大きく関係している。

ケインズの『一般理論』は、第九章でも述べたように、人口・資本設備・技術が所与という意味での「短期」の想定を置いていたが、シュンペーターによれば、そのような短期的な視点では、企業者による新結合の遂行によって生産関数が変革されてきた資本主義経済の長い歴史は解明できないというのである。注目すべきは、このような彼の見解が、一九三〇年代の大不況の現実を目の当たりにしても少しも揺るがなかったことである。彼は次のように言っている。

「私はまえにいくつかの産業革命について述べ、それが資本主義過程の顕著な特徴であることを指摘したが、異常に大きな失業は、これら各産業革命の『繁栄面』に続く適応期間の一特徴にほかならない。それは一八二〇年のものにも、一八七〇年のものにもみられる。そして一九二〇年以降の時期も、この適応期間のいま一つの例にすぎない。そのかぎりにおいては、それは本質的に一時的な現象である。[20]」

第二に、『経済発展の理論』は、たしかに、発展の理論的解明をねらった著書ではあるものの、随所に、経済学の隣接領域に関するシュンペーターの幅広い教養をかいま見ることができる。

例えば、天才的な企業者の後に続いて模倣者が大量に出現するという叙述は、G・タルドの「模倣の社会学」を彷彿させるものがある。[21]もちろん、シュンペーターとタルドの類似性を強調し過ぎるのは誤解を招きやすいが、シュンペーターが、早い時期から、「発明」とその「模倣」がもたらす社会的変化に注目したタルドの議論を熟知していたことは間違いないようである。

また、『経済発展の理論』でシュンペーターが挙げた企業者の要件（「洞察」、「意志の新しい違った使い方」、「新しいことをおこなおうとする人々に対して向けられる社会環境の抵抗」の克服）や動機づけ（「私的帝国」や「自己の王朝」を「建設しようとする夢想と意志」、「勝利者意志」、「創造の喜び」）にウェーバー（Max Weber）の「カリスマ的指導者」

の影響を指摘する解釈もある。[22] すなわち、それらは、ウェーバーが伝統的支配の停滞性を打破するものとして描写したカリスマ的指導者の特徴と多くの点で重なり合う、と。

さらに言えば、そのようなシュンペーターの理想的な企業者像に、F・ニーチェの「権力への意志」や「超人」の影響がうかがえると指摘する解釈さえある。[23]『思想としての近代経済学』（岩波新書、一九九四年）というユニークな経済学史を提示した森嶋通夫も、また、ニーチェの影響を指摘する一人である。すなわち、「こう考えると、新結合を行なうただ者でない企業者と、さらにその背後にあって多くの企業者の中から本物の企業者を見抜く眼力のある銀行家が、シュンペーターの資本主義の正副操縦士である。ワルラス流の完全競争の市場経済では、数多くの無名のプレイヤーの目立たない日常行動の集積によって経済が運営されている。それはマルクス的な無名主義や大衆主義の世界である。これに反しシュンペーターの資本主義社会は、ただ者ならぬ企業者と銀行家が経済を引っ張っていくニーチェ的な英雄主義の世界である。彼らは革新を行なって、古い世界を打破し、今までと全く違う物質世界をつくることにより新文化を形成する。資本主義社会は旧軌道から不安定的に遠ざかり、全く新しい世界に至る」[24]と。

というように、『経済発展の理論』は、一見、経済理論を説いているようで実は単なる経済理論ではないというところが最もユニークな特徴だと言ってもよいだろう。

3　マーシャル経済学への挑戦

シュンペーターの新結合が「経済体系の内部から生じた非連続的な変化」という特徴をもつことはすでに触れた通りだが、このような考え方は、以前から指摘してきたように、(25) マーシャルの資本主義観とは極めて対照的である。

マーシャルは、自らの主著『経済学原理』(一八九〇年) のモットーを「自然は飛躍せず」の一語に要約したが、それは、経済発展を連続的かつ漸進的な過程として捉えた彼の考え方の特徴を適切に表現した言葉であった。マーシャルは、『経済学原理』第八版 (一九二〇年) への序文において、さらにその点を次のように敷衍している。

「経済発展は漸進的である。その進歩は時に政治的破局によって停止され、あるいは逆転されることがある。しかし前進の動きは決して突発的ではない。なぜならそれは西欧世界においても、また日本においてさえも、幾分かは意識的な、また幾分かは無意識的な習慣に基づいているからである。また天才的な一人の発明家、一人の組織者または一人の金融家によって、一民族の経済構造がほとんど一挙に修正されたかのように見えることがあるかもしれない。しかし彼らの与えた影響のうち単に表面的で一時的な影響にとどまらない部分は、研究をさらに深めて見ると、長い時間の間に準備されていた広範な建設的な動きを頂上にみちびくことをほとんど出ていないのを見出す。最も頻繁に起こり、綿密に観察でき、細部にわたって研究できる秩序立った自然の発現は、他の大多数の科学上の研究と同じように、経済研究の基礎である。他方気まぐれで、稀にしか起こらず、観察の困難な部分は、一般にのちの段階における特殊な検討に委ねられる。それゆえ自然は飛躍しないという題銘は経済学の基礎に関する書巻にとくに適切な題銘である。[26]」

ところが、シュンペーターが、ごく初期から立ち向かったものこそ、このような「自然は飛躍せず」というヴィジョンなのである。彼は、処女作『理論経済学の本質と主要内容』において、次のように宣言している。すなわち、「『自然は飛躍せず』(natura non facit saltum) ——この命題を題辞としてマーシャルはその著書の冒頭に掲げたが、実際、それはこの著書の特色を適切に表現している。しかし私は彼に反対して、人間の文化の発展、とりわけ知識の発展は、まさに飛躍的に生ずることを主張したい。力強い跳躍と停滞の時期、溢れるばかりの希望と苦い幻滅とが交替し、たとえ新しいものが古いものに基礎を置いていようとも、発展は決して連続的ではない。われわれの科学は如実にこれを示しているのである[27]」と。

「自然は飛躍せず」というマーシャルのモットーへのシュンペーターの挑戦は、理論的には、外部経済論批判に最も鮮明に現われているように思われる。「外部経済」とは、マーシャルによって経済学に導入された概念だが、それは、もともと、「産業の一般的な発展」によってその産業内の個々の企業の生産費用が削減されることを意味していた。外部経済とは対照的に、個々の企業のもつ資源・組織・経営の能率から生じる生産費用の削減のことを「内部経済」と呼ぶが、マーシャルによれば、現代の高度な産業組織から生じる経済は、内部経済というよりは外部経済に由来するというのである。

外部経済が存在する場合の産業の供給曲線を描いてみよう(28)（図10・1を参照のこと）。図10・1のS_1S_1曲線は、産業の供給量がx_1のときの各企業の限界費用曲線を水平に加えたものである。いま、何らかの事情で産業の需要曲線がD_1D_1からD_2D_2へと右方シフトしたとすると、均衡点は一時的に点Aから点Bへとシフトするだろう。しかし、点Bにおける生産量は、点Aにおけるそれよりも多いので、マーシャルの外部経済効果が生じ、やがてS_1S_1はS_2S_2の方向へシフトしていく。S_2S_2は、もちろん、産業の供給量がx_2のときの各企業の限界費用曲線を水平に加えたものである。かくして、マーシャルによれば、外部経済が存在する場合の産業の供給曲線は、RRのように右下がりになるというのだ。

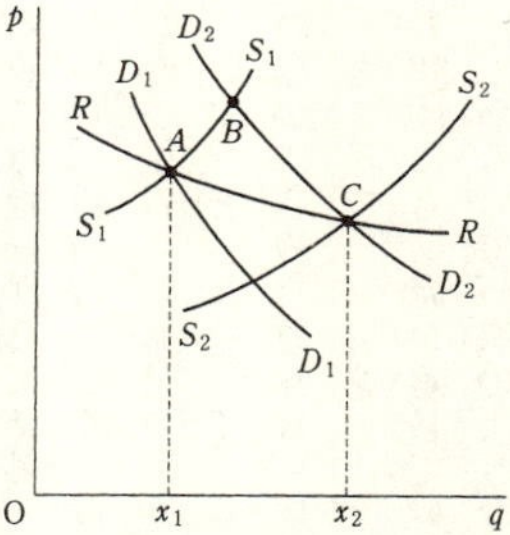

図10.1

シュンペーターの思考法は、このようなマーシャルの外部経済論と比較するとより明快に理解することができる。というのは、シュンペーターの新結合とは、「内部経済を外部経済に転換すること」(29)であり、産業の一般的発展によって生じるその産業特有の外部経済なるものは経済発展の本質ではないからである。もう少しわかりやすく説明すると、次のようになるだろうか。すなわち、新結合はごく一握りの天才的な企業者によって最初は内部経済として遂行される。しかる後に、模倣者たちが大量に出現することによって、新結合の成果が社会全体に拡散していく、と。おそらく、シュンペーターが、「内部経済を外部経済に転換する」という表現のなかに込めた意味は、以上のようなことだったのではなかろうか。

ところで、シュンペーターは、マーシャルの学問に挑戦したばかりでなく、マーシャルの人間性にも反発を感じていたようである。マーシャルには、たしかに、颯爽《さっそう》とした魅力が欠けているので、次のような言葉がシュンペーターの口からこぼれ出ても理由がないとは言えないだろう。すなわち、「率直に言えば、私にはいろいろの事柄が不満に感ぜられるのであって、中期ヴィクトリア時代の道徳の教訓、すなわちベンサム主義によって醸成された魔力も熱情も知らない中産階級の方式からとった教訓も私には不満である[30]」と。もし両者の資本主義観の違いが人間性の違いに根ざしているのだとすれば、それはまた別の心理学的な問題を提供することになるのかもしれない。

4 資本主義の将来

シュンペーターは、企業者による新結合の遂行が経済発展をもたらす根本的な要因であることを主張した『経済発展の理論』によって世界的な名声を獲得したが、彼の関心は、それを超えてさらに資本主義の将来へと向かっていった。ところが、経済発展における企業者精神の輝かしい可能性を礼賛した彼も、資本主義の将来に関しては、決して明るい展望をもっていたわけではなかった。この問題に関する彼の見解は、「資本主義の成功がそれ自身を衰退させる諸原因を創り出す」というふうに要約することができるが、彼の資本主義衰退論を具体的に見ていく前に、留意すべきことが二つあると思われる。

第一は、その理論が「一世紀といえども『短期』である」[31]ような超長期的展望を試みようとしていることである。だが、留意すべきは、彼が次のようにことわっていることである。すなわち、「経済学的たると否とを問わず、およそ分析のもたらしうるものは、ただ実在の類型のなかに見いだされる諸傾向の叙述にほかならず、けっしてそれ以上ではない。そしてこれらの諸傾向は、将来そこに何が起こるかを教えるものではなく、ただそれがわれわれの観察した期間におけると同じように作用しつづけ、しかもこれを攪乱する要因がまったくないとすれば、将来そこに何が起こりうるかを教えるものにすぎない。『不可避性』とか『必然性』とかいう言葉も、つまりはこれ以上のことを意味しうるものではない」[32]と。

第二に、理論と実践が峻別されていることである。例えば、彼がもし資本主義の成功が社会主義を必然的にもたらすと主張したとしても、そのことは彼が社会主義を擁護していることを意味しない。都留重人によれば、シュンペーターは、誤解を招かないように、つねに次のように強調していたという。すなわち、「私は、私がいずれは死ぬであろうことを知っている。しかし、だからと言って、私が死を希望していることを意味しはしない。かりに私が、私たちの社会は社会主義の方向に進むということを科学的に証明できたとしても、そのことは、私が社会主義を望んでいるということを意味しはしない」(33)と。

さて、では、シュンペーターは、なぜ資本主義が究極的に衰退していくと主張するのか。その理由は、おおよそ、次の四つにまとめることができるだろう。

第一に、実業家階級の成功がすべての階級に対して新しい生活水準を実現したことが、逆説的にも、かえって実業家階級の社会的・政治的地位を掘り崩してしまったこと。

資本主義経済の歴史は、よく知られているように、「競争的資本主義」から「トラスト化された資本主義」への発展というふうに大まかに捉えることができるが、それとともに、新結合の担い手も、個々の天才的な企業者から大企業内部の官僚化された「一群の専門家」に移行してきた。そして、いまや、新結合そのものが「日常的業務」となり、その自動化が生じているという。

企業者職能の無用化は、彼らの社会的・政治的地位を次第に掘り崩していくが、そればかりでなく、「階級としては企業者と生死をともにする」ブルジョアジーのそれも危機に瀕するようになるだろう。かくして、シュンペーターは、逆説的にも、次のように主張する。すなわち、「社会主義の真の先導者は、それを説法した知識人や扇動者ではなくて、ヴァンダービルト、カーネギー、ロックフェラーの一族のごとき人々である」(34)と。

第二に、資本主義的な活動が合理的な考え方を広めたがゆえに、生産工場内の忠誠心や上下の命令服従が破壊され、指導者のリーダーシップが有効に働かなくなったこと。

シュンペーターによれば、ブルジョアジーは「元帳と原価計算」には熱中しても、「政治的に無力」であり、「自分自身の階級利益を守ることさえおぼつかない」ので、他の階層によって擁護される必要があったが、その階層とは、初期には、封建社会の王侯や貴族に他ならなかった。だが、資本主義的合理性の浸透は、次第に、資本主義の擁護階層と封建社会の制度的枠組を崩壊させていくという。すなわち、「資本主義は、前資本主義社会の骨組みを破壊する際に、自己の進歩を阻止する障害物を打ち壊したのみならず、さらにその崩壊を防いでくれる支壁をも破壊してしまった」(35)と。

第三に、資本主義の成功は、経済的な豊かさを実現したが、そのおかげでもたらされた高等教育の普及とジャーナリズムの発展は、大企業の利害に敵対的な知識階級を成長させたこと。知識階級は「批判」を生命としているが、彼らの影響が官僚や労働運動にも及ぶようになると、資本主義に対する「敵対の雰囲気」がさらに前面に出てくるようになるだろう。

第四に、以上のすべての結果として、資本主義社会の価値の図式（すなわち、「不平等と家族財産の文明」）は、世論に対してのみならず、資本家階層に対しても支配を失おうとしていること。

かくして、シュンペーターは、次のように結論づけている。

「資本主義過程はそれ自身の制度的骨組みを破壊するのみならず、また他の骨組みのための諸条件をもつくり出す。したがって破壊という言葉はやはり適当な言葉とはいえない。

私は転形として語ったほうがよかったかもしれない。その過程の帰趨《きすう》は、でために出てくるものによって満たされるような真空ではない。すなわち、事物と精神とがますます社会主義的生活様式に従いやすいように変形されていくのである。資本主義構造を下からささえていたあらゆる支柱が消失するとともに、社会主義的計画の不可能性も消滅する。この二つの点においてマルクスのヴィジョンは正しかった。われわれの目前に進行している特定の社会的転形と、その主動因としての経済過程とを結びつけることにおいては、われわれもマルクスに賛成することができる。……かくて資本主義の衰退はその成功にもとづくという主張とその失敗にもとづくという主張との間には、結局のところ一般に想像されるほどの違いは存しない。(36)」

ところで、シュンペーターの資本主義衰退論は、ベルリンの壁の崩壊に象徴される社会主義体制の挫折を目の当たりにした二十世紀末を経た現在、ほとんど意味を失ったのだろうか。そうではない。安易な予言ものとは峻別されたシュンペーターの資本主義衰退論は、塩野谷祐一が主張するように、(37)「経済の領域と非経済の領域との間の長期的な相互交渉」を論じる「経済社会学」の優れた見本であり、私たちも、その方法論から現代経済学に欠落している多くの事柄を学びとることができるというべきだろう。もちろん、私は、シュンペーターの本領が経済社会学にあったというつもりはないが、博学なシュンペーターが若い頃から経済学と社会学の相互交渉に関心をもっていたということだけは間違いない。(38)最初に述べたように、シュンペーターを企業者精神やイノヴェーションという言葉だけで理解してはならない所以《ゆえん》である。

注

(1) 拙著『経済学のたそがれ』(講談社、一九九六年)を参照のこと。
(2) 近年に書かれたシュンペーター論としては、金指基『シュンペーター研究』(日本評論社、一九八七年)、伊東光晴・根井雅弘『シュンペーター——孤高の経済学者』(岩波新書、一九九三年)、塩野谷祐一『シュンペーター的思考』(東洋経済新報社、一九九五年)などがあるが、彼らの解釈の共通地盤を抽出するのは容易ではないと思われる。
(3) 以下、シュンペーターの生涯の叙述に当たっては、次の文献を参照した。Richard Swedberg, *Joseph A. Schumpeter:His Life and Work*, Polity Press, 1991;Robert Loring Allen, *Opening Doors:The Life and Work of Joseph Schumpeter*, 2 vols., Transaction Publishers, 1991.
(4) J・A・シュムペーター『経済分析の歴史』第五巻、東畑精一訳(岩波書店、一九五八年)一七四〇—一七四一ページ。
(5) J・A・シュムペーター『経済発展の理論』上巻、塩野谷祐一・中山伊知郎・東畑精一訳(岩波文庫、一九七七年)日本語版への序文より。
(6) 前同。
(7) 序でにいえば、彼の母親も、一九〇六年七月、フォン・ケラーと離婚している。シュンペーターの義父は、少年から青年時代のシュンペーターの英才教育のためにはなくてはならない後ろ盾だったが、すでに息子が一人立ちした母親にとっては、それだけ結びつきも薄くなっていたのかもしれない。

（8） Cf., Christian Seidl, "Joseph Alois Schumpeter：Character, Life and Particulars of his Graz Period", in Christian Seidl, ed., *Lectures on Schumpeterian Economics*, 1984, pp.187–205.

（9） シュンペーターとベーム＝バヴェルクの間には、後に、利子論をめぐって激しい論争が繰り広げられたが、恩師の死去に際してシュンペーターが草した一文は、いま読んでも、敬愛の念が伝わってくるようだ。関心のある方は、『十大経済学者』中山伊知郎・東畑精一監修（日本評論社、一九五二年）に収められたシュンペーターのベーム＝バヴェルク論を参照のこと。

（10） 「企業者」という経済主体は、第七章で見たように、ワルラス経済学にも登場したが、ワルラスの企業者は、シュンペーターによれば、経済環境に適応しようとする「経営管理者」に過ぎず、積極的に新しいものを導入していこうとする本来の企業者とは区別されなければならないという。シュンペーターが正確にいつ頃そのような経済発展のヴィジョンを抱いたのかを確定するのは難しいが、それがすでに一九一〇年の段階でほぼ完全に摑まれていたことは注目されてよい。すなわち、「経済発展の本質は、以前には定められた静態的用途に充てられていた生産要素が、この経路から引き抜かれ、新しい目的に役立つように転用されることにある。この過程を、われわれは新結合の遂行と呼ぶ。そして、これらの新結合は、静態における慣行の結合のように、いわば自ずからそれ自身を貫徹するものではない。それらは、少数の経済主体のみに備わっている知力と精力を必要とする。このような新結合を遂行することにこそ、企業者の真の機能がある」と（J. A. Schumpeter, "Über das Wesen der Wirtschaftskrisen", *Zeitschrift für Volkswirtschaft, Sozialpolitik und Verwaltung*, 1910, S. 284）。

（11） 銀行家による信用創造の重視は、貯蓄の増加を通じて資本蓄積が進行すると考えたアダム・スミス以来の正統派経済学への批判として捉えられるが、その背後には、直接金融が中心の国（例えば、アメリカやイギリス）と間接金融が中心の国（例えば、ドイツや日本）の間の経済風土の違いが歴然と存在しているように思われる。

(12) 都留重人『近代経済学の群像』(現代教養文庫、一九九三年) 二〇四ページ。
(13) シュンペーターが二人をどれほど愛していたかは、彼が綴った日記の文章を見れば明らかである。この点については、塩野谷祐一「シュンペーターの〃アンナの日記〃」(『一橋大学社会科学古典資料センター』Study Series, No.21, 一九九〇年三月三十一日発行) を参照のこと。
(14) ただ、シュンペーター自身は、経済理論は言うに及ばず、歴史学や社会学などの隣接領域にも造詣の深い偉大な知識人であったことを忘れてはならない。遺作となった『経済分析の歴史』には、各分野にまたがる彼の学識が随所に披露されている。
(15) J・A・シュムペーター『経済発展の理論』上巻、前掲、日本語版への序文。
(16) シュンペーターによれば、「生産された生産手段」は独立の生産要素ではなく、「一面においては上述の二つの本源的生産財を体現したものにすぎず、他面においては潜在的消費財、あるいはむしろ潜在的消費財の一部分にすぎない」(『経済発展の理論』上巻、前掲、五六ページ) という。このような考え方は、もちろん、オーストリア学派の人々に共通のものであり、ローザンヌ学派を出発点にしたシュンペーターも、やはりその影響から免れていなかったと言えよう。
(17) J・A・シュムペーター『経済発展の理論』上巻、前掲、一七五ページ。
(18) 前同、一八〇ページ。
(19) 前同、二〇七ページ。
(20) J・A・シュムペーター『資本主義・社会主義・民主主義』〔新装版〕中山伊知郎・東畑精一訳(東洋経済新報社、一九九五年) 一〇九ページ。
(21) A. Taymans, "Tarde and Schumpeter : A Similar Vision", *Quarterly Journal of Economics*, vol. 64, 1950, pp.611–622.
(22) Edward A. Carlin, "Schumpeter's Constructed Type—The Entrepreneur", *Kyklos*, vol.19, 1956. もちろ

ん、この解釈には問題も含まれている。なぜなら、吉田昇三が以前に指摘したように（『ウェーバーとシュムペーター』筑摩書房、一九七四年）、ウェーバーにおいては、カリスマ的指導者ばかりでなく、「官僚的合理化」もまた伝統的支配を打ち破る重要な力だからである。

(23) Enrico Santarelli and Enzo Pesciarelli, "The Emergence of a Vision: The Development of Schumpeter's Theory of Entrepreneurship", *History of Political Economy*, vol. 22, No.4 (1990). 彼らは、ヘーゲルの「質の飛躍」の概念が、ニーチェの「超人」を経て、シュンペーターの非連続的な発展観に受け継がれていったと主張している。もっとも、そのような「時代精神」の影響が顕著に見られるのは、『経済発展の理論』第一版においてであり、第二版（一九二六年）やアメリカ時代の著作には、次第にその影は薄れていったという。

(24) 森嶋通夫『思想としての近代経済学』（岩波新書、一九九四年）六〇―六一ページ。

(25) 詳しくは、拙著『二十世紀の経済学』（講談社学術文庫、一九九五年）第Ⅰ部第三章を参照のこと。

(26) A・マーシャル『経済学原理』第一巻、永澤越郎訳（岩波ブックセンター信山社、一九八五年）一〇ページ。

(27) J・A・シュムペーター『理論経済学の本質と主要内容』上巻、大野忠男・木村健康・安井琢磨訳（岩波文庫、一九八三年）五二―五三ページ。

(28) 新開陽一・新飯田宏・根岸隆『近代経済学』（有斐閣、一九七二年）一七二―一七三ページ参照。

(29) J.A. Schumpeter, "The Instability of Capitalism", *Economic Journal*, September 1928, p.384.

(30) J・A・シュムペーター『十大経済学者』、前掲、一四九ページ。

(31) J・A・シュムペーター『資本主義・社会主義・民主主義』、前掲、二五六ページ。

(32) 前同、九七ページ。

(33) 都留重人『体制変革の政治経済学』（新評論、一九八三年）五五ページ。

(34) J・A・シュムペーター『資本主義・社会主義・民主主義』、前掲、二一〇ページ。
(35) 前同、二一七ページ。
(36) 前同、二五四—二五五ページ。
(37) 例えば、塩野谷祐一「シュンペーターにおける科学とイデオロギー」(『三田学会雑誌』一九八四年二月号)を参照のこと。
(38) その証拠の一つが、『経済発展の理論』第一版(一九一二年)の最終章「国民経済の全体像」である。残念ながら、この部分は、第二版以降で削除されてしまったが、そこには、シュンペーターの関心が「経済発展」から「社会的文化発展」へと視野を広げていったのが明確に読みとれる。なお、その部分の翻訳は、いまでは、J・A・シュムペーター『社会科学の過去と将来』玉野井芳郎監修(ダイヤモンド社、一九七二年)に収められている。

第十一章 ピエロ・スラッファ「商品による商品の生産」

ピエロ・スラッファ（Piero Sraffa）は、イタリアが生んだ天才的な経済学者の一人だが、従来、彼の仕事を経済学史上に正確に位置づける研究は、菱山泉の一連の著作(1)を唯一の例外として、ほとんど行なわれてこなかったと言ってよいかもしれない。

彼の仕事を一言で要約するとすれば、「古典派アプローチの再生」ということになろうが、「古典派」という言葉は、論者によって違った意味で使われることが多いので、注意する必要があると思う。例えば、ケインズにとっての「古典派」は、すでに触れたように、「セーの法則」（供給はそれ自らの需要を創り出す）を大体において承認している人々を意味していた。だが、『一般理論』がセー法則を論理的に粉砕した以上、それと一体となった「古典派」という言葉は、その後、否定的な意味あいを帯びることが多くなった。ところが、それに対して、スラッファは、スミス→リカード→マルクスと流れてきた再生産論の系譜こそを「古典派」と呼び、生涯を通じて、その再生を図ろうとしたのである。

もちろん、スラッファの経済理論は、現代経済学のなかでは「異端派」に属するものと見なされており、当世の流行と違って、そのまま経済政策に結びつくようなものではない。だが、以下、「古典派アプローチの再生」にかけた彼の情熱を読み解くことによって、現代経済学の正統派には決して見えなかったものが次第に姿を現わしてくるに違いない。

1　スラッファ小伝

スラッファは、一八九八年八月五日、イタリアのトリノに生まれた。(2) ユダヤ人の父親アンジェロは、法律専攻の大学教授だったが、大のファシズム嫌いで知られていたという。後に見るように、この性格は、誠実な人間性とともに、やがて息子のピエロに受け継がれていくことになる。

スラッファは、中等教育をトリノの有名な学校（Liceo Massimo D'Azeglio）で修めた後、一九一六年から二〇年まで、トリノ大学法学部に学んだ。卒業論文のタイトルは、「イタリアにおける貨幣的インフレーション」というものだったが、興味深いことに、それは幾つかの点でケインズの『貨幣改革論』（一九二三年）の考え方に極めて類似したものを含んでいたという（例えば、物価水準の変化が社会の異なった集団にそれぞれどのような影響を与えるかについての分析や、外国為替相場の安定よりは国内物価の安定をより重視する考え方など）。

大学卒業後、金融機関の内部運営に関する実際的な知識を得るために、短期間、イタリアのある銀行に勤務したが、一九二一年春には、この職を辞して、イギリスに渡った。イギリスでは、ロンドン・スクール・オブ・エコノミックス（ＬＳＥ）でエドウィン・キャナンや

T・E・グレゴリーの講義を聴講したが、LSEが気に入ったのか、秋から始まる一九二一—二二年の学年をそこで過ごすことになった。ケインズに初めて会ったのも、この頃だという。スラッファの天才を見抜いたケインズは、一九二二年、イタリアの銀行制度に関する二つの論文（「イタリアにおける銀行の危機」および「イタリアの諸銀行の現状」）の執筆を彼に依頼することになるが、とくに、『マンチェスター・ガーディアン』の付録として発表された後者は、イタリアの独裁者ムッソリーニを激怒させたという。だが、父親ゆずりのファシズム嫌いのスラッファは、さまざまな圧力にもかかわらず、その内容を決して撤回しなかった。

一九二三年、イギリスからイタリアに帰国したスラッファは、ペルージア大学経済学講師の職を得たが、この大学で経済理論を講じる必要もあって、この頃から、理論研究に集中的に取り組むようになった。その成果は、早くも、「生産費用と生産量の関係について」（"Sulle Relazioni fra Costo e Quantità Prodotta", *Annali di Economia*, vol.2, no.1, 1925）となって現われた。この論文は、当時の正統派経済学のバイブルであったマーシャルの『経済学原理』（一八九〇年）における費用分析を根底から批判し、マーシャルの部分均衡の枠組と整合的なのは「費用不変」の仮定のみであることを鋭敏な論理で抉り出した画期的なものだが、この仕事が評価されて、彼は、一九二五年、カリアーリ大学経済学教授に昇進することができた。

さらに翌年、今度は、世界的な経済学専門誌『エコノミック・ジャーナル』の編集責任者だったケインズが、やはりマーシャルの費用分析に関する論文の執筆を依頼してきたが、その依頼に基づいて書かれたのが、有名な論文「競争的条件の下での収穫の法則」("The Law of Returns under Competitive Conditions, *Economic Journal*, December 1926) である (ただし、一九二五年のイタリア語の論文を実際に読んで正当な評価を下したのはエッジワースで、ケインズは彼の示唆を受けてスラッファに論文執筆を依頼したらしい。ケインズは、よく知られているように、語学はあまり堪能ではなかったのである)。

一九二六年の論文は、英語圏の読者を考慮して、二五年の論文の要旨を簡単に説明することから始まっているが、途中から、収穫逓増《ていぞう》の現象を競争的枠組を放棄して独占分析によって説明することを示唆するという微妙に違った方向へと向かっていった。この論文は、J・ロビンソン (Joan Robinson) の『不完全競争の経済学』(*The Economics of Imperfect Competition*, 1933) に代表される不完全競争理論の形成に極めて大きな影響を与えることになったが、スラッファ自身は、その後、その展開に積極的に関与しようとはしなかった。というのは、当時すでに、スラッファの脳裏には、ケネーからスミスやリカードを経てマルクスへと受け継がれてきた古典派の再生産論を現代に復活させるというライフワークが明確に自覚されていたからである。その証拠に、一九二八年には、後に『商品による商品の生産』(*Production of Commodities by Means of Commodities*, 1960) の冒頭の諸命題となる草稿をケインズに見せているのである。

さて、マーシャル経済学に関する二つの論文で経済理論家としての名声を博したスラッファは、一九二七年、ケインズの奔走のおかげで、ケンブリッジ大学経済学講師の職を得ることができた。彼は、その年から翌年にかけて、価値論やヨーロッパ大陸における銀行と産業の関係についての講義を行なったが、完璧主義者として知られる彼は、まもなく講義の負担に堪えきれず、講師を辞する意向を表明するようになった。しかし、天才スラッファを手放したくなかったケインズの再度にわたる奔走によって、一九三〇年、彼はマーシャル図書館のライブラリアンと大学院生の研究指導という比較的負担の軽い仕事を任されることになった。

一九三〇年は、ケインズの『貨幣論』が出版された年でもあるが、その著書をめぐって、まもなくケインズとハイエク（F. A. von Hayek）の間で論争が始まった。スラッファも、この論争を論評した一文（"Dr. Hayek on Money and Capital", *Economic Journal*, 1932）を発表したが、これは短いながらも後の『雇用・利子および貨幣の一般理論』（一九三六年）第十七章「利子と貨幣の本質的性格」における議論に大きな影響を及ぼした逸品であった(3)。また、第九章ですでに触れたように、彼は、ケインズ革命の形成に重要な役割を演じた「ケンブリッジ・サーカス」にも参加している。その後、一九三九年には、ケンブリッジのトリニティ・カレッジのフェロー（特別研究員）に選ばれている。

だが、スラッファのライフワークにとってもっと重要な意味をもったのは、一九三〇年代の初めに王立経済学会がスポンサーになって開始された『リカード全集』（*The Works and Correspondence of David Ricardo*, 11 vols., 1951–73）の編集の仕事であったかもしれない。この全集の第一巻（一九五一年）には、スラッファによる編者序文が収められているが、そこで提示されたユニークなリカード解釈は、その後のリカード研究に賛否両論を含めて大きな刺激を与えることになった。とくに、初期リカードの利潤論には存在しながら後の『経済学および課税の原理』（一八一七年）では消えてしまった「穀物比率論」（「他のあらゆる産業の利潤を規定するものは、農業者の利潤である」という基本的命題の「合理的基礎」を構成するもの）の是非をめぐっては、議論が百出したといってもよいくらいである。

一九六〇年、スラッファは、ついに、一九二〇年代後半から暖めてきた『商品による商品の生産』を世に問うた。この小さな本は、古典派の再生産論の伝統を受け継いで、価格が生産の客観的条件によって決まるという考え方を徹底的に追究した試みだが、正統派の「需要と供給の均衡」に基づく経済理論とは鋭く対立しているため、いまでも、「異端の経済学」に分類されている。だが、その内容に詳しく立ち入るのは、後の節に譲ることにしたい。

一九六〇年代後半になると、J・ロビンソンの論文「生産関数と資本の理論」（"The Production Function and the Theory of Capital", *Review of Economic Studies*, 1953–54）によって火蓋を切られた「ケンブリッジ資本論争」（イギリスのケンブリッジvsアメリカのケンブリッジにあるハーヴァードやMIT）が激しさを増していったが、ここでも、スラッファの経済理論は、イギリスのケンブリッジ側に有利な材料を提供した。というのは、『商品による商品の生産』第三部「生産方法の切換え」に、利潤率の低下（上昇）が資本／労働比率の上昇（低下）をもたらすという正統派の命題が成り立たない可能性（彼はこれを「技術の再転換問題」と呼んでいる）が明確に指摘されていたからである。だが、かつての不完全競争理論の形成の場合と同じように、スラッファ自身が資本論争に深く関与することはなかった。

『商品による商品の生産』というライフワークを完成した後、スラッファは、まとまった仕事をほとんど手がけていない。しかし、スラッファの学問と人柄に惹かれて、ケンブリッジのスラッファのところには、世界中の研究者たちが集まってきた。

スラッファの人柄は、その端正な文章の印象とは違って、極めて情熱的なものだったという。そういえば、彼は、若い頃に知り合ったマルクス主義の革命家A・グラムシをその獄中死（一九三七年）に至るまで支援し続けた人だったが、そのような「熱血漢」ぶりが、学問を超えて、多くの人々を魅了したのだろう。(4)

一九八三年九月三日、スラッファは、ケンブリッジにて死去した。享年八十五歳。彼には稀覯書《きこうしょ》を収集する趣味があったが、その貴重な蔵書は、死後、トリニティ・カレッジに寄贈されたという。

2　マーシャル経済学批判

スラッファのマーシャル経済学批判は、すでに触れたように、「生産費用と生産量の関係について」（一九二五年）と「競争的条件の下での収穫の法則」（一九二六年）という微妙にニュアンスの異なった二つの論文において展開されたが、マーシャルの部分均衡の枠組と整合的なのは費用不変の仮定のみであるという彼の見解だけは決して揺らいでいない。そこで、まず、マーシャルの費用分析を簡単に振り返ることから始めることにしよう。

マーシャルは、「生産費用と生産量の関係」について、基本的に次のような見解を抱いていた。すなわち、一般に、個々の商品の生産量の変化とともにその生産費は変化する、と。この場合、生産量の増加とともにその単位当たり生産費が増加していくことを「費用逓増《ていぞう》」（または「収穫逓減《ていげん》」）、減少していくことを「費用逓減」（または「収穫逓増」）、一定にとどまることを「費用一定」（または「収穫一定」）と呼ぶ。

だが、スラッファによれば、このような考え方は、もともと、費用一定を暗黙裏《あんもくり》に仮定した古典派の人々にはなかったものだという。すなわち、「〈需要関数〉は、効用逓減という基本的かつ自然的なる仮定の上に立つ。これに反して、生産における関数関係は、これよりもずっと複雑な仮定を持った体系の結果である。限界効用に関する研究が、価格と（消費された）数量との関係に注意をひきつけたあとで、はじめて、類推によって費用と生産量との関係という均斉的な概念が生まれたというのが事実である(5)」と。スラッファは、そこには、マーシャルの巧妙なトリックが隠されていたとさえいう。

では、なぜ費用一定以外の仮定は部分均衡の枠組と両立しないのか。以下、スラッファの見解を順を追って説明していこう。

まず、費用逓減の場合を取り上げてみる。費用逓減は、通常、大規模生産の経済に基づいているが、マーシャルによれば、それは主に「内部経済」というよりは「外部経済」によって生じるものだという。なぜなら、もしそれが内部経済によって生じるならば、他の企業に先駆けてそれを実現した企業が、最終的に、その産業を独占することになるからである（換言すれば、内部経済の重視は、競争的価値論の枠組を崩してしまうということである）。

ところが、スラッファによれば、外部経済の重視もまたマーシャルの部分均衡の枠組とは両立しないという。なぜなら、外部経済の利益は、例えば交通・運輸手段の発達に基づくそれのように、関連の諸産業すべてに及ぶものだからだ。それゆえ、例えば小麦産業を他の諸産業から孤立させ、もっぱら小麦産業だけに外部経済の利益が及ぶように考えて、小麦産業の供給曲線を右下がりに描くのは、部分均衡の枠組と全く矛盾しているのである。

もっとも、「個々の企業の観点からすれば、外部的であるが、その産業全体からすれば内部的であるような節約」を考えることができれば、なるほど、部分均衡の枠組と矛盾しないかもしれないという反論もあるだろう。だが、費用逓減に関して、「一方で、ある産業に属する企業のあいだに緊密なる相互依存関係を想定し、他方では、この同じ企業が他の商品の生産者から全面的に独立していると想定することが、どの程度まで合理的であるか(6)」とスラッファは疑問を投げかける。すなわち、スラッファは、そのような費用逓減のケースは、現実には、ほとんど見出せないものだというのである。

次に、費用逓増の場合を取り上げてみる。いま、例えば小麦産業を他の諸産業から孤立させ、そこでは、ある不変的な生産要素（例えば、一定の土地）を生産量の増加とともに集約的に利用しなければならない必要から費用逓増の現象が現われるとしよう。だが、その不変的生産要素を生産のために利用するのは小麦産業に限られない。それゆえ、その不変的生産要素を利用する他の諸産業の費用にも同様の影響が及ぶだろう。すなわち、この場合にも、部分均衡の枠組とは両立しないのである。

かくして、スラッファは、次のように結論づけている。

「考えられた商品を生産する産業を、それ以外のすべての産業から完全に孤立させること、これこそが本質的な条件だ。ところが、費用逓増のためには、ある確定された生産要素をつかうすべての産業群を考慮する必要があり、費用逓減にかんしては、ある一定の『外部節約』の利益をうけるすべての産業群を考慮しなければならぬ。かかる費用変動の原因は、一般的経済均衡の観点からすれば、きわめて重要なのかもしれないが、ある一つの産業の部分均衡の研究においては、必然的に、無視しうるものと考えられねばならない。したがって、ただ現実にたいする第一次的な接近をあたえるにすぎない、かような観点からすれば、一般に、商品は費用不変の条件において生産されるということが認められねばなるまい。(7)」

ところが、一九二六年の論文は、同じテーマから出発しながらも、大規模生産の経済の現実を競争分析ではなく独占分析によって説明するという幾らか違った方法に展開していった。

マーシャルは、内部経済に基づく費用逓減は完全競争とは両立しないと考えたが、経験によれば、企業の大部分は（個別的）費用逓減の条件の下で働いているという現実がある。それにもかかわらず、完全独占のような状態は決して一般的ではない。そこで、スラッファは、次のようなアイデアを抱くようになった。(8) すなわち、個々の企業がその生産増加においてて遭遇する主な障害は、生産費用にではなく、価格の引き下げや販売費用の増加によらなければより多くの商品を売り捌《さば》けないという事実にあるのではないか、と。ここから、不完全競争における「右下がりの（個別的）需要曲線」が引き出された（因みに、完全競争の場合は、「個別的」需要曲線は水平となる）。

スラッファは、（個別的）需要曲線が右下がりになる具体的な理由として、商品の買手が、長い間の習慣・「のれん」への信頼・個人的な馴染みなどから、売手の選《よ》り好みをする事実を挙げている。その場合は、買手は、たとえ他の売手の商品の方が少し割安であったとしても、自分のひいきの売手の商品を買うだろう。それゆえ、価格の引き下げや販売費用の増加を忍ばなければ、他の売手は自分の商品に対する需要を引き出すことができないのである。かくして、スラッファによれば、ある商品の一般的市場は一連の特定市場に小さく分割され、そこでは、それぞれの売手が独占者のごとく振る舞うようになるというが、このような思想が不完全競争理論の形成に大きな刺激を与えたことは、もはや繰り返すまでもないだろう。

3 『商品による商品の生産』

スラッファの『商品による商品の生産』は、すでに示唆したように、価値と分配の問題に対して生産の側面からアプローチする古典派の方法論を復活させようとした試みとして特徴づけることができるが、留意すべきは、そこで扱われている「価格」が、市場における需要と供給の関係で絶えず変動する「市場価格」ではなく、「自然価格」（リカード）や「生産価格」（マルクス）のように、経済体系の持続的諸力によって決まる価格だということである。そこで、以下、「価格」という言葉は、自然価格や生産価格とほぼ同じ意味で使われていることに注意して欲しい。

さて、いま、小麦と鉄という二つの産業から構成される単純な経済モデルを考えよう。そして、小麦産業では、五〇クオーターの小麦、二〇トンの鉄、四分の一の労働を投入して八〇クオーターの小麦が産出されており、鉄産業では、二〇クオーターの小麦、二〇トンの鉄、四分の三の労働を投入して八〇トンの鉄が産出されているとしよう。ここで、小麦の価格をp_1、鉄の価格をp_2、労働一単位当たりの賃金をw、利潤率をrとおくと、次のような生産方程式を得る。

$$(50p_1+20p_2)(1+r)+\frac{1}{4}w=80p_1$$

$$(20p_1+20p_2)(1+r)+\frac{3}{4}w=80p_2 \qquad (1)$$

いま小麦を「ニュメレール」（価値尺度財）にとると（すなわち、$p_1=1$）、(1)式には、方程式が二個に対して、未知数は三個（p_2、r、w）ある。これを「自由度1の体系」と呼ぶが、この体系では、未知数の数が方程式の数よりも一個多いので、rまたはwが外部から与えられなければモデルは完結せず、小麦表示の鉄の価格も決まらない。

そこで、スラッファは、独立変数に利潤率rを選び、これを外部から与えることによってモデルを閉じようとしたが、そのことの意味は後に考察することにして、ここでは、古典派の「競争」（極大利潤率を求めて資本が各産業間を自由に出入りすること）メカニズムによって、小麦産業と鉄産業の両方で均等の利潤率が成立している状態を思い浮かべて欲しい。

以上のようなスラッファ体系においては、価格は経済の「投入・産出構造」（または「生産方法」）に規定されて決まるので、需要は価格決定に何の役割も演じない。これは、需要と供給が同格で価格決定にかかわりをもつ正統派の考え方とは大きな違いである。菱山泉は、この点に関連して次のように述べている。

「それはともかく、スラッファの価格が、考察されている体系のテクノロジーと『剰余』の比例的分配とに基づいて決定するということは、それが、通常のミクロ理論でのように、個人の行動に依存するものではないという性質をもっている。新古典派理論にもとづく分析的構想からは、まったく予想もつかないかもしれないが、個々人の期待や行動に少しも基づかない、純粋に客観的な経済理論も存在するのだ。もとより、……方法論的個人主義の片鱗もそこにはない。

私は、ここで重農主義者ミラボーの著作にある（ケネーの言葉とおぼしい）次の一文を連想する。『世界はそれ自ら動いていく』（Le monde va de lui-même.）。この文における『世界』は単に自然を指すのではあるまい。人間の社会的関係の総体をも含むと考えてよいだろう。いずれにせよ、『世界』は、個々の人間の期待や思い込み、意志や働きかけにもかかわらず、それらとは独立に、客観的に定められた自らの軌道を進んでいくのである。経済体系の運動も、これになぞらえることができるかもしれない。ともあれ、スラッファの価格決定の仕組みは、通常の新古典派均衡理論のそれとは違い、徹底した客観主義的接近方法の産物であることは間違いないように見える。(9)」

しかし、スラッファの問題は、ここで終わったわけではない。前に挙げた数値例では、経済全体として、七〇クオーターの小麦と四〇トンの鉄が投入され、八〇クオーターの小麦と八〇トンの鉄が産出されていた。したがって、「純生産物」は一〇クオーターの小麦と四〇トンの鉄から構成される。小麦をニュメレールにとると（すなわち、$p_1=1$）、純生産物の価値は $10+40p_2$ となるが、しかし、p_2 は r または w の変化とともに変化するので、純生産物の価値も変化するだろう。すなわち、分配されるべき純生産物の価値が、賃金と利潤の間への分配の変化とともに変化するのである。それゆえ、分配が変化しても不変の価値をもつ尺度財を発見しないかぎり、賃金と利潤の間の分配関係を透視することはできない（「不変の価値尺度」の問題）。かつてこの問題に取り組んだのはリカードだが、彼は、最後まで、そのような尺度財を発見することができなかった。

ところが、スラッファは、長年にわたる思索を経て、この難問を次のように解決した。いま、前に挙げた小麦産業と鉄産業の生産規模をそれぞれ$\frac{8}{5}$倍、$\frac{4}{5}$倍に変化させてみよう。すなわち、

$$(80p_1+32p_2)(1+r)+\frac{2}{5}w=128p_1$$
$$(16p_1+16p_2)(1+r)+\frac{3}{5}w=64p_2 \qquad (2)$$

ここでは、経済全体として、九六クオーターの小麦と四八トンの鉄が投入され、一二八クオーターの小麦と六四トンの鉄が産出されているので、純生産物は、三二クオーターの小麦と一六トンの鉄から構成されることになる。また、労働の雇用総数は、前と同じく1である。

留意すべきは、この仮想の生産体系では、生産手段・生産物・純生産物のいずれもが小麦と鉄の等しい比率（二対一）での組合せから構成されていることである。スラッファは、このような生産体系を「標準体系」、標準体系の純生産物（この場合は、三二クオーターの小

麦と一六トンの鉄）を「標準商品」と呼んでいるが、以下に見ていくように、標準商品こそまさに不変の価値尺度問題に解決を与えるものなのである。

いま、(2)式の各式を加え合わせてみよう。すなわち、

$$(96p_1+48p_2)(1+r)+w=128p_1+64p_2$$

ここで、標準商品を価値尺度にとると（すなわち、$32p_1+16p_2=1$）、この式は次のように書き換えられる。

$$3(1+r)+w=4$$

$$r=\frac{1}{3}(1-w) \quad \text{or} \quad r=R(1-w) \qquad (3)$$

(3)式におけるR（この場合は、$1/3$）は、純生産物の価値の生産手段の価値に対する比率を意味しているが、標準体系では、純生産物も生産手段もともに小麦と鉄の等しい比率（一対一）での組合せから構成されていたので、Rは諸価格とは無関係に物量間の比率として求めることができる。すなわち、標準商品を価値尺度にとることによって、(3)式のような価格から独立した線型の関係が成り立つのである。かくして、賃金と利潤の間の分配関係を、諸価格の変化から孤立させて透視することが可能になった。かつてリカードを悩ませた不変の価値尺度の問題は、ついに、標準商品によって解決されたのである。

だが、(3)式のような関係は、標準体系だからこそ導かれたのではないかという反論もあり

えよう。たしかに、標準体系は仮想の体系である。しかし、それは現実の体系における各産業の生産規模をそれぞれ一定倍して作られたものなので、数学的には等値と考えることができる。換言すれば、標準体系は、実は、現実の体系のなかに埋め込まれ、隠されているのである。それゆえ、両体系は同一の解を与えるはずであり、また標準商品を価値尺度にとることによって得られた(3)式の関係は、そのまま現実の体系にも妥当するはずである。しかも、スラッファによれば、この関係は可逆的であり、もし現実の体系が(3)式に従って動くならば、そのことによって、賃金と諸価格が標準商品によって表示されることになるという。ということは、わざわざ標準体系を構成しなくても、(1)式と(3)式を連立させることが、すなわち、賃金と諸価格を標準商品によって表示することを意味するということだ。

ただし、たとえ(1)式と(3)式を連立させたとしても、体系はいまだに自由度1なので、r またはwを外部から与えなければ、モデルを閉じることはできない。古典派の時代には、賃金がマルサスの人口法則によって生存費水準に釘付けにされると考えて、wを外生的に与えることが多かったが、それを現代の「豊かな社会」に適用するには無理がある。そこで、スラッファは、すでに触れたように、独立変数に利潤率rを選び、それが「生産の体系の外部から、とくに貨幣利子率の水準によって、決定されることが可能である」[10]という見解を提示したのである。スラッファは、この短い言葉以外に何も残していないので、利潤率が貨幣利子率の水準によって決定されるということの意味は私たちが推測するしかないが、ここでは、ドッブ（Maurice Herbert Dobb）の見解[11]を参考に、次のように述べるに留めたい。すなわち、貨幣利子率の水準は、何らかの政治的または制度的な意思決定のメカニズムによって決定されるが、それは、その水準以下の利潤率しかかせげない企業は長期的に存続することができないという意味で、最低の利潤率を画するに違いないと。

しかし、もちろん、rを外部から与える方法は他にもある。一つは、ポスト・ケインズ派の「ケンブリッジ方程式」（$r=G_n/s_p$）を利用するものである。この方程式は、次のようにして導出される。すなわち、所得Yは賃金Wと利潤Pによって構成され、さらに貯蓄Sは労働者の貯蓄s_wWと資本家の貯蓄s_pPから構成される（ここで、s_wは労働者の貯蓄性向、s_pは資本家の貯蓄性向を指している）。いま、$s_w=0$という単純化の仮定をおくと、$S=s_pP$となるが、人口の増加と技術進歩に匹敵する投資をIとするならば、投資と貯蓄の均衡は、次の式によって表わされることになる。すなわち、

$$I=S=s_pP$$

この式の両辺を資本財の総価値Kで割ると、

$$\frac{I}{K}=s_p\frac{P}{K}$$

となるが、$\frac{I}{K}$は「自然成長率」G_nに等しいので（Iが「人口の増加と技術進歩に匹敵する投資」であったことを想起せよ）、均衡利潤率$\frac{P}{K}$をrとすれば、次のケンブリッジ方程式が得られる。

るというのである。この方法は、静態的経済には適用できないという欠陥をもっているが、ポスト・ケインズ派は、少なくとも価値と分配の問題に対する一つの突破口になると信じているようである。

すなわち、利潤率は、自然成長率を資本家の貯蓄性向によって割ることによって求められ

$$r=\frac{G_n}{s_p}$$

もう一つの方法は、不完全競争または寡占的状況の下で複数の利潤率が成立している場合を考慮するものである。この場合は、シロス＝ラビーニ（Paolo Sylos-Labini）に倣って、「利潤率格差」の導入によって処理することができる。いま、二つの利潤率が成立しており、第一の利潤率 r_a（これが貨幣利子率の水準によって決まる正常利潤率だと考える）よりも第二の利潤率 r_b の方が高いと仮定しよう。すなわち、$r_b=mr_a$ $(m>1)$。利潤率格差の導入によって、体系の既知数は増加するが、未知数は増加しないので、それを外部から与えるならば、モデルを閉じることができるというわけだ。

以上が、『商品による商品の生産』の骨子だが、改めて再確認しておくべきは、第一に、自由度が1である体系が、限界革命以降の正統派（新古典派経済学）の思考法と極めて対照的なものだということである。

新古典派は、分配理論を基本的に価格理論の一応用として捉えるが、それによれば利潤率や賃金率は生産要素としての資本や労働の価格であり、商品の価格と同じように、資本や労

働の需給関係で決まるという。ところが、古典派（とくに、マルクス）の伝統を受け継いだスラッファは、分配を社会制度と社会関係の結果であると考える。換言すれば、分配は制度的または歴史相対的な性格をもっているということだが、それゆえ、それらの変化を生産体系の外部から導入することによって問題を処理するという考え方が出てくるわけである。

第二に、スラッファによる「再生産」の視点が、新古典派経済学による「稀少性」の視点と鋭く対立していることである。

稀少性は、ワルラス以来、正統派経済学のキーワードの一つとなっているが、その視点を現代において最も巧みに表現しているのは、ロビンズによる経済学の定義だろう。すなわち、経済学とは、「諸目的と代替的用途をもつ希少な諸手段との間の関係としての人間行動を研究する科学である」[12]と。

ところが、古典派の伝統を受け継ぐスラッファは、稀少性よりも再生産の視点から経済を捉えようとする。例えば、かつてリカードは、「商品、その交換価値、およびその相対価格を規定する法則を論ずる際には、われわれはつねに、人間の勤労の発揮によってその量を増加することができ、またその生産には競争が無制限に作用しているような商品だけを念頭におくことにする」[13]と言っているが、これは、珍しい彫像や絵画など極めて稀少なものは再生産不可能ということで考察の対象から外すということを意味していた。しかも、リカードは、再生産可能な商品について、次のような説明さえ添えていた。すなわち、「もしわれわれがその獲得に必要な労働を投入する気になれば、ただ一国においてばかりでなく、多くの国においても、ほとんど無制限に増加することができる」ものだと。

稀少性の欠落した商品は、正統派経済学では「自由財」[14]に分類されるので、価格をもつことはない。ところが、古典派の伝統を受け継ぐスラッファにおいては、価格は投入・産出構造に規定されて決まるので、稀少性が欠落した商品でも価格をもつことができるのである[15]。

以上のような意味で、スラッファ理論こそが、現代において「異端派」という呼び名に相応《ふさわ》しい経済学だと言えるかもしれない。

補論　古典派の「競争」および「均衡」について

新古典派経済学の成立以降、「競争」という言葉は、まず、「完全競争」の条件（均質の商品・原子論的市場構造・完全知識・参入退出の自由）が満たされた状況を指し、「均衡」という言葉は、すべての市場において需要と供給が等しくなった状況を指すようになったが、古典派の人々は、これとは異なった見解をもっていた。

古典派の「競争」とは、簡単に言えば、極大利潤率を求めて各産業の間を自由に出入りする資本の可動性のことを指していたが、この意味での競争は、究極的には、各産業において均等の利潤率が成立した状態に導くだろう。この状態が、実は、古典派の「均衡」なのである。

例えば、古典派の価値論では、「市場価格」が競争を通じて絶えず「重力の中心」としての「自然価格」に引き寄せられていくという議論が展開されるが、その場合も、彼らは新古典派とは違う意味での競争過程を念頭に置いており、また自然価格も均等利潤率が成立した場合の価格として理解していたのである。

もちろん、だからといって、古典派が「需要と供給の法則」を無視したというのは当たらない。彼らも、市場にもたらされた商品の数量が「有効需要」（この場合は、自然価格を支払う用意のある人たちの需要のこと）と比較して多いか少ないかによって、市場価格が相対的に低くなったり高くなったりする可能性があることをきちんと議論している。しかし、需要と供給の法則の作用を認めることは、価格決定における根本的な要因が需要と供給の諸力であると主張することと同じではない。なぜなら、重力の中心としての自然価格は、極大利潤率を求める企業の営利活動の結果として成立する均等利潤率と結びついているからである。リカードの言葉を聞いてみよう。すなわち、「商品価格はもっぱら需要に対する供給の割合、または供給に対する需要の割合のみに依存する、という意見は、ほとんど経済学上の一つの自明の理となってきたのであって、この学問における多くの誤謬《ごびゅう》の源泉であった」(16)と。

『商品による商品の生産』のスラッファが採用した競争および均衡概念は、言うまでもなく、新古典派ではなく古典派の伝統に従うものである。もちろん、すでに触れたように、不完全競争または寡占的状況の下では、均等利潤率は容易に成立しないだろう。しかし、バラヂワジ（Krishna Bharadwaj）が指摘したように、「任意の時点での現実に実現された利潤率に格差を認識することは、利潤率の均等化の傾向と矛盾するものではない」[17]ことに留意しなければならない。

注

（1） とくに、菱山泉『ケネーからスラッファへ――忘れえぬ経済学者たち』（名古屋大学出版会、一九九〇年）および『スラッファ経済学の現代的評価』（京都大学学術出版会、一九九三年）を参照のこと。

（2） 以下、スラッファの生涯の叙述に当たっては、次の文献を参照した。Gary Mangiovi, "Piero Sraffa (1898–1983)", in *A Biographical Dictionary of Dissenting Economists*, edited by Philip Arestis and Malcolm Sawyer, Edward Elgar, 1992, pp.536–545 ; John Eatwell and Carlo Panico, "Piero Sraffa (1898–1983)", in *The New Palgrave : A Dictionary of Economics*, vol.4, Macmillan, 1987, pp.445–452.

（3） 詳しくは、菱山泉『ケネーからスラッファへ』第十二章を参照のこと。

（4） スラッファとグラムシの関係については、菱山泉「グラムシとスラッファ」、片桐薫・黒沢惟昭編『グラムシと現代世界』（社会評論社、一九九三年）所収、を参照のこと。また、余談だが、哲学者L・ヴィトゲンシュタインの前期から後期への思想の転換に当たっては、スラッファとの会話から受けた刺激が重要な役割を演じたことが知られている。ヴィトゲンシュタインとスラッファとの関係についても、菱山泉『スラッファ経済学の現代的評価』第九章が必読の文献である。

（5） P・スラッファ『経済学における古典と近代』菱山泉・田口芳弘訳（有斐閣、一九五六年）五―六ページ。

（6） 前同、八五ページ。

（7） 前同、八七―八八ページ。

（8）菱山泉「不完全競争の理論」、杉原四郎・鶴田満彦・菱山泉・松浦保編『限界革命の経済思想』（有斐閣新書、一九七七年）一七一―一七三ページ参照。
（9）菱山泉『ケネーからスラッファへ』、前掲、一八七―一八八ページ。
（10）P・スラッファ『商品による商品の生産』菱山泉・山下博訳（有斐閣、一九六二年）五七ページ。
（11）M・ドッブ『価値と分配の理論』岸本重陳訳（新評論、一九七六年）三一二ページ参照。
（12）L・ロビンズ『経済学の本質と意義』辻六兵衛訳（東洋経済新報社、一九五七年）二五ページ。なお、ロビンズの生涯と思想については、拙著『現代イギリス経済学の群像』新版（岩波書店、一九九五年）第四章を参照のこと。
（13）D・リカード『経済学および課税の原理』上巻、羽鳥卓也・吉澤芳樹訳（岩波文庫、一九八七年）一九ページ。
（14）前同、一八―一九ページ。
（15）この点は、菱山泉『リカード』（日本経済新聞社、一九七九年）を参照のこと。
（16）D・リカード『経済学および課税の原理』下巻、羽鳥・吉澤訳、二三三ページ。
（17）K・バラヂワジ「有効需要について：最近の批判」、J・A・クレーゲル編『ポスト・ケインズ派経済学の新展開』緒方俊雄・渡辺良夫訳（日本経済評論社、一九九一年）所収、二四ページ。

第十二章　ジョン・ケネス・ガルブレイス　「制度的真実」への挑戦

ガルブレイス（John Kenneth Galbraith）は、『不確実性の時代』（*The Age of Uncertainty*, 1977）の日本語訳がベストセラーになって以来、わが国ではとくに馴染みの深い経済学者の一人である。彼は、サムエルソンも認めるように、[1]経済学界では「名文家」として通っているが、文章がうまいことが必ずしも学問的な評価につながらないというのだから、学界というところは本当に不思議な世界であると言えるかもしれない。

ガルブレイス経済学の真骨頂は、私見によれば、[2]「制度的真実」（自分が所属する世界でのみ通用するような真実）に果敢に挑戦したところにあるが、彼の批判が激しさを増せば増すほど、正統派経済学からの反撃もまたより周到なものになっていったというのが、過去数十年の経験である。

現在のアメリカの経済学界には、正統派経済学の思考法に従わないものを「異端」と呼び、彼らを辺境の地へと追いやる制度的なメカニズムが働いているが、[3]もしガルブレイスに「異端の経済学」を支えるだけの政治力が備わっていなかったならば、彼もまた一生を田舎で過ごしたことになっていたかもしれない。しかし、幸運にも、彼はその運命を免れた。それを明らかにするには、まず、彼の簡単な経歴を紹介しなければならないだろう。

1　ガルブレイス小伝

ガルブレイスは、一九〇八年、カナダのオンタリオ州アイオナ・ステーションという小さな農村に生まれた(4)。一九二六年の秋、オンタリオ農業大学に入学したが、彼自身の言葉によれば、「美しい芝生と庭園だけは別として、私は母校を愛さなかった(5)」という。おそらく、彼にとっては、「農業」を中心とするカリキュラムでは知的好奇心を満足させることができなかったのだろう。しかし、彼が、農業経済学からより一般的な経済学に転向するのはまだ先のことである。

一九三一年、オンタリオ農業大学を卒業した彼は、博士号を取得するために、アメリカのカリフォルニア大学バークレー校に留学することになった。バークレー時代は、農業経済学の他に、マーシャルやヴェブレン（Thorstein Bunde Veblen）を真面目に読んだらしいが、とくに後者の「異端の経済学」は、後のガルブレイスの経済思想に大きな影響を及ぼすことになった(6)。

一九三四年、無事、農業経済学で博士号を取得した彼は、ハーヴァード大学講師の職に就いた。一九三〇年代のハーヴァードといえば、シュンペーター、レオンチェフ（Wassily Leontief）、ハーバラー（Gottfried Haberler）、ハンセンなどを擁し、まさに黄金時代を築きつつあったが、ガルブレイスがそのスタッフの一員となったのは、まことに幸運であったと言うべきだろう。

ハーヴァードは、よく知られているように、アメリカにおける「ケインズ革命」の本拠地だったが、ガルブレイスもその影響から無縁ではなく、やがて積極的に革命に身を投じていった。当時の正統派経済学は、「セーの法則」(供給はそれ自らの需要を創り出す)と呼ばれる考え方に支配されていたが、その法則は、ガルブレイスによれば、「立派な経済学者とだめな経済学者とを識別するリトマス試験紙(7)」のようなものだったという。ガルブレイスその他の若い研究者たちは、ケインズとともに、そのセーの法則の支配に果敢に挑戦したのである。

ケインズ革命に深入りするにつれて、ガルブレイスは、さらに一歩進んで、ケインズ自身が革命の本拠地にしたケンブリッジ大学に留学したいと思うようになった。幸い、一九三七年の春、ロックフェラーの寄付で創られた「社会科学研究委員会」に申請していた留学の奨学金が下りたので、彼は期待に胸を膨らませてイギリスのケンブリッジ大学へと向かっていった。ところが、到着してみると、肝心のケインズが病気で、彼から直接の教えを受けることは困難であることが判明した。彼の落胆ぶりは、想像するにあまりあるが、不幸中の幸い、ケインズのインナー・サークルの人々(ピエロ・スラッファ、J・ロビンソン、R・カーンなど)と親しく付き合えるようになったので、ケインズがいま何を考えているのかを十分に知ることができたという。また、当時ケンブリッジに滞在していたポーランドの経済学者カレツキ(Michal Kalecki)——彼は、今日では、ケインズ革命の同時発見者として知られている——と知り合いになれたのも極めて有意義であった。

さて、一年間の留学を終えてハーヴァードに戻ってみると、まもなく、そこでの昇進の可能性がないことがわかったので、一九三九年の秋、プリンストン大学助教授のポストを受け入れる決心をした。だが、プリンストン時代は三年間と短かった上、その途中でルーズヴェルト民主党政府関係の仕事に就いていた二年間を含んでいるので、大学への愛着はほとんどわかなかったようである。

むしろ二年間の民主党政府への出向が、彼の思想形成に大きな影響を及ぼしたと言ってよい。とくに、第二次世界大戦中、物価統制・民需供給局で実際に物価統制の仕事に従事した経験は、アメリカ経済が教科書の描くような完全競争市場ではなく不完全競争または寡占的市場によって支配されていることを彼に教えた。ガルブレイスは、後に、インフレ対策としての価格・賃金統制を提唱した『価格統制の理論』(*A Theory of Price Control*, 1952)やユニークな寡占体制論を展開した『新しい産業国家』(*The New Industrial State*, 1967)を書いているが、それらの著作にも、かつての物価統制官としての経験が生かされているように思える。

物価統制官ガルブレイスは、文官としては最大級の権限でもって物価統制を実施した。それゆえ、産業界の恨みを買うことが多かったという。しかも、物価統制局の官僚体質にも悩まされたというから、仕事は決して楽ではなかったはずである。数年の勤務の後、その職から外されたが、『回想録』によれば、それからの数ヵ月、長い間に累積した疲労が、「重い油の川のように私を押し流そうとした」[8]という。

ガルブレイスは、その後、雑誌『フォーチュン』の編集長ラルフ・ペインに誘われて、同誌の編集に携わることになったが、この時期の収穫は、何といっても、同誌の編集者であったH・R・ルースから文章の書き方を学んだことだろう。ガルブレイスは、現在でこそ、名文家で通っているが、決して最初からそうだったのではなく、厳しい訓練の末にそうなったのである。ルースは、後に、ケネディ大統領に対して、「私はガルブレイスに物を書く法を教えた。今では全く惜しいことをしたと思っているよ」と語ったらしいが、[9]それだけ、ガルブレイスの上達が速かったということの証左かもしれない。

ところで、政府の仕事と同じように、民間の経済誌の編集に関係したことは、ガルブレイス自身の思想形成に重要な影響を及ぼすことになった。というのは、『フォーチュン』が、早い時期から現代の大企業の解剖に取り組んでいたからである。彼の『回想録』によれば、[10]雑誌の編集に携わる過程で、後に『新しい産業国家』のなかで展開されることになる様々な着想を得たという。学界を離れていた期間は、彼にとって、決して時間の無駄ではなかったのである。

一九四八年の秋、ガルブレイスは、ハーヴァード大学に復帰した。ただし、最初のうちは、「地位は講師、給与は教授並」という奇妙な待遇であった。ところが、イリノイ大学が彼を経済学部長として招聘《しょうへい》しようとしている事実が判明すると、ハーヴァードの経済学部は直ちに教授会を招集し、ガルブレイスを正規の教授に任命することを決議した。彼の教授昇進に対しては、保守派の多い評議会が反対したが、その問題も一年後には解決し、晴れて本格的な学究生活を再開した。そして、幸運にも、産業組織の講座を担当していたメイソン（Edward H. Mason）がその講座を譲ってくれたおかげで、彼は自分の専門を名実ともに農業経済学から大企業研究に変更することができたという。

一九五二年、ガルブレイスは、『アメリカの資本主義』（*American Capitalism : The Concept of Countervailing Power*）と題する現代資本主義論を発表した。そこで提示された「拮抗《きっこう》力《りょく》」の概念は、例えば、強力なメーカーとしての大企業の支配力に対抗する強力な小売業者（チェーンストアやスーパーマーケットなど）や、労働力の強力な買手としての大企業に対抗する強力な労働組合のように、「競争に代わる私的権力に対する新しい抑制措置」のことを意味している。アメリカ経済の現実は、不完全競争や寡占的市場によって支配されているが、ガルブレイスによれば、だからといって、それらの弊害ばかりが目立つというわけではない。なぜなら、それらの弊害は、拮抗力の作用によってかなりの程度取り除かれるからであると。(11) 拮抗力の概念は、『アメリカの資本主義』以降、いったんは消えてしまうが、後に見るように、『経済学と公共目的』（*Economics and the Public Purpose*, 1973）において形を変えて再登場してくる。

一九五八年、ガルブレイスは、異端派経済学者としての彼の名前を高めた名著『ゆたかな社会』（*The Affluent Society*）を発表した。なぜ「異端派」と呼ぶのかについては、後に詳しく検討していくつもりだが、ごくかい摘んでいえば、次のようになるだろうか。正統派経済学の基本的な前提の一つに「消費者主権」(消費者の嗜好や選択こそが生産の方向を決定づけるという考え方)というものがあるが、現代のような「ゆたかな社会」では、生産者が宣伝や販売術を駆使して欲望を積極的に創り出しているという意味で、欲望が生産に依存するようになっている(いわゆる「依存効果」)。しかも、依存効果は民間部門に強力に作用するものなので、公共部門への資源配分が疎かになり、いわゆる「社会的アンバランス」が生じる、と。

ところで、ガルブレイスは、学界に復帰したとはいっても、いわゆる「象牙の塔」の経済学者ではなかった。つねに政治の動向に関心のある彼は、大統領選挙がある度に民主党の候補者の応援に動き回ったが、一九六〇年には、J・F・ケネディを大統領候補者に担ぎ出したことによって、すべてがうまく行った。ガルブレイスは、その後、大統領に就任したケネディによってインド大使に任命されたが、後に著わされた『大使の日記』(*Ambassador's Journal*, 1969)を読むと、彼がインドでの仕事をとても楽しんでいる様子が窺える。

一九六三年の秋、ケネディ暗殺後、彼はハーヴァード大学教授に復帰したが、今度は長い間あたためてきた大企業研究を一書にまとめる仕事に専念するようになった。その成果が『新しい産業国家』(一九六七年)である。この本も、前作『ゆたかな社会』と同じように、世界的なベストセラーとなったが、なかでも、企業権力が「テクノストラクチャー」と呼ばれる大企業内部の専門家集団に移行したという主張に対しては、正統派経済学の側から激しい反論が寄せられた。しかし、この点も、後の検討に譲ることにしたい。

『ゆたかな社会』と『新しい産業国家』という二つのベストセラーによって世界的な「名士」となったガルブレイスは、一九七一年、ついにアメリカ経済学会の会長にまで上り詰めた。ガルブレイスが会長になることに対して、保守派のフリードマンが強硬に反対したらしいが、その真偽はともかく、ガルブレイスのような異端派が会長になるのは、アメリカ経済学会の歴史でも極めて珍しい出来事であった。

一九七三年、ガルブレイス経済学の決定版ともいうべき『経済学と公共目的』が出版された。この本の新しさは、「計画化体制」の解剖に偏《かたよ》っていた『新しい産業国家』の欠陥を補うために、計画化体制と比較して交渉力の弱い「市場体制」にまで視野を広げたところにあったが、前に示唆したように、「拮抗力」の概念が、計画化体制の支配力を削減し、市場体制の力を強化するという形で再登場していることを見逃してはならない。

一九七七年、彼は『不確実性の時代』と題する経済思想史の本を出版したが、その邦訳書（都留重人監訳、ＴＢＳブリタニカ、一九七八年）は、五十万部を超える大ベストセラーとなった。その本の基になったのは、イギリスのＢＢＣ放送で放映された同名のテレビ番組だったが、文章で人を唸らせる彼も、カメラの前では最初のうちかなり苦労したようである。

さて、異端派経済学者ガルブレイスの仕事は、これまでに取り上げた三冊（『ゆたかな社会』、『新しい産業国家』、『経済学と公共目的』）にほぼ尽きているが、彼の愛読者なら誰もが気づくように、彼の関心は「経済学」という狭い枠のなかには納まりきれないところにまで広がっているように思える。例えば、一九九〇年代初めの著書『満足の文化』（*The*

Culture of Contentment, 1992）は、経済学を超えて、一九八〇年代のレーガン＝ブッシュ共和党政権を支えた保守主義の思潮を抉り出した、一つの優れたアメリカ社会批評の域にまで到達しているのである。

彼は一九九八年に九十歳を越えたが、この歳でジャーナリズムにしばしば登場する人は極めて稀少だと言わなければならない[12]。おそらく、命あるかぎり、自らの道を歩み続けることだろう。

2 依存効果と社会的アンバランス

『ゆたかな社会』は、異端派経済学者ガルブレイスの出世作だが、この本のねらいは、正統派経済学の二つの「通念」（conventional wisdom）――「消費者主権」と「社会的バランス」――に挑戦することにあった。

消費者主権とは、企業の生産活動が究極的には消費者の嗜好や選択によって規定されるという考え方を指しているが、現実の企業は宣伝や販売術を通じて消費者の欲望を積極的に創り出すことに専念しており、「自立的に決定された消費欲望」という観念は支持し難い。ガルブレイスは、このように、「消費欲望を満足させる過程自体によって消費欲望がつくり出される」ことを「依存効果」（Dependence Effect）と呼んでいるが、彼によれば、それはふつう民間部門に強力に作用するものなので、「私的に生産される財貨およびサービスの供給と国家によるそれとの間の満足な関連」を意味する「社会的バランス」の欠如が生じるという。彼の言葉を聞いてみよう。

「この観念［自立的に決定された消費欲望という観念］があてはまる社会においては、選挙権者としての消費者が公共的財貨と私的財貨との間の自立的な選択をおこなうという理論は、理屈として成り立つであろう。しかし依存効果がある以上――消費欲望を満足させる過程自体によって消費欲望がつくり出される以上――、消費者は自立的な選択をおこなうのではない。消費者は広告と見栄の力によって影響されている。それらによって生産はそれ自身の需要をつくり出しているのだ。広告はもっぱら、見栄は主として、私的に生産される財貨とサービスに対して有利に作用する。需要管理と見栄の効果とが私的生産にとって有利なはたらきをするので、公共的サービスは本質的におくれをとる傾向がある。自動車に対する需要は高い費用をかけて合成されるので、そうした影響力の及ばない公園、公衆衛生、さらには道路でさえも、自動車ほどには所得をまき上げる力がないのは当然である。今や最高の発展段階に達したマスコミの力は、社会の耳目をより多くのビールに向けるけれども、より多くの学校には向けない。これでは両者の選択が平等でありえないことは、通念でさえも争う余地がないであろう。(13)」

社会的アンバランスは、「ゆたかな社会」のもう一つの病であるインフレーションによっても激化させられる。ガルブレイスによれば、インフレ期には、公務員の給与は民間産業のそれに後れをとる傾向があったが、そのことが官公庁から民間産業への職の移転の原因の一つであった。また、人口の増加、都市化の進展、ゆたかさの増大によって大都市圏における公的な仕事の必要性が高まっているにもかかわらず、地方自治体の収入は固定資産税に依存する部分が大きいので、インフレ期には、やはりどうしても後れをとる傾向があったという。

では、インフレ対策としては、どのようなものを考えればよいのか。ケインズ経済学の正統的な考え方によれば、インフレは財政政策（財政支出の削減や増税）や金融政策（高金利）によって抑制されるはずだが、そのどちらも問題を含んでいる。例えば、増税は国民の支持が得られにくい上、財政支出の削減も完全雇用の実現を困難にし、経済的保障を脅かす恐れがある。また、高金利は投資や消費に悪影響を及ぼすだけでなく、その効果が差別的であるという欠陥がある。例えば、高金利が内部金融方式が普遍的な大企業にはほとんど影響を与えない反面、そのような資金的余裕のない中小企業には大きな重圧を負わせるというように。

それゆえ、ガルブレイスは、残されたインフレ対策として、「賃金・価格の公的審査制」を提唱する。この対策は、彼が物価統制官を務めていた頃から自信をもって主張してきたものである。ただし、これは「経済の中で高度に組織された部門――大企業と強い労働組合とが交渉する部分――だけを対象とすれば足りる」[14]という。では、「公的審査制」の仕組はどのようなものなのか。彼は次のように言っている。

「適当な機構は、労働者、使用者、公共の三者代表が出席する何らかの形の公的審判である。その管轄は、大きな組合と使用者、すなわち組織された部門に限られることになろう。賃金交渉の決着でも価格上昇を必要としないものは承認を要せず、その後に価格引上げの理由にすることはできないものとする。賃上げが価格引上げを必要とする場合、または当該産業が吸収しうると判定される金額を超える場合は、承認を要する。吸収されえず、しかも無理に吸収すれば不公平になるような賃金交渉の決着は、否認され、またもちろんそれに伴う価格の引上げも否認される。この統制は、限定された範囲で適用されるべきであるとしても、強い意図をもって、まじめに運用され、しかも永続的であるべきものである。[15]」

ガルブレイスの「価格・賃金の公的審査制」は、一種の「所得政策」と見なすことができるが、それは価格や賃金の動きに一定の制限を加えようとするものなので、自由市場の役割に全般的な信頼を置く人々（ハイエクやフリードマン）には評判のよくない政策の一つである。[16]

『ゆたかな社会』は、例えば、ハイエクのように「自由至上主義者」にとっては、「新しい社会主義」を説く誤謬《ごびゅう》に満ちた本のように思えたのだろう。[17] ハイエクによれば、たしかに、ガルブレイスが言うように、消費者の欲望が企業の宣伝や販売術によって操作されているというのは間違いではない。それどころか、私たちの欲望の多くは、もし私たちの文化的遺産がなかったならば知りもしなかっただろうという意味で後天的なものである。例えば、私たちは、教育を通じて優れた文学・芸術・音楽などの諸作品の価値を知り、それらを求めるようになる。だが、そのような欲望が生得的なものでないからといって、それらの価値を否定することがどうしてできようか、とハイエクは問うのである。

ハイエクは、ガルブレイスの「依存効果」や「社会的アンバランス」の概念の背後に、たとえ「強制」という手段に訴えてでも、諸資源をガルブレイスのような「社会主義者」が承認する方向に配分する政治的権力の存在を嗅ぎとっているようである。だが、ハイエクの社会哲学を詳しく検討する余裕はないので、関心のある方は、別の参考文献を繙《ひもと》いて欲しい[18]。

3 「新しい産業国家」とは何か

『新しい産業国家』は、ガルブレイスの長年にわたる大企業研究の成果というべきものだが、この本も、「市場に従属する企業」（生産者は究極的に市場に従属しており、企業権力の存在はほとんど全く問題にならないという考え方）という正統派経済学の通念に挑戦した野心的な試みであった。もちろん、現在でも、基本的に市場に従属すると見なしうる何千万もの小企業が存在していることは間違いない（現代経済のこの部門は、後に、ガルブレイスによって、「市場体制」と呼ばれるようになった）。だが、他方で、現代のアメリカでは、およそ千社の大企業による製品の供給が全体のほぼ半分近くを占めているという現実がある（この部門は、最初は「産業体制」、後に「計画化体制」と呼ばれるようになった）。ところが、当時の正統派経済学は、依然として市場体制の分析に終始しており、計画化体制をまともに取り扱おうとしていなかった。それゆえ、『新しい産業国家』は、計画化体制を分析の中心に据えることによって、著しく現実逃避の学問に堕落してしまった正統派経済学に反省を促そうとしたのである。

さて、ガルブレイスによれば、(19) 現代の大企業の特徴は次のような事実にまとめられる。すなわち、大規模な技術進歩、生産の開始から完成までの懐妊期間の長期化、必要資本額の巨大化、そして生産に要する資本と時間の非流動化というように。製品は、このように長時間かけて資本や時間を投入した後で初めて市場に供給されるが、そのとき、もし大量の製品が売れ残ってしまうようなことにでもなれば、大企業に莫大な損害を与えるだろう。そこで、大企業は、市場の不確実性を回避するために、「計画化」という手段に訴えようとする。そのための戦略が、管理価格・消費者需要の操作・内部金融化などである。

だが、より重要なのは、このような計画化の担い手が、かつてのように、もはや資本家でも単なる経営者でもなく、事実上、大企業内部の専門家集団（ガルブレイスは、これを「テクノストラクチャー」と呼ぶ）に移行してしまったことである。少し長くなるが、極めて重要なところなので、彼自身の言葉を聞いてみよう。

「過去には、企業組織の指導部は、事業家――すなわち、資本の所有または支配力を他の生産要素を組織する能力と結びつけ、さらにたいていの場合には技術革新へのそれ以上の能力と結びつけた個人――そのものと見なされた。近代的法人企業が勃興し、現代の技術および計画化により必要とされる組織が出現するとともに資本所有者が企業統制力を失うのにともなって、事業家はもはや成熟した産業社会では個人としては存在していない。経済学の教科書を別とすれば、日常の会話でもこのような変化は認められている。つまり、事業を指導する力としては、経営陣が事業家にとって代わっているのである。経営陣とは、集団的な、不完全にしか定義できない存在である。大企業では、そこに会長や社長のほか、重要なスタッフをもつか部局の運営責任をもつ副社長たち、その他の主要な幹部職、さらには上記以外の部局の長が含まれている。しかし、そこには、集団による決定に関与し、関係者として情報を提供する人びとのうちごくわずかしか含まれないだろう。そのような情報を提供する人びとは、非常にたくさんいる。その範囲は、企業のほとんどの上級職員から、彼らが日常的に接触する末端のホワイト・カラーやブルー・カラー労働者にまで及ぶわけで、それらの労働者の機能は命令や日常業務を多少とも機械的に遂行することである。そこに含まれているのは、専門化した知識、才能、あるいは経験を提供して集団による決定に関与するすべての人びとである。小人数の経営陣ではなく、これこそが企業を指導する知性――つまり頭脳――なのである。集団によるデシジョン・メーキングに加わるすべての人びと、あるいはこれらの人びとが形成する組織には名称がない。私はこの組織を『テクノストラクチャー』と呼ぶよう提案したい。[20]」

しかも、テクノストラクチャーは、利潤極大化よりは企業の安定成長を目標にし、その目標を国民経済全体の目標としても定着させるために、社会全体の意識操作まで試みるようになるという。[21]かくして、大企業と国家が一体となった一つの管理社会が生まれるが、これがガルブレイスの「新しい産業国家」なのである。

正統派を痛烈に批判した『新しい産業国家』は、以前の彼の本と同じように、世界的なベストセラーになったが、彼に批判された正統派経済学の人々も決して沈黙していたわけではない。

当時の正統派経済学は、言うまでもなく、サムエルソンに代表される「新古典派総合」である。それは、以前にも説明したように、完全雇用を自動的に達成できないという自由市場の欠陥は認めるものの、政府による慎重な総需要管理によって完全雇用が実現されたならば、再び自由市場を信頼してもよいという考え方であった。すなわち、市場の欠陥は認めるが、決して市場を否定はしないという立場である。それゆえ、総じて、彼らは、「市場に従属する企業」という神話を粉砕したばかりでなく、計画化体制による市場の否定にまで突き進んだガルブレイスに対して極めて批判的であった。[22]

といっても、近年における所有と支配の分離から出発して、経営者そしてテクノストラクチャーが重要な役割を演じるようになった事実まで否定する者は、正統派といえどもほとんどいないと言ってよい。実際、サムエルソンは、「立憲君主」(いわゆる「君臨すれども統治せず」)としてのテクノストラクチャーの役割なら決して否定しない趣旨の発言をしている。だが、そこからさらに一歩進んで、「テクノストラクチャー」が「絶対君主」のごとき地位に就いたかのような主張をするのは、かなりの論理の飛躍である。というのは、アメリカでは、現代でも株主の力は決して侮れないからである。例えば、機関投資家が、つねに株式の配当と価格に注意を払うように受託経営層に圧力をかけているというように。また、テクノストラクチャーの計画化が失敗し、利潤が低迷するようなことでもあれば、別の資本家グループが「乗っ取り」をしかけてくることも十分にあり得る。かくして、サムエルソンは、次のような極めて厳しいガルブレイス評を下すのである。

「たしかに、大企業がアメリカ産業界のなかで果たしている役割は重要であり、大企業の株主が広く分散していることも間違いない。また大企業が自社製品の広告を出し、その需要喚起に努めていることも事実である。だが、大企業が立憲君主というよりは絶対君主であり、消費者の欲望を自分の意のままにつくりあげているというのは本当だろうか。また大企業の雇われ経営者が利潤を無視してまで成長一本槍の態度を貫くというのも本当だろうか。さらに安定化成長の立案に関心をもつ『テクノストラクチャー』なるものが現実に既存体制を動かしているだとか、ソ連、ユーゴその他、世界中のテクノストラクチャーがみんな類似していく傾向があって、そのすべてがやがてガルブレイスの描くところの産業社会に似たものになるだろうとかいったことも真実なのだろうか。この著者から散文スタイルを脱がせたら、正直な子供はどんな着物が残っていたと報告することだろうか。(23)」

『新しい産業国家』のなかには、出版当時センセーションを引き起こした別の主張もある。それは、価格管理は計画化のために必要なものであり、計画化それ自体も計画化体制に固有のものなのだから、「反トラスト法は市場の維持をはかる点で産業計画のいっそう大きい世界では時代錯誤である」という主張である。ガルブレイスは、自他ともに任ずるリベラル派の経済学者だが、それにもかかわらず、計画化体制の論理を追認するかのように、反トラスト法がジェスチャーに過ぎないというのだから、たちまち学界の話題をさらうことになったのである。

とくに、ガルブレイスの論調に反発したのは、「産業組織論」と呼ばれる学問分野を研究する正統派の経済学者たちである。アメリカは、「シャーマン法」（一八九〇年）以来の長い反トラスト法の歴史をもつ国である。彼らは、そのような伝統に支えられながら、できるだけ競争的な市場環境を整備することによってアメリカ経済の良好な成果を引き出そうとつねに努力してきたが、その絶え間のない努力がガルブレイスによって「ジェスチャー」であると軽くあしらわれたのだから、反発しない方が不思議である。

正統派の産業組織論の根本には、「市場構造・市場行動・市場成果パラダイム」と呼ばれるものがあったが、それは、かい摘んで説明すれば、次のような考え方を指していた。すなわち、「市場構造」（売手または買手の集中度、新規企業の参入の難易度、製品差別化の程度）が「市場行動」（企業の価格政策、製品政策、競争相手に対する反応政策など）を決め、市場行動が「市場成果」（価格・費用関係と利潤率、生産の技術的効果、成長率など）を決めるので、良好な市場成果を引き出すためには、独占的行為や独占的構造をできるかぎり排除しなければならない、と。

反トラスト法を最も厳格に適用するならば、企業が大規模であること自体が「悪」と判定されるが、実際、アメリカでは、たとえ独占的行為がなくとも独占的構造があるというだけで不法の宣告を受けた時期があったのである（例えば、一九四五年、九〇パーセントの市場占拠率を占めたアルコア社がシャーマン法違反と判定された）。このような厳格な法の適用を「ジェスチャー」として一笑に付すことはできないだろう。ガルブレイスへの反論が噴出した所以である。

だが、興味深いことに、アメリカにおける反トラスト法の気運は、保守主義が復活した一九八〇年代には大きく退潮を迎えることになった。そして、そのことは、学界におけるコンテスタビリティ理論の登場と、現実政治におけるレーガン政権の誕生と無関係ではない。

コンテスタビリティ理論とは、次のような考え方を指している。すなわち、たとえ市場占拠率が高かったとしても、その市場につねに新規企業が参入してくる可能性があれば超過利潤は生まれないので、集中度の排除や企業合併の規制も行なう必要はないと（ただし、コンテスタビリティ理論が成り立つためには、企業が産業から撤退する際に「埋没費用」sunk costがかからないなどの条件が必要である）。そして、この理論が、レーガン政権の規制緩和路線を背後から支援する形となったのは、まだ私たちの記憶に新しい。

レーガン政権は、八〇年代の保守主義の潮流に乗って、あらゆる分野で規制緩和を推進していったが、それはやがてＭ＆Ａと呼ばれる企業の合併と買収の大流行を生んだ。後に見るように、ガルブレイスは、レーガン政権の経済政策（いわゆる「レーガノミックス」）やそれを支えた保守主義の蔓延に対して峻烈な批判を展開しているが、皮肉にも、反トラスト法を一笑に付し、計画化体制の論理に沿った体裁をとっていた『新しい産業国家』が、図らずも、保守主義者の台頭を手助けしてしまったのである。

以上に見てきたように、『新しい産業国家』は、「大企業王国」の抽象モデルを提示し、市場体制中心の経済学にとどまっていた当時の正統派の欠陥を見事に突いた注目作だったが、彼の議論のなかには、多くの誇張や問題点が含まれていた。しかし、それにもかかわらず、その本が提起した諸問題は、その後の経済学界の流れを大きく変えてしまったと評価することができるだろう。というのは、一九七〇年代以降、企業理論の必要性に気づいた経済学者たちは、「市場」と「企業」という代替的な制度様式の間の選択という視点を打ち出したコース（Ronald Harry Coase）の若き日の論文「企業の本質」（一九三七年）の考え方を拡充しながら、今日「比較制度分析」（Comparative Institutional Analysis）と呼ばれる学問分野の確立にかかわっていくことになるからである。(24)

ところで、最後に付随的ながら、『新しい産業国家』には、時代に先駆ける次のようなユニークな主張もあったことを指摘しておかなければガルブレイスに対して公平を欠くことになるだろう。それは、テクノストラクチャーの目標が最優先されるいまの大企業体制では、「審美的」次元が犠牲にされやすいので（例えば、「景観」を重視する審美的次元は、「電力線」を優先するテクノストラクチャーの目標と衝突するというように、「教育者・科学者階層」が率先してそれを守るために立ち上がらなければならないという主張である。だが、地球環境問題がますます深刻さを増している現在、未来は審美的次元への配慮から開けるというガルブレイスの主張は、たしかに、先駆的なものであったと言えるだろう。彼の言葉を聞いてみよう。

「審美的次元が課す試験は新しく、はるかに難しい。この試験では、任期を終えた市長、州知事、ホワイトハウスの大統領、ロンドンのダウニング街十番地の首相は、彼らの市や州、あるいは国が就任前よりも美しくなったかどうかを問われることになる。この試験に合格するのはたいへんである。今世紀の主だった人びとの中にも合格者はいないだろう。誰もが落第するという事実は、審美的次元が軽視されるもう一つの理由でもある。落ちるにきまっている試験を好む者はいない。だが、いつの日にか、進歩的社会で、やさしすぎる生産性の試験よりも審美的達成度の試験をはるかに多く課すときがくるだろう。(25)」

『新しい産業国家』は、何度も触れたように、計画化体制を分析の中心に据えていたが、そこで無視された諸問題（いまだに市場に従属を余儀なくされている中小企業の問題、計画化体制の国際的側面、現体制改革のための政策提言など）は、『経済学と公共目的』（一九七三年）のなかでまとめて取り上げられることになった。[26] その本は、計画化体制と市場体制から構成された現代資本主義に関するガルブレイスの最終的見解と言ってもよいが、『新しい産業国家』と比較してよりバランスのとれた議論が展開されている分、迫力に欠けるという評価もあるかもしれない。

さて、では、計画化体制と市場体制の根本的な違いはどこにあるのか。計画化体制は、すでに見たように、管理価格・消費者需要の操作・内部金融化などの手段を通じて市場の不確実性を乗り越えることができた。しかも、国家と一体となって大企業中心の社会を創り上げることにも成功した。だが、支配力とは無縁の市場体制は、無慈悲な市場機構に身を委ねる以外に選択の余地がない。また、市場体制は、自らの必要とする資本設備・燃料・原材料・通信機器などの供給を計画化体制に仰ぐ一方で、自らの作り出す生産物の重要な顧客が計画化体制であるという事情があるために、計画化体制に「搾取」されやすい環境にある。しかも、市場体制が計画化体制による搾取を乗り越える道は、自らの貨幣賃金のカットや家族労働の強化などの「自己搾取」以外にないというさらに辛い現実もある。ガルブレイスによれば、このような両体制間の支配力の差異は、経済の不均等発展をもたらすに違いないという。

計画化体制は、単に一国内で支配力を行使するだけではない。例えば、「多国籍企業」と呼ばれる企業形態は、ガルブレイスによれば、「国際貿易に特有な不確実性に対するテクノストラクチャーの対応物」に他ならず、「国内市場の場合と同じように、国際的に市場を超越する」ことを目標にしているという。かつて、アメリカのような先進国の計画化体制は、貨幣賃金の水準がはるかに低い低開発国の企業からの低価格商品の売り込みに脅威を感じたものだが、いまや国際化を遂げた計画化体制は、コストが最もかからない国で生産するという対抗手段をもっているというわけである。

だが、『経済学と公共目的』のガルブレイスは、そのような現状を決して追認しない。彼は、現状を国民の真の福祉に貢献するような体制へと変革していくためには、まず、「信条の解放」・「女性の解放」・「国家の解放」という三つの解放から取りかかるべきだと主張するが、要は、いまは計画化体制の都合のよいように出来ているさまざまな「通念」を打破すべきだというのである。

『経済学と公共目的』を読むと、国民が「公共性の認識」に目覚めれば、国家が計画化体制の支配から解放され「公共国家」が成立するという件にぶつかるが、そのような甘い見通しに疑問を抱く人も多いに違いない。だが、少なくとも、それを手助けすることくらいはできるだろう。その意味で、私は、『経済学と公共目的』第五部「改革の一般理論」に提示された諸政策——①経済体制内の支配力を均等にする措置、②経済体制内の生活条件を直接均等にする措置（例えば、住宅、都市交通機関、保健サーヴィス、芸術的・文化的サーヴィスなど）、③市場体制と計画化体制間、または計画化体制内の所得の平等を直接図る措置、④環境に悪影響を及ぼすような計画化体制の生産および消費の規制ないし禁止の措置、⑤財政支出を公共目的に奉仕するようにコントロールする措置、⑥計画化体制がたえずインフレとデフレを傾向的に繰り返すのを除去する措置、⑦計画化体制の手に余る産業間の調整を図る措置――の意義を過小評価してはならないと思う。

　かつて、『アメリカの資本主義』には、交渉力が弱い者を強化するのが「リベラリズム」の立場であると説明されていたが（反対に、交渉力が強い者を強化するのが「保守主義」の立場だという）、計画化体制の支配力を削《そ》ぎ、市場体制の力を増すための諸提案を含んだ『経済学と公共目的』は、「拮抗力」の概念を復活させながらリベラリズムの立場に忠実であろうとしたユニークな著作として位置づけることができるだろう。

4　「満足の文化」への警告

　すでに触れたように、アメリカでは、レーガン政権が誕生した一九八〇年代以降、再び保守主義の思潮が社会全体に蔓延するようになった。ガルブレイスは、『満足の文化』（一九九二年）において、この問題に取り組んだが、何よりも注目に値するのは、「満足の文化」を支えているのが、かつてのようにごく一握りの特権階級ではなく、いまや「満ち足りた選挙多数派」になってしまったという主張である。彼の言葉を聞いてみよう。

「周知のように、かつては経済的社会的に幸運な人々は少数派で、ほんのひと握りの支配者であった。しかし、これまで見てきたように、この層は今では多数派になり、しかも彼らは市民のすべてではなく、実際に投票行動をする市民という意味の多数派なのである。このような立場にあり、実際に選挙に参加する人々に対して、適当な呼び名が必要となる。彼らは、『満ち足りた多数派』とも呼べるし、『満ち足りた選挙多数派』(the contented electoral majority)、あるいはより幅広く『満足の文化の所産』とも呼べるだろう。彼らが有権者全体の中で多数派なのではないことを再度繰り返しておく。彼らは、デモクラシーという装いのもとに支配するが、そのデモクラシーには、恵まれていない人々は参加していないのである。満ち足りた人々は決して黙っていない。これが最も重要なことである。本書［『満足の文化』］で展開するように、彼らは自分たちの自己満足状態を侵そうとするものに対しては、はっきりと怒りを示すのである(27)」

「満ち足りた選挙多数派」は、現状を肯定し、自己に対する配慮を行動の基準にするという意味で自己中心的な人々だが、それゆえ、彼らは、自分たちの利益になるもの(例えば、危機に陥った金融機関の救済、満ち足りた多数派を潤す社会保障、防衛支出など)以外の政府活動には徹底的に反対し、何よりも減税を要求する。選挙で当選することを第一に考える政治家は、当然ながら、彼らの要求を無視することはできない。というわけで、ガルブレイスによれば、レーガン＝ブッシュの共和党政権は、彼らの意志を忠実に反映する諸政策（富裕階級を優遇する減税、福祉予算の削減、増税への抵抗など）を採用したという意味で「民主主義」の原則に極めて忠実であったという。

だが、アメリカの民主主義から排除されている「下層階級」の人々がいることを忘れてはならないだろう。彼らの多くは、ごく最近の移民者や選挙権のない不法入国者たちなのだが、彼らは、満ち足りた選挙多数派の快適な生活を支えるために、誰からも嫌がられる辛い仕事を強いられているのが現状である。しかし、彼らは、そもそも、自分たちの利益を代弁してくれる候補者のいない選挙には初めから期待を抱かないのだ。

かつて高度成長が着実に社会全体の人々の生活を向上させていた頃は、下層階級の「経済生活向上への期待」が、直ちにではなくとも、近い将来に叶えられるかもしれないという望みがあった。しかし、低成長とともにそのような可能性も消滅し、半永久的に下層階級としての生活を強いられる人々が増加した。ガルブレイスは、生活への改善の望みを絶たれた彼らの存在が、将来における「怒りと社会不安」を招くに違いないという不吉な予言さえしているが、以上が、まぎれもなく、アメリカの民主主義の真実であり、「満足の文化」と呼ぶべきものの実態なのだという。

さて、「満足の文化」では、経済学もそれ相応の適応を余儀なくされる。例えば、満ち足りた選挙多数派は、失業の危険よりはインフレによる資産価値の目減りの方を心配するので、政府はインフレ対策を重視しなければならない。インフレ対策といっても、高金利・財政支出の削減・所得政策など様々なものがありうるが、民主主義に忠実な政府は躊躇《ためら》うことなく高金利を採用する。なぜなら、高金利は、満ち足りた選挙多数派のような比較的裕福な人々に最も喜ばれる政策だからだ。

だが、高金利は、産業投資や住宅建設投資を抑制し、延《ひ》いては、将来におけるアメリカの国際競争力を弱めるというマイナスの効果を及ぼすだろう。ところが、ガルブレイスによれば、満ち足りた選挙多数派にとっては、長期的な状況の悪化よりも短期的な快適さの方が大切なのだという。

ガルブレイスは、いま紹介したような『満足の文化』を人類学者の手法で書いたと言っている。すなわち、「満足の文化」を「観察の対象ではあっても非難の対象ではない」ものとして捉えたというのだろう。だが、それを真に受ける人は少ないだろう。その証拠に、『満足の文化』のなかにも、高金利ではなく増税によるインフレ抑制、貧困者住宅への公共投資、都市部の学校に対する公的資金の投入、麻薬中毒対策などの様々な政策提言がなされているのである。

つまり、ガルブレイスは、何を書いたとしても、やはり「社会改革者」としての本性を隠すことのできない人なのである。ところが、現在の経済学界では、とくに若い世代を中心に、自分の生きている時代や社会とのつながりを全く欠いた数理モデルの構築にばかり専念するような学問的態度が蔓延している。彼らの存在が学界全体の保守化に手を貸しているのは言うまでもないが、ガルブレイスは、九十歳を越えても、旺盛な批判精神を発揮して、

「現状肯定」の学問に堕落してしまった経済学と経済学界に対して厳しい言葉を投げかけている。おそらく、生あるかぎり、ガルブレイスはガルブレイスであり続けることだろう。

注

（1）ポール・A・サムエルソン『経済学』第十一版、下巻、都留重人訳（岩波書店、一九八一年）九〇〇―九〇一ページ。
（2）ガルブレイス経済学の全体像について、詳しくは、拙著『ガルブレイス――制度的真実への挑戦』（丸善ライブラリー、一九九五年）を参照のこと。
（3）アメリカにおける「経済学の制度化」については、佐和隆光『経済学とは何だろうか』（岩波新書、一九八二年）を参照のこと。
（4）以下、ガルブレイスの経歴の叙述に当たっては、次の文献を参照した。J・K・ガルブレイス『回想録』松田銑訳（TBSブリタニカ、一九八三年）、Steven Pressman, "John Kenneth Galbraith (born 1908)", in *A Biographical Dictionary of Dissenting Economists*, edited by Philip Arestis and Malcolm Sawyer, Edward Elgar, 1992, pp.164–170 ; Lester C. Thurow, "John Kenneth Galbraith (born 1908)", in *The New Palgrave: A Dictionary of Economics*, vol.2, Macmillan, 1987, pp.455–456.
（5）J・K・ガルブレイス『回想録』、前掲、一八ページ。
（6）ヴェブレンの経済思想については、小原敬士『ヴェブレン』（勁草書房、一九六五年）や高哲男『ヴェブレン研究』（ミネルヴァ書房、一九九一年）などを参照のこと。
（7）J・K・ガルブレイス『回想録』、前掲、六九ページ。
（8）前同、一九三ページ。

(9) 前同、二六九ページ。
(10) 前同、二七三ページ参照。
(11) 拮抗力は国家によって積極的に育成される場合もある。例えば、ワグナー法による労働者の組織権や団体交渉権の保障、最低賃金法による未組織労働者の保護、農産物価格支持制度などである。ガルブレイスによれば、これらの制度は、現にある私的な市場支配力の存在を否定することができない以上、それに対抗する力を育成することによって経済の自動調整機能を補強する道を選択した方が得策であるという考え方から生まれたものだという。
(12) 近年発表された小冊子に、John Kenneth Galbraith, *The Socially Concerned Today*, University of Toronto Press, 1998. があるが、この短い文章のなかにも、リベラリズムの理想に忠実な彼の考え方が実によく表現されているように思われる。
(13) J・K・ガルブレイス『ゆたかな社会』第四版、鈴木哲太郎訳（岩波書店、一九八五年）三一五—三一六ページ。
(14) 前同、三五八ページ。
(15) 前同、三五八—三五九ページ。
(16) サムエルソンやトービンのような新古典派総合論者も、すでに第九章で触れたように、緩やかな所得政策を支持していたが、直接統制を伴うような強いものは、緊急事態を除いて、みだりに適用すべきではないと考えていた。しかも、彼らにとっては、所得政策は、永続的なものというよりは市場機構が再び有効に働き始めるまでの便法と位置づけられていたように思われる。それに対して、ガルブレイスは、それをもっと永続的なものと考えていたようである。
(17) Cf., F. A. von Hayek, "The Non Sequitur of the 'Dependence Effect'," in *Studies in Philosophy, Politics, and Economics*, The University of Chicago Press, 1967.

(18) ハイエク自身の著書のなかでは、コンパクトにまとまった『市場・知識・自由』田中真晴・田中秀夫編訳（ミネルヴァ書房、一九八六年）が薦められる。
(19) ガルブレイスの論旨の要約については、中村達也『市場経済の理論』（日本評論社、一九七八年）二六二ページ以下を参照した。
(20) J・K・ガルブレイス『新しい産業国家』第三版、上巻、斎藤精一郎訳（講談社文庫、一九八四年）一二五―一二六ページ。
(21) 前同、一七二―一七四ページ参照。
(22) 最も辛辣なガルブレイス批判を展開したのは、『新しい産業国家』を「夕べの食卓向けの本で、書斎向けの本ではない」と切り捨てたロバート・ソローだが、より穏健な批判は、ジェームズ・ミードにも見られる。詳しくは、拙著『ガルブレイス』第三章を参照のこと。
(23) ポール・A・サムエルソン『経済学と現代』福岡正夫訳（日本経済新聞社、一九七二年）一六一ページ。
(24) 比較制度分析については、青木昌彦『経済システムの進化と多元性』（東洋経済新報社、一九九五年）を参照のこと。
(25) J・K・ガルブレイス『新しい産業国家』下巻、前掲、二三三ページ。
(26) J・K・ガルブレイス『経済学と公共目的』上・下、久我豊雄訳（講談社文庫、一九八五年）を参照のこと。
(27) J・K・ガルブレイス『満足の文化』中村達也訳（新潮社、一九九三年）二六―二七ページ。

ラ行

ワ行

マ行

ヤ行

タ行

ナ行

ハ行

人名索引

ア行

カ行

サ行

本書は、筑摩書房刊『経済学の歴史』（一九九八年一〇月刊）を底本としました。

根井雅弘（ねい　まさひろ）

1962年宮崎県生まれ。早稲田大学政治経済学部経済学科卒業。京都大学大学院経済学研究科博士課程修了・経済学博士。現在，京都大学大学院経済学研究科教授。専攻は現代経済思想史。主な著書は『現代イギリス経済学の群像』『「ケインズ革命」の群像』『現代経済学講義』『異端の経済学』『ガルブレイス』『ケインズを学ぶ』『シュンペーター』など。

講談社学術文庫

定価はカバーに表示してあります。

経済学《けいざいがく》の歴史《れきし》

根井《ねい》雅弘《まさひろ》

2005年3月10日　第1刷発行

発行者　野間佐和子

発行所　株式会社　講談社

東京都文京区音羽2-12-21 〒112-8001

電話　編集部（03）5395-3512

販売部（03）5395-5817

業務部（03）5395-3615

装　幀　蟹江征治

印　刷　豊国印刷株式会社

製　本　株式会社国宝社

本文データ制作　講談社プリプレス制作部

ISBN4-06-159700-0

「講談社学術文庫」の刊行に当たって

これは、学術をポケットに入れることをモットーとして生まれた文庫である。学術は少年の心を養い、成年の心を満たす。その学術がポケットにはいる形で、万人のものになることは、生涯教育をうたう現代の理想である。

こうした考え方は、学術を巨大な城のように見る世間の常識に反するかもしれない。また、一部の人たちからは、学術の権威をおとすものと非難されるかもしれない。しかし、それはいずれも学術の新しい在り方を解しないものといわざるをえない。

学術は、まず魔術への挑戦から始まった。やがて、いわゆる常識をつぎつぎに改めていった。学術の権威は、幾百年、幾千年にわたる、苦しい戦いの成果である。こうしてきずきあげられた城が、一見して近づきがたいものにうつるのは、そのためである。しかし、学術の権威を、その形の上だけで判断してはならない。その生成のあとをかえりみれば、その根は常に人々の生活の中にあった。学術が大きな力たりうるのはそのためであって、生活をはなれた学術は、どこにもない。

開かれた社会といわれる現代にとって、これはまったく自明である。生活と学術との間に、もし距離があるとすれば、何をおいてもこれを埋めねばならない。もしこの距離が形の上の迷信からきているとすれば、その迷信をうち破らねばならぬ。

学術文庫は、内外の迷信を打破し、学術のために新しい天地をひらく意図をもって生まれた。文庫という小さい形と、学術という壮大な城とが、完全に両立するためには、なおいくらかの時を必要とするであろう。しかし、学術をポケットにした社会が、人間の生活にとってより豊かな社会であることは、たしかである。そうした社会の実現のために、文庫の世界に新しいジャンルを加えることができれば幸いである。

一九七六年六月　　　野間省一